Lang
Praxisv

Langenscheidt

Praxiswörterbuch
Gastronomie
Englisch

Englisch – Deutsch
Deutsch – Englisch

von
Dr. Fritz Kerndter
Annette U. Flynn PhD
Dr. Mike Hadoke

Dritte, bearbeitete und erweiterte Auflage

Langenscheidt

Berlin · München · Wien · Zürich · New York

Bibliografische Information der Deutschen Nationalbibliothek
Die Deutsche Nationalbibliothek verzeichnet diese Publikation in der Deutschen Nationalbibliografie; detaillierte bibliografische Daten sind im Internet über http://dnb.d-nb.de abrufbar.

3., bearbeitete und erweiterte Auflage
© 2010 Langenscheidt Fachverlag, ein Unternehmen der Langenscheidt KG, Berlin und München
Satz: Hagedorn Medien[design], Stuttgart
Druck: Mercedes-Druck, Berlin
Printed in Germany
ISBN 978-3-86117-318-2

Vorwort

Auch die 3. Auflage des „Praxiswörterbuchs Gastronomie Englisch" ist wie die früheren Ausgaben in erster Linie für die beruflich an der Fachsprache interessierten Nutzer im Gastgewerbe und im Restaurationswesen, besonders auch für Lehrkräfte und Lernende in Ausbildungseinrichtungen sowie für die steigende Anzahl der im Rahmen der europäischen Berufs-Austauschprogramme in einem englischsprachigen Land sich aufhaltenden Personen gedacht. Aber auch dem interessierten Touristen wird das Büchlein das Verstehen vieler Details auf den in den angelsächsischen und nordamerikanischen wie in den deutschsprachigen Ländern zunehmend komplexer werdenden Speisekarten erleichtern. Die Aufnahme von Bezeichnungen für früher in Europa kaum bekannte Produkte und Gerichte, für exotische Früchte und Gemüse, für Fischarten aus den Tiefen aller Weltmeere, die früher aus technischen Gründen noch gar nicht gefischt werden konnten, kommen nicht zuletzt einem allgemeinen Informationsbedürfnis entgegen, das seit der Globalisierung des Welthandels überall größer wird. Das Vokabular spiegelt in Ansätzen auch die Tatsache wider, dass eine Küche und ein Restaurant in erster Linie (und vielleicht sogar in zunehmendem Maße...) auch Wirtschaftsbetriebe sind, in denen sich Vorgänge abspielen, die sonst eher aus anderen Bereichen bekannt sind: Werbung für die eigenen Erzeugnisse, Prüfung, Bestellung und Lieferung von Waren, ihre Lagerung und Konservierung, die Notwendigkeit nutz- und gewinnbringender Bewirtschaftung von Vorräten u.a. Schließlich wird in den Wortlisten auch angedeutet, dass in jedem Gastronomiebetrieb sehr unterschiedliche Arten menschlicher Kommunikation ablaufen: in den Beziehungen zwischen höherrangigem und untergeordnetem Personal, zwischen den Teams in der Küche und denen im Speisesaal, zwischen Bedienungskräften und Gästen, ja sogar zwischen den Gästen untereinander, die sich über Qualitäten und Mängel der ihnen vorgesetzten Speisen unterhalten und im Einzelfall Lob oder Kritik auch den „Gastgebern", den Köchen oder den Oberkellnern gegenüber äußern wollen...

Gegenüber den vorhergehenden Auflagen wurde nunmehr der nordamerikanische Sprachgebrauch in Vokabular und Schreibweise sehr viel stärker berücksichtigt; in begrenztem Umfang wurden auch die Beschreibungen von Gerichten aufgenommen, die eher in den USA verbreitet sind als in Großbritannien und Irland. Die Liste der Einträge von Begriffen aus den österreichischen und schweizerischen Sprachvarianten des Deutschen wurde ebenfalls ergänzt.

Herausgestellt wurde die manchmal besonders für mehrsprachige Nutzer verblüffende Tatsache, dass in der Sprache der gehobenen britischen Küche sich viele Begriffe erhalten haben, die – wenn nicht schon auf die Zeiten der englisch-burgundischen Zusammenarbeit im späten Mittelalter... – sicher zurückgehen auf das 19. Jahrhundert, als die großen Meister der „klassischen" französischen Küche, besonders Escoffier, auch in London tätig waren und die englische Oberschicht sich ganz am „guten Geschmack" Frankreichs orientierte. Vom Sprachlichen her interessant ist dabei, dass nicht nur viele Begriffe einfach übernommen wurden (abattoir für (AE) slaughterhouse, baguette, cuisine für cooking, pâté, rôtisseur, roulade für meat roll, Saint-Pierre für John Dory u.v.a.), sondern dass solche Übernahmen auch oft ohne Berücksichtigung der eigentlichen grammatischen Gegebenheiten erfolgten (z.b. flambé als Infinitiv im Sinne von „flambieren").

Als Hilfen für den professionellen Nutzer, besonders für den noch in der Berufsausbildung Stehenden, wurden der Bezeichnung der Fischarten die lateinischen Benennungen beigefügt, wie sie vielfach in den Hotelfachschulen auch unterrichtet werden. (Der Lernende sollte dabei allerdings beachten, dass die Weiterentwicklung der Zuordnung besonders der Meerestiere zu einzelnen Arten oder Gattungen aufgrund neuer Forschungsergebnisse manchmal auch zu meist geringfügig unterschiedlichen Bezeichnungen führen kann). Dem durch wissenschaftlichen oder politisch-wirtschaftlichen bzw. juristische Überlegungen beeinflussten, sich verändernden Sprachgebrauch (Krustentiere→Krebstiere, Schalentiere→Weichtiere; Marmelade ≠ Konfitüre, u.a.) wurde, soweit dies in einem Taschenwörterbuch möglich ist, Rechnung getragen. Die Regeln der neuen deutschen Rechtschreibung wurden im Einzelfall pragmatisch (Thunfisch/Tunfisch, Joghurt/Jogurt) nach der noch überwiegenden Verwendung in der Öffentlichkeit gehandhabt.

Das Wörterbuch ist nicht für Anfänger in der einen wie in der anderen Sprache konzipiert. Allgemeiner Wortschatz, der in der Regel schon in den ersten 1-2 Jahren Fremdsprachenunterricht erlernt wird, ist im Einzelfall nur dann aufgenommen, wenn ein Wort im Kontext der Küche evtl. andere, differenziertere Bedeutungen annimmt, wie z.B. green = 1. grün; 2. unreif. Unabdingbar ist für den Nutzer des Wörterbuchs die Kenntnis der Wort- und Begriffsbildungsregeln im Deutschen und im Englischen; sie erlaubt mit etwas Kombinationsgabe und Phantasie eine fast unendliche Ausweitung des Wortbestands, ausgehend von den im Wörterbuch gegebenen Grundkomponenten. Die Kenntnis der Bedeutung von Präfixen und Suffixen im Deutschen (ab-, auf-, ent-; -bar, -los u.a.) oder die Befolgung der Regel, dass zusammengesetzte Substantive ihre jeweils weitere Präzisierung durch die Voranstellung des verdeutlichenden Elements erhalten (Kessel, Stahlkessel, Edelstahlkessel; Salat, Fleischsalat, Rindfleischsalat) sind ebenso wichtig, wie im Englischen der Umgang mit den Partizipien der Verben, da wo im Deutschen die Zusammensetzungen stehen (smoked = Rauch-, Räucher-; rolled and roast loin of veal (with kidneys) = Kalbsnieren(roll)braten) oder die sinnvolle Verwendung des Suffixes –ing, zur Bezeichnung einer Aktion durch die Substantivierung des Verbs (rinsing, baking, roasting). Einer Vielzahl von Begriffen, insbesondere der englischen Verben, sind verdeutlichende Beispiele und Wendungen beigefügt.

Die Autoren danken Herrn Dr. Mike Hadoke für seine Arbeit an den beiden vorhergehenden Auflagen, die wesentlich zum Erfolg dieses Fachwörterbuchs beigetragen hat. Besonderer Dank gebührt Herrn David C. Flynn, der mit Umsicht und Fachkenntnis eine große Anzahl neuer amerikanischer Begriffe in die Wortlisten eingebracht hat und an der Auswahl und Formulierung der Rezepte und Menükarten aus Großbritannien und Irland wesentlich beteiligt war.

Unser Dank gilt auch dem Langenscheidt Fachverlag für die Manuskriptbearbeitung und für die Betreuung bei der Gestaltung der 3. Auflage des Buches.

Autoren und Verlag sind allen Benutzern für Vorschläge und Ergänzungen zur weiteren Verbesserung dieses Wörterbuches dankbar. Diese sind an den Langenscheidt Fachverlag, Postfach 40 11 20, D-80711 München oder an fachverlag@langenscheidt.de zu richten.

Annette U. Flynn PhD
Dr. Fritz Kerndter

Benutzungshinweise

1. Beispiele für die alphabetische Ordnung

baste *v*
basting
Batavia lettuce
batter
Bavarian Creme
bay leaf
B.B.Q.
beak
bean
bean curd
bean sprouts
bear's garlic

T-bone steak
table • lay the table
table wine
tablecloth
taste *v*
taste *v* of
taste
taste of its own

nach und nach
Nachspeise
Nacken
Nadel
Nagelholz
nähren
Nahrungs...
Nahrungsmittel

Tagesgericht
Talg
Tamarillo
Taube
T-Bone-Steak
Tee
Teelöffel
Teewurst

2. Bedeutung der Zeichen

/   abschöpfen/Rahm = Rahm abschöpfen

( )   Eis(berg)salat = Eissalat *oder* Eisbergsalat

( )   kursive Klammern beinhalten Erklärungen

•   kennzeichnet Wendungen

Zur klaren Unterscheidung von Bindestrich und Trennstrich am Zeilenende, werden Bindestriche am Anfang der nächsten Zeile wiederholt:

> **Eisbecher** *m* ice-cream tub *(paper)*; ice-
> -cream bowl

3. Abkürzungen

Abk.	Abkürzung
(AE)	amerikanisches Englisch
(Aut)	Österreich
(Bay)	Bayern
(BE)	britisches Englisch
bzw.	beziehungsweise
ca.	circa, zirka
(CH)	Schweiz
cp.	compare - siehe auch
e.g.	for instance - zum Beispiel
esp.	especially - insbesondere
etc.	et cetera
etw	etwas
f	Femininum
frml	formal - förmlich
infrml	informal - informell
jdm	jemandem
jdn	jemanden
m	Maskulinum
n	Neutrum
pl	Plural
reg.	regional
s.	siehe
sb	somebody
sing	Singular
sthg	something
(SüdD)	Süddeutschland
u. a.	und andere
v	Verb
z. B.	zum Beispiel

Das Werk entspricht der neuen deutschen Rechtschreibung (Stand 1.8.2006).

Englisch – Deutsch

almonds

A

abalone Abalone f, Seeohr n *(Meeres-weichtier, haliotis sp.)*
abattoir *(BE)* Schlachthof m
ability Fähigkeit f
able fähig
abrasive, abrasive cleaner Scheuermittel n
absorb v aufsaugen, aufnehmen
absorbent saugfähig
abstain v sich enthalten, verzichten • **abstain from sthg** sich einer Sache enthalten, auf etw verzichten
accept v annehmen
access road Zufahrtsstraße f
accessories pl Zubehör n
accident Unfall m
accompaniment Beilage f *(zu einem Gericht)*
accompany v 1. begleiten *(eine Person)*; 2. als Beilage zu etw servieren
account Rechnung f • **settle the account** die Rechnung bezahlen • **take into account** berücksichtigen
accountancy Buchhaltung f
accumulate v ansammeln
accuracy Genauigkeit f
accurate genau • **work accurately** genau arbeiten
achatine snail Achatschnecke f *(Weichtier, achatinidae sp.)*
acid sauer
acid Säure f
acid-resistant säurebeständig
acidic säuerlich
acidity Säuregrad m
acrid beißend; *(frml)* adstringierend
adapt v anpassen • **adapt to sthg** sich an etw anpassen
add v beimengen, hinzufügen
add v **liquid to a roast** (einen Braten) ablöschen *(z. B. mit Wasser oder Wein)*
additional zusätzlich
additional charge Aufpreis m • **at no additional charge** ohne Aufpreis
additions pl Zugaben fpl *(allgemein)*; Einlage f *(Fleisch, Gemüse u. a.)*
additive Zusatz(stoff) m
adhere v (an)kleben, (an)haften
adjust v einstellen, verstellen
adjustable einstellbar, verstellbar
advance order Vorbestellung f

advantage Vorteil m
advertising Werbung f
advisable ratsam
advise v beraten
after-sale(s) service Kundendienst m
aftertaste Nachgeschmack m
agree v sich einigen, einverstanden sein
agreeable angenehm
agreed abgemacht, vereinbart *(Datum, Preis u. a.)*
agreement 1. Zustimmung f; 2. Vereinbarung f; Abmachung f; 3. Abkommen m, Vertrag m
agricultural landwirtschaftlich, die Landwirtschaft betreffend
agriculture Landwirtschaft f
air v lüften
air Luft f
air bubble Luftblase f
air-conditioned klimatisiert
air conditioning Klimaanlage f
air-dried luftgetrocknet
airtight luftdicht
alarm (system) Alarmanlage f
Alaska crab Kamtschatkakrabbe f *(großes Meereskrebstier, paralithodes sp. oder macrocheina Kaempferi)*
Alaska pollack, Alaska pollock Alaska-Seelachs m *(Meeresfisch, theragrachalcogramma)*
alcohol Alkohol m
alcohol content Alkoholgehalt m
alcoholic alkoholisch • **non-alcoholic** alkoholfrei
ale *meist handwerklich gebrautes, obergäriges, in der Regel helles Bier, mit unterschiedlichem Alkohol- und Hopfengehalt*
algae Algen fpl
alive lebendig
all-in-one meal Eintopf m, Eintopfgericht n
all-inclusive price Pauschalpreis m
all-night opening die ganze Nacht geöffnet
allis shad Alse f, Maifisch m *(Süßwasserfisch, alosa alosa)*
allspice 1. Pimentbaum m, Piment m; 2. Gewürzmischung f *(aus Zimt, Muskatnuss und Nelken)*
almond cream Mandelcreme f *(Kuchenfüllung)*
almond oil Mandelöl n
almonds pl Mandeln fpl

almost beinahe, fast
alternate v (sich) abwechseln
alternately abwechselnd
alternating wechselnd
alternatively wahlweise
aluminium foil *(BE)* Alufolie *f*
aluminum foil *(AE)* s.aluminium foil
amaranth Amarant *m (Gemüse und Ge-treidesorte aus Südamerika)*
amber bernsteinfarbig
ambience Ambiente *n*
ambitious 1. ehrgeizig; 2. gewagt *(z. B. Unterfangen)*
amchoor Amchur *m*
American freshwater crawfish *(AE)* s. American freshwater crayfish
American freshwater crayfish Signal-krebs *m (Süßwasserkrebstier, pacifasta-cus leniusculus Dana)*
American oyster amerikanische Auster *f (Meeresweichtier, crassostrea virginica Gmelin)*
ammonia Ammoniak *m*
amount 1. Betrag *m*, Summe *f*; 2. Menge *f*, Anzahl *f*
ample üppig *(Mahlzeit)*; reichlich
anchovy Anchovis *m*, Sardelle *f (Meeres-fisch, engraulis encrasiolus)*
anchovy butter Anchovisbutter *f*
anchovy paste Anchovispaste *f*
angelica Engelwurz *f*
angels *pl* **on horseback** Austern *fpl* in Speckhülle *(als pikantes Häppchen oder hors d'œuvre auf Toast serviert)*
angler Seeteufel *m (Meeresfisch, lophius piscatorius)*
animal Tier *n*
animal protein tierisches Eiweiß *n*
anise, aniseed Anis *m*
annatto Annatto *n (Farbstoff, E 160b)*
annual balance (sheet) Jahresergebnis *n*
annual holiday *(BE)* Jahresurlaub *m*
annual vacation *(AE)* s. annual holiday
apologise v *(BE)* (sich) entschuldigen • **I apologise!** Das tut mir leid!
apologize v *(AE)* s. apologise
apology Entschuldigung *f* • **my apol-ogies** *(frml)* Verzeihung
appetiser *(BE)*, **appetizer** *(AE)* Appetit-häppchen *n*
appetising *(BE)*, **appetizing** *(AE)* appe-titlich, lecker
appetite Appetit *m* • **Do you have an appetite?** Hast Du Hunger?

apple Apfel *m*
apple cobbler *(AE)* s. apple crumble
apple crumble *(BE)* Apfelstreuselkuchen *m*
apple juice Apfelsaft *m*
apple peeler Apfelschäler *m*
apple purée, apple sauce Apfelmus *n*, *(Aut)* Apfelkoch *m*
apple strudel Apfelstrudel *m*
apple syrup Apfelkraut *n*
apple turnover Apfeltasche *f*
appliance Gerät *n*
application 1. Anwendung *f*; 2. Bewer-bung *f*; 3. Auftragen *n (von Creme u. a.)*
appreciate v (wert)schätzen
apprentice Auszubildende(r) *f(m)*, Lehrling *m*, Lehrmädchen *n*
apprenticeship Lehre *f*, Lehrzeit *f*
appropriate geeignet, passend
approval Genehmigung *f*, Zustimmung *f*
approve v 1. genehmigen; 2. zustimmen
approximately ungefähr
apricot Aprikose *f*, *(Aut)* Marille *f*
apron Schürze *f*
arbor *(AE)*, **arbour** *(BE)* Laube *f*, Lauben-gang *m*
armchair Sessel *m*
aroma Duft *m*, Aroma *n*
aromatic aromatisch
aromatise v *(BE)* mit Geschmack verse-hen; würzen
aromatize v *(AE)* s. aromatise
arrange v anordnen, zusammenstellen *(z. B. Speisen auf einer Servierplatte)*
arrowroot Pfeilwurz *f (Pflanze)*
arrowroot starch Pfeilwurzstärke *f*
artichoke Artischocke *f*
artichoke base Artischockenboden *m*
article 1. Artikel *m*; 2. Ware *f*
artificial künstlich
arugula Rauke *f*, Rucola *f*
ash, ashes *pl* Asche *f*
ashtray Aschenbecher *m*
asparagus Spargel *m*
asparagus tips *pl* Spargelspitzen *fpl*
aspic Aspik *n (Fleisch, Fisch)*
assess v einschätzen, beurteilen
assessment Einschätzung *f*, Beurteilung *f*
assistant cook Hilfskoch *m*, Hilfsköchin *f*
assorted gemischt
assorted sliced meats *pl* Aufschnitt-platte *f*
astringent s. acrid
Atholl Brose schottischer Nachtisch: im

Ofen gebackene Haferflocken mit braunem Zucker oder Honig in geschlagene Sahne gegeben, mit Whisky versetzt und in kleinen Gläsern serviert
Atlantic redfish Rotbarsch m (Meeresfisch, sebastes viviparus)
Atlantic saury atlantischer Makrelenhecht m (Meeresfisch, scombresox saurus Walb.)
Atlantic wolfish Seewolf m, Steinbeißer m (Meeresfisch, anarchichas lupus)
atmospheric humidity Luftfeuchtigkeit f
attach v (to sth) (an etw) befestigen
attachments pl Zubehör n
attempt Versuch m • **at the second attempt** beim zweiten Versuch
attention 1. Aufmerksamkeit f; 2. Pflege f
aubergine (BE) Aubergine f, (Aut) Melanzane f(pl)
authorise v (BE) genehmigen; zulassen
authorisation (BE) Genehmigung f; Zulassung f
authorize v (AE) s. authorise
authorization (AE) s. authorisation
availability Lieferbarkeit f, Verfügbarkeit f • **limited availability** nur beschränkt verfügbar
available erhältlich, lieferbar, verfügbar
avocado Avocado f
avoid v vermeiden
await v erwarten
award Auszeichnung f, Prämie f • **an award-winning whisky** ein preisgekrönter Whisky

B

back Rücken m (generell)
backfat Rückenspeck m
bacon Schinkenspeck m (gepökelt und geräuchert); Kochspeck m (durchwachsen; Irland)
bacon fat Speck m
bad 1. schlecht; 2. verdorben • **the fish has gone bad** der Fisch ist verdorben
bag Beutel m
bagel Bagel m (aus der jüdischen Tradition stammendes ringförmiges Brötchen, erst in Wasser gekocht, dann ausgebacken)
bain-marie Wasserbadkasserolle f (Gefäß)

• **heated in a bain-marie** im Wasserbad erhitzt
bake v backen
bake v **blind** blindbacken
bake v **through** ausbacken
baked apple Bratapfel m
baked beans pl (überbackene) weiße Bohnen fpl (in dicker Tomatensoße, oft als Beilage zum Frühstück)
baked ham Backschinken m
baked potato (plural: potatoes; AE) Folienkartoffel f
baked products pl Backwaren fpl
baked stuffed pike Hecht mit einer Füllung aus Butter, gedünsteten Zwiebeln, Brotkrumen und fein gehackten Anchovis, mit Rotwein und Orangensaft übergossen im Ofen gebacken
baker Bäcker(in) m(f) • **at the baker's** in der Bäckerei, beim Bäcker
baker's honey Backhonig m
bakery Bäckerei f
baking Backen n
baking pan (AE) Backblech n
baking paper Backpapier n
baking powder Backpulver n
baking sheet Backpapier n
baking shortening Backfett n
baking soda Backnatron n
baking spatula Teigschaber m
baking time Backzeit f
baking tin Backform f
baking tray (BE) Backblech n
baking wafers pl Oblaten fpl
balance Bilanz f
balanced ausgeglichen, ausgewogen • **a balanced diet** ausgewogene Kost
ball 1. Ball m, Kugel f; 2. Kloß m
baller Kugelschneider m
balloon glass Ballonglas n; (infrml) Schwenker m (meist für Weinbrand)
balsam pear s. bitter cucumber
balsamic vinegar Balsamico-Essig m
bamboo Bambus m
bamboo shoots pl Bambussprossen fpl
banana Banane f
banana bread (AE) Bananenbrot n (Art Kuchen aus Mehl, braunem Zucker, zerdrückten reifen Bananen in Brotform)
banana passion fruit Curuba f (exotische Frucht)
bank holiday (BE) öffentlicher Feiertag m
banknote Geldschein m
banquet Bankett n

banquet trolley Bankettwagen *m*
bap *(BE)* großes, weiches Brötchen
bar 1. Bar *f*, Theke *f*; 2. Riegel *m (z. B. Schokolade)*
bar B Q *(AE) s.* barbecue
bar B Q ribs *pl (AE) marinierte und auf dem Grill gebratene Schweinsrippchen*
bar code *s.* barcode
bar stool Barhocker *m*
barbecue *v* grillen, auf dem Grill braten
barbecue 1. Gartengrill *m*; 2. Grillfest *n*, Grillparty *f*; 3. Grillgut *n (Fleisch, Würstchen u. a.)*; 4. *in den amerikanischen Südstaaten: auf dem Grill gebratenes Schweinefleisch, regionalspezifisch zubereitet* • **we're having a barbecue** wir grillen
barbel Barbe *f (Süßwasserfisch, barbus barbus)*
barbeque *(AE) s.* barbecue
barcode *(BE)* Strichkode *m*, Strichcode *m*
barley Gerste *f*, *(Aut)* Gerstel *n*, *(Aut)* Rollgerste *f*
barrel Fass *n (allgemein)*
base 1. Boden *m (eines Gefäßes, Kuchens)*; 2. Grundstoff *m*
base *v* basieren • **based on** auf der Grundlage von
basic almond paste *s.* raw marzipan
basic price Grundpreis *m*
basil Basilikum *n*
basin Schüssel *f*; (größerer) Kessel *m*
basis Grundlage *f* • **on the basis of** auf der Grundlage von
basket Korb *m*
bass Wolfsbarsch *m (Meeresfisch, dicentrarchus labrax)*
baste *(AE)* Grillsoße *f*, Marinade *f*
baste *v* (mit Fett) begießen
basting Bratensaft *m*, Bratensoße *f*
Batavia lettuce Bataviasalat *m*
batter Teig *m*
Bavarian Cream, Bavarian Creme Bayerische Creme *f*
bay leaf Lorbeerblatt *n*
B.B.Q. *s.* barbecue
beak Schnabel *m*
bean Bohne *f*
bean curd Tofu *m*
bean seed Bohnenkern *m*
bean sprouts *pl* Mungbohnensprossen *fpl*
bear's garlic Bärlauch *m*

beat *v* schlagen, *(CH)* schwingen *(mit Rührbesen: Ei, Sahne)*
beat *v* **into a foam, beat** *v* **until frothy** schaumig schlagen
beaten egg white Eischnee *m*, Schaummasse *f (Eiweiß)*
beater *(AE) s.* whisk
beating bowl *(AE)* Schlagkessel *m*
become *v* **detached** sich (ab)lösen
bed Bett *n*
bed of lettuce Salatbett *n*
bed of vegetables Gemüsebett *n*
beef Rindfleisch *n*
beef... Rinder..., Rinds...
beef burger *(BE)* Hacksteak *n*
beef curry Rindfleisch-Curry *m*
beef olive Rinderroulade *f*, Rindsroulade *f*
beef rib Spannrippe *f*
beef roast Rinderbraten
beef roll Art Hackbraten aus Rinderhackfleisch und gekochtem Schinken, mit Ei und Gewürzen, in einer Form im Wasserbad gegart, kalt mit Brot serviert
beef salad Rindfleischsalat *m*
beef sausage Rindswurst *f*
beef stock Kraftbrühe *f*
beef tea *s.* beef stock
beef tomato Fleischtomate *f*
Beef Wellington *vorgebratenes Rinderfilet in gewürzter dicker Champignon-Brätsoße, in einer Blätterteighülle ausgebacken*
beer Bier *n (meist industriell in Großbrauereien gebraut, vgl. ale)* • **go for a beer** ein Bier trinken gehen
beer garden Biergarten *m*
beer warmer Bierwärmer *m*
beet 1. Rübe *f*; 2. *s.* beetroot
beet sugar Rübenzucker *m*
beetroot Rote Bete *f*, *(SüdD)* Rote Rübe *f*, *(CH)* Rande *f*
belittle *v* herabsetzen *(Person)*
bell jar Glocke *f (z. B. für Käse)*
belly Bauch *m*
belly of pork Schweinebauch *m*, *(Aut, Bay)* Wammerl *n*
benefit 1. Vorteil *m*; 2. Nutzen *m*
bergamot orange Berg(a)motte *f*
berries *pl* Beeren *fpl*
best-before date Mindesthaltbarkeitsdatum *n*, MHD
betony Stachys *f*
better *v* verbessern
beverage *s.* drink

biased befangen, voreingenommen
bib Zwergdorsch *m (Meeresfisch, trisopterus minutus)*
b.i.b. rice *(Abk. für: boil-in-the-bag rice)* Reis *m* im Kochbeutel
bilberry *(BE)* Heidelbeere *f*, *(SüdD, Aut)* Schwarzbeere *f*, *(CH)* Heiti *f*
bile Galle *f*
bill *(BE)* Rechnung *f* • **Can I have the bill please?** Zahlen, bitte! • **settle the bill** die Rechnung begleichen
bind *v* binden
bind *v* **with string** mit Bindfaden umwickeln
binder Bindemittel *n*
binding verbindlich • **not binding** unverbindlich
biodegradable biologisch abbaubar
bird Vogel *m*
biscuit *(BE)* Keks *m*, Plätzchen *n*
biscuit *(AE)* im amerikanischen Englisch: süßes, brötchenartiges Gebäck; in den Südstaaten: meist herzhaft und mit einer Soße zu Fleischgerichten serviert
biscuits *pl (BE)* Backwerk *n*, *(Aut)* Bäckereien *fpl*
bisque *cremige Suppe, bes. von Krebstieren, z. B. Hummer*
bite Happen *m* • **Can I have a bite?** Darf ich mal (ab)beißen?
bite sized mundgerecht
bitter herb, bitter
bitter (ale) *(BE)* obergäriges, mittelfarbiges Bier mit etwas bitterem Geschmack
bitter almonds *pl* Bittermandeln *fpl*
bitter cucumber Bittergurke *f*, Bittermelone *f*
bitter gourd *s.* bitter cucumber
bitter orange bittere Orange *f*, Pomeranze *f*, Sevillaorange *f*
bitterness Herbe *f*
bitters *pl* 1. Magenbitter *m*; 2. *Zutat für verschiedene Cocktails*; 3. *s.* pink gin
bivalve, bivalvia Muschel *f (allgemein)*
black schwarz
black bread Schwarzbrot *f*
black cod *(AE)* Köhler *m*, Kohlfisch *m (Meeresfisch, polachius sp.)*
Black Forest cake *(AE) s.* Black Forest gateau
Black Forest gateau *(BE)* Schwarzwälder Kirschtorte *f*
black grouse Birkhuhn *n*

black Hamburg(h) grape *s.* Hamburg(h) grape
black heart cherry Herzkirsche *f*
black pudding Blutwurst *f*, *(Aut, SüdD)* Blunze *f*, Blunzen *m*
black salsify Schwarzwurzel *f*
blackbass Schwarzbarsch *m (Süßwasserfisch, micropterus dolomien)*
blackberry Brombeere *f*, *(Tirol)* Murbeere *f*, *(Tirol)* Mure *f*
blackberry liqueur Brombeerlikör *m*
blackcurrant Schwarze Johannisbeere *f*
blade Klinge *f*, Schneide *f*
blaine Bläuel *m*, Lizzafisch *m (Meeresfisch, lichia glauca L.)*
blanch *v* blanchieren, bleichen
blancmange *blanchierte Mandeln, Milch, Zucker und helle Früchte zusammen gekocht, mit einem Geliermittel versetzt als kaltes Dessert serviert*
blanket Decke *f*, Zudecke *f*
blaze Brand *m*
bleach *v* bleichen
blemish Fleck *m (auf einer Frucht)*
blemished fleckig *(Frucht)*
blend *v* 1. einrühren, pürieren; 2. (ver)mischen, vermengen
blend Mischung *f*
blender Mixer *m*, Mixgerät *n*
blister pack Klarsichtpackung *f*
block *v* 1. blockieren; 2. verstopfen
blood Blut *n*
blood orange Blutorange *f*
blood pudding *s.* black pudding
blow *v* blasen
blow Schlag *m (auch metaphorisch)*
blower *s.* fan
blue blau
blue cheese Blauschimmelkäse *m*
blue grenadier Hoki *m*, Langschwanz--Seehecht *m (Meeresfisch, macruronus spp.)*
blue mould *(BE)*, **blue mold** *(AE)* Blauschimmel *m*
blueberry *(AE) s.* bilberry
board Brett *n*
bob-tailed cuttlefish Sprutte *f (kleiner Tintenfisch, sepia rondeleti)*
bockwurst Bockwurst *f*
boil *v* 1. kochen *(Wasser, Kartoffeln u. a.)*; 2. sieden • **bring to (the) boil** zum Kochen bringen
boil *v* **over** überkochen, überlaufen
boil-in-(the-)bag Kochbeutel…

boil-in-the-bag rice Reis *m* im Kochbeutel
boiled beef Siedfleisch *n*
boiled potatoes *pl* Salzkartoffeln *fpl*
boiled sweets *pl (BE)* Bonbons *npl*
boiled topside of beef Tafelspitz *m*
boiler Heizkessel *m*
boiling 1. Kochen *n (von Wasser, Kartoffeln u. a.)*; 2. Sieden *n*
boiling point Siedepunkt *m*
bombe glacée Eisbombe *f*
bone *v* ausbeinen
bone 1. Knochen *m*; 2. Gräte *f*
bone marrow Knochenmark *n*
bone marrow dumpling Markklößchen *n*
bone saw Knochensäge *f*
boned and rolled roast Rollbraten *m*
boning knife Ausbeinmesser *n*
bonito Bonito *m (Meeresfisch, thymnus pelamis)*
bony knochig
book *v* reservieren
book *v* a seat einen Platz reservieren
bookkeeping *s.* accountancy
borage Borretsch *m*
bottle *v s.* preserve
bottle Flasche *f*
bottle-fermented (mit) Flaschengärung
bottle opener Flaschenöffner *m*
bottling Abfüllung *f*
bottom 1. Grund *m*; 2. Boden *m (z. B. eines Kochtopfs)*
bottom-fermented untergärig *(Bier)*
bouquet 1. Strauß *m (Blumen)*; 2. Blume *f (Weinbaus, Tabak)*; Bukett *n (Wein)*
bouquet of herbs Kräutersträußchen *n*
bovine 1. Rind *n (allgemein)*; 2. Rinder…
bow Schleife *f*
bowels *pl* Innereien *fpl*
bowl 1. Schüssel *f*; 2. Schale *f*
box 1. Kiste *f*; 2. Schachtel *f*
boxty Kartoffelbrot *n (irische Spezialität)*
boxty pancakes *pl* Kartoffelpuffer aus rohen geriebenen Kartoffeln, mit Mehl, Milch, Kümmel und Salz; Irland
brain Hirn *n*
braise *v* schmoren
braised beef Schmorbraten *m*
bran Kleie *f*
branch 1. Zweig *m*; 2. Zweigstelle *f*
brand name Markenname *m*
brandy Weinbrand *m*
brandy butter Weinbrandbutter *f (mit Zucker und Weinbrand verrührte Butter, die*

zu *"Christmas pudding" und "mince pies" serviert wird)*
brass Messing *n*
brawn *kaltes Fleisch in Aspik, aus mit Zwiebeln und Gewürzen ausgekochten Schweinepfoten, Schweinehachsen und Kopfschwarte; entspricht manchmal "Schweinskopfsülze"*
bread *v* panieren
bread Brot *n*
bread and butter pudding *s.* bread pudding
bread crumbs *pl s.* breadcrumbs
bread cubes *pl* Brotwürfel *mpl*
bread mix Backmischung *f (für Brot)*
bread pudding Brotpudding *m (vgl. Scheiterhaufen)*
bread roll Brötchen *n, (CH)* Weggli *n*
bread tray Backform *f*, Brotform *f*
breadcrumb coating Panade *f*
breadcrumbs *pl* 1. Paniermehl *n, (CH)* Brösemli *npl, (CH)* Brösmeli *npl*; 2. Krümel *mpl*
breading machine Paniermaschine *f*
breadth Breite *f*
break *v* brechen, zerbrechen
breakfast Frühstück *n (allgemein, vgl. English breakfast)* • **have breakfast** frühstücken
bream Brasse *f, (reg.)* Brachse *f (Süßwasserfisch, abramis brama)*
breast Brust *f (allgemein)*
breast of duck Entenbrust *f*
breed *v* züchten
breeding Zucht *f*, Züchtung *f*
breezy locker, luftig *(Gebäck, Teig)*
brew 1. brauen; 2. ziehen *(Tee u. a.)* • **let it brew for 5 minutes** 5 Minuten lang ziehen lassen
brewer's yeast Bierhefe *f*
brewery Brauerei *f*
brick-red ziegelrot
bright glänzend
brightness Glanz *m*
brill Glattbutt *m (Meeresfisch, scophthalmus rhombus)*
brine Sole *f*, Pökellake *f*, Salzlake *f* • **in brine** gepökelt
brisket Bruststück *n*
brisket of beef Rinderbrust *f*
brisket of veal Kalbsbrust *f*
bristle Borste *f*
broad breit
broad bean dicke Bohne *f*

broccoli Brokkoli *m (nur Singular, auch im Englischen)*
broil *v* auf dem Rost braten, grillen
broiler Junghahn *m*
broom Besen *m*
brown braun
brown *v* anbraten, abbräunen, bräunen
brown *v* **lightly** goldgelb anbräunen
brown-cap mushroom Brauner Egerling *m (Speisepilz)*
brown trout Bachforelle *f (Süßwasserfisch, salmo trutta)*
brown venus mussel Braune Venusmuschel *f (Meeresweichtier, pitaria chione)*
browning control Bräunungsregler *m*
brunch Brunch *m* • **go for brunch** brunchen gehen
brush *v* bürsten
brush 1. Bürste *f*; 2. Besen *m*
Brussels sprouts *pl* Rosenkohl *m, (Aut)* Sprossenkohl *m, (Aut)* Sprosserl *m*
bubble Blase *f*
bubble and squeak *kleingeschnittene kalte Bratenreste, zerkleinerter Kohl und Kartoffeln, zusammen in der Pfanne angebraten und mehrmals wieder zerpflückt; England*
bucket Eimer *m*, Kübel *m*
buckwheat Buchweizen *m*
buffalo wings *pl (AE)* Flügelspitzen *fpl* (vom Hähnchen) *(mariniert und gegrillt, mit verschiedenen Tunken serviert)*
buffet trolley Büffetwagen *m*
built-in cupboard Wandschrank *m*
bulgur Bulgur *m*
bull Bulle *m*, Stier *m*
bullock Jungbulle *m*, Jungstier *m*
bunch 1. Bund *m (Kräuter)*; 2. Strauß *m (Blumen)* • **a bunch of parsley** ein Bund Petersilie
burn *v* anbrennen, verbrennen
burn Verbrennung *f (Wunde; Schaden)*
burner Brenner *m*
burning Verbrennung *f (von Abfall u. a.)*
burst *v* platzen
bush beans *pl (AE)* Buschbohnen *fpl*
bush sour cherries *pl* Schattenmorellen *fpl*
business lunch, business meal Geschäftsessen *n*
butcher Fleischer *m*, Metzger *m*, Schlachter *m*
butcher's (shop) Fleischerei *f*, Metzgerei *f*

• **at the butcher's** beim Metzer, in der Metzgerei
butter *v* buttern *(Brot usw.)*
butter Butter *f, (CH)* Anken *m*
butter biscuit Butterkeks *m*
butter churn Butterfass *n*
butter cookie *(AE) s.* butter biscuit
butter curler Butterroller *m*
butter dish Butterdose *f*
buttermilk Buttermilch *f*
butternut squash *(AE)* Melonenkürbis *m*, Moschuskürbis *m*
butterscotch *Art Karamell aus Butter, braunem Zucker, Vanille und Gewürzen; als Bonbon (toffeeähnlich), für Soße (Butterscotch sauce), Keks und vieles mehr verwendet*
button Taste *f*
buy *v* kaufen

C

cabbage Kohl *m, (SüdD, Aut)* Kraut *n, (CH)* Chabis *m, (CH)* Chruut *n*
Caerphilly *weißer, milder Hartkäse aus Kuhmilch, mit leicht salzigem und säuerlichem Geschmack, ca. 48 % Fett i. Tr.; Wales*
cake 1. Kuchen *m*; 2. Torte *f*
cake divider Tortenteiler *m*
cake mix Backmischung *f (für Kuchen, Torten u. a.)*
cake slice Kuchenschaufel *f*, Tortenheber *m*
cake tin Kuchenform *f*
cakes *pl* Gebäck *n*
cakes pl and pastries *pl* Feingebäck *n*, Konditorwaren *fpl*
calamari, calamary, calamaries *pl s.* squid
calculate *v* berechnen
calculation Berechnung *f* • **according to my calculation(s)** meiner Berechnung nach
calf *(plural: calves)* 1. Kalb *n*; 2. Wade *f*
calibre Durchmesser *m*, Kaliber *m*
calories *pl* Kalorien *fpl*
calves liver sausage Kalbsleberwurst *f*
camomile Kamille *f*
can *v (AE) s.* preserve
can *(AE) s.* tin

can opener *(AE) s.* tin opener
cancel *v* absagen
candied fruits *pl* kandierte Früchte *fpl*
candied lemon peel Zitronat *n*
candied orange peel Orangeat *n, (Aut, CH)* Aranzini *mpl*
candle *v* durchleuchten *(Eier)*
candle Kerze *f*
candleholder Kerzenhalter *m*
candlelight dinner Abendessen bei Kerzenschein
candy *(AE)* Konfekt *n,* Süßigkeit *f, (Aut)* Zuckerl *n*
candyfloss *(BE)* Zuckerwatte *f*
cane sugar Rohrzucker *m*
canned *(AE) s.* tinned
canned paté *(AE)* Pastete *f*
canning kettle großer Topf für die Konservenherstellung
canteen Kantine *f*
cap 1. Hut *m (Pilz)*; 2. Kapsel *f (Flasche)*; 3. (Schirm-)Mütze *f*
capability Fähigkeit *f*
capable fähig
capacity Volumen *n,* Kapazität *f*
Cape gooseberry Physalis *f*
caper Kaper *f*
capon Kapaun *m*
carafe Karaffe *f*
carageen *s.* carrageen
carambola Karambole *f,* Sternfrucht *f*
caramel Zuckerkulör *f (nicht süßende Lebensmittelfarbe auf Zuckergrundlage, E 150)*
caramelise *v (BE)* karamellisieren, karamellieren, bräunen *(Zucker, Zwiebeln u. a.)*
caramelize *v (AE) s.* caramelise
caraway seed Kümmel *m*
carbohydrates *pl* Kohlenhydrate *npl*
carbon dioxide Kohlensäure *f*
carcass Rumpf *m (Tier)*
cardboard (box) Karton *m*
care 1. Sorgfalt *f*; 2. Pflege *f*
care *v* **for** pflegen
careful sorgfältig
careless 1. leichtsinnig; 2. nachlässig
carelessness 1. Leichtsinn *m*; 2. Nachlässigkeit *f*
carob Johannisbrot *n*
carotene, carotin Karotin *n (Farbstoff, E 160 a)*
carp Karpfen *m (Süßwasserfisch, cyprinus carpio spp.)*

carpet Teppich *m*
carrageen, carragheen, carrageena essbarer Seetang, emulgierend und gelierend, für die Herstellung von Desserts und Getränken
carrot Möhre *f, (SüdD)* Karotte *f, (CH)* Rüebli *n*
cartilage Knorpel *m*
carton (Papp-)Becher *m*
carve *v* 1. schneiden, tranchieren; 2. zerlegen
carving board Tranchierbrett *n*
carving fork Tranchiergabel *f*
carving knife Tranchiermesser *n*
carving plank Zerlegbrett *n*
carving set Tranchierbesteck *n*
case Kiste *f*
cash Bargeld *n* • **pay (in) cash** bar bezahlen
cashew kernels *pl,* **cashew nuts** *pl* Cashewkerne *mpl*
cask Fass *n*
cassava Maniok *m*
casserole 1. Schmortopf *m,* Kasserolle *f*; 2. Eintopfgericht *n*
cast aluminium *(BE),* **cast aluminum** *(AE)* Alu(minium)guss *m*
cast iron Gusseisen *n* • **a cast iron pan** eine gusseiserne Pfanne
caster sugar *(BE) s.* castor sugar
castor sugar *(BE)* Sandzucker *m*
category Klasse *f*
catfish Wels *m (Süß- bzw. Brackwasserfisch, siluris glanis)*
caul fat Netzfett *n*
cauliflower Blumenkohl *m, (Aut)* Karfiol *m*
caustic soda solution Brezellauge *f*
caution Vorsicht *f*
cautious vorsichtig
cavity 1. Hohlraum *m*; 2. Loch *n (im Zahn)*
cayenne pepper Cayennepfeffer *m*
cedrat Zitronatzitrone *f*
ceiling Decke *f (von einem Raum)*
celebrate *v* feiern
celebration Feier *f,* Fest *n*
celeriac Sellerieknolle *f, (Aut)* Zeller *m*
celery Sellerie *m,* Stangensellerie *m,* Staudensellerie *m, (Aut)* Zeller *m*
celery salt Selleriesalz *n*
cellar Keller *m* • **store in a cellar** *(BE)* einkellern • **store in a basement** *(AE)* einkellern
cellar administrator Kellerverwalter(in) *m(f)*

cellophane wrap *(AE) s.* clingfilm
center *(AE) s.* centre
central zentral, mittel…, Mittel… *(Lage, Position)*
central heating Zentralheizung *f*
central stove freistehender Herd *m*
centre 1. Mitte *f*; 2. Zentrum *n*
centrifuge *v* schleudern
centrifuge Schleuder *f*, Zentrifuge *f*
cep Steinpilz *m*, *(Aut)* Herrenpilz *m*
ceramics *pl* Keramik *f*
cereals *pl* 1. Getreide *n*; 2. Getreideerzeugnisse *npl (in angelsächsischen Ländern meist wesentlicher Bestandteil des Frühstücks)*
certificate of origin Herkunftsbezeichnung *f*
cervelat (sausage) Zervelatwurst *f*
chafing dish Rechaud *m*
chain Kette *f (auch: von Restaurants, Hotels)*
chair 1. Stuhl *m*; 2. Vorsitz *m*
chamois Gämse *f*
champagne bucket Sektkühler *m*
champagne flute Sektkelch *m*
chandelier Kerzenleuchter *m*
change *v* 1. verändern; 2. wechseln
change 1. Veränderung *f*; 2. Wechselgeld *n*
chanterelle Pfifferling *m*, *(Bay, auch Aut)* Reherl *n*
char *v* verkohlen
char Saibling *m (Süßwasserfisch, vornehmlich aus den Alpenseen, salvelinus alpinus)*
characteristic Eigenschaft *f*, Merkmal *n*
charge Preis *m* • **at an extra charge of 2 Euro** zum Aufpreis von 2 Euro • **at no extra charge** ohne Aufpreis
charming liebenswürdig
chaud-froid Chaufroid *n*
cheap billig
check *v* überprüfen, kontrollieren
check *(AE)* 1. Rechnung *f (im Restaurant)*; 2. Scheck *m* • **Check please!** Zahlen bitte! • **pay the check** die Rechnung begleichen
check book *(AE) s.* chequebook
check card *(AE) s.* cheque card
Cheddar gelb-orangefarbener, sehr populärer Hartkäse aus Kuhmilch, seit dem 16. Jahrhundert in der Nähe von Cheddar Gorge in SW-England hergestellt, wird

auch zum Kochen verwendet; ca. 48 % Fett i. Tr.
cheek Wange *f*, Backe *f*
Cheers! Zum Wohl!, Prosit!
cheese Käse *m*
cheese cutter *s.* cheese slicer
cheese grater Käsereibe *f*
cheese platter Käseplatte *f*
cheese savouries *pl* Käsegebäck *n*
cheese slicer Käseschneider *m*, Harfe *f*
cheese spread Schmelzkäse *m*
cheeseboard Käseplatte *f*
cheesecake Käsekuchen *m*; Käse(sahne)torte *f*
cheesecloth *locker gewebtes Tuch, früher zum Einschlagen von Käse verwendet*
chef Küchenchef(in) *m(f)*
cheque *(BE)* Scheck *m*
cheque card *(BE)* Scheckkarte *f*
chequebook *(BE)* Scheckbuch *n*
cherry Kirsche *f*, *(CH)* Chriesi *f*
cherry cobbler *(AE)* Kirschstreuselkuchen *m*
cherry tomato Cocktailtomate *f*
chervil Kerbel *m*, *(Aut, Bay)* Kräutel *m*
Cheshire *Hartkäse aus Kuhmilch, seit dem Mittelalter in der Grafschaft Cheshire hergestellt, mit blauen, roten und weißen Varianten; ca. 48 % Fett i. Tr.*
chest freezer *s.* deep-freeze chest
chestnut Kastanie *f*, *(Aut, Bay)* Maroni *f*
chestnut boletus Maronenpilz *m*, Maronenröhrling *m (Speisepilz, boletus badius)*
chestnut stuffing Kastanienfüllung *f*
chew *v* kauen
chewy zäh
chick Küken *n*
chicken Huhn *n*; Hühner…
chicken-and-leek pie *mit Lauch gekochtes und zerkleinertes Suppenhuhn und Scheiben gekochter und geräucherter Rinderzunge, in einer mit Teig ausgelegten Form aufeinandergeschichtet und mit einem Teigdeckel im Ofen gebacken*
chicken broth Hühnerbrühe *f*
chicken giblets (and trimmings) *pl* Hühnerklein *n*, *(Aut)* Hühnerjunges *n*
chicken thigh Hähnchenkeule *f*
chicken wings *pl* Hähnchenflügel *mpl*, Chicken wings *pl (meist gut gewürzt und im Ofen ausgebacken)*
chickpeas *pl* Kichererbsen *fpl*
chicory Chicorée *m*
child's seat Kindersitz *m*

chili con carne *(AE)* Hackfleischgericht mit scharfen Chilies und dicken Bohnen, auf Reis serviert
chilis *pl*, **chilies** *pl (BE)* Chilies *fpl*, Pfefferschoten *fpl*
chill *v* kühlen • **put sthg to chill** etw kaltstellen
chill cabinet Kühlvitrine *f*
chillis *pl*, **chillies** *pl (AE) s.* chilis
chimney Schornstein *m*, Kamin *m*
China chilo Hammelhackfleisch, mit zerkleinerten Salatblättern, Erbsen, Pilzen und Gewürzen angebraten und mit gekochtem Reis serviert
china cupboard Geschirrschrank *m*
chine Rücken(stück) *m(n) (vom Rind)*
Chinese cabbage Chinakohl *m*
Chinese cuisine chinesische Küche
Chinese mushroom *s.* oyster mushroom
Chinese noodles *pl* Glasnudeln *fpl*
chinois Chinois *n (trichterförmiges Passiersieb)*
chip *v* **off** absplittern
chip pan *(BE)* Friteuse *f*
chips *pl* Pommes *pl*, Pommes frites *pl*
chitterlings *pl*, **chit(t)lins** *pl* kleine Kaldaunenwurst
chives *pl* Schnittlauch *m*
chocolate Schokolade *f*
chocolate *(BE)* Praline *f*
chocolate bar Schoko(laden)riegel *m*
chocolate candy *(AE)* Praline *f*
chocolate coating Kuvertüre *f*
chocolate crumbs *pl* Schokolade(n)-streusel *mpl*
chocolate frosting *(AE) s.* chocolate coating
chocolate icing *(BE) s.* chocolate coating
chocolate langue de chat Katzenzunge *f*
choice Wahl *f*, Auswahl *f* • **of choice** nach Wahl
cholesterol Cholesterin *n*
choose *v* wählen, auswählen
chop *v* hacken, wolfen
chop *v* **up** klein hacken
chop Kotelett *n*
chopper Hackbeil *n*
chopping block Hackblock *m*
chopping board Schneidebrett *n*
chopping knife Wiegemesser *n*
chopsticks *pl* Essstäbchen *npl*
choux pastry Brandmasse *f*, Brandteig *m*

chow mein chinesisches Nudelgericht mit Fleisch oder Fisch und Pilzen
chowder Fisch- und Muschel(ein)topf *m*
Christmas pudding *s.* plum pudding
chub *s.* European chub
chunk 1. Klumpen *m*; 2. dickes Stück *n*
chunky klumpig
cider Apfelmost *m*, Apfelwein *m*
cider vinegar Apfelessig *m*
cilantro *(AE)* Koriander *m*
cilantro paste *(AE)* Korianderpaste *f*
cinder, cinders *pl* Asche *f*
cinnamon Zimt *m*
cinnamon flower Zimtblüte *f*
circumference Umfang *m*
circumspect umsichtig
citron Zitronatzitrone *f*
citrus fruit Zitrusfrucht *f*
civet cat fruit Durian *f (exotische Frucht)*
clarification 1. Klären *n (von Butter)*; 2. Klärung *f (Erläuterung)*
clarified butter geklärte Butter *f*, Butterreinfett *n*, Butterschmalz *n*, Ghee *n*
clarify *v* 1. klären *(Butter)*; 2. deutlich machen
classic klassisch
classification Klassifizierung *f*
classify *v* klassifizieren
clean *v* 1. putzen, reinigen; 2. verlesen *(Salat)*
clean sauber
cleaner's Reinigung *f (Geschäft, Laden)*
cleaning Reinigung *f (Vorgang)*
cleanliness Sauberkeit *f*
clear *v* aufräumen
clear *v* **the tables** die Tische abdecken
clear klar
clear roux helle Mehlschwitze *f*, *(Aut)* Einmach *f*
clear soup Bouillon *f*
cleaver Hackbeil *n*
cleft Spalte *f*
clementine Clementine *f*
client Kunde *m*, Kundin *f*
climate Klima *n*
climatic conditions *pl* Klimabedingungen *fpl*
clingfilm *(BE)* Frischhaltefolie *f*, Klarsichtfolie *f*
cloakroom Garderobe *f*
close *v* schließen
closed zu, geschlossen • **"closed on Monday"** "montags geschlossen", "Montag Ruhetag"

complete

closing day Ruhetag *m*
clot *v* 1. dick werden lassen *(Milch)*; 2. s. coagulate
cloth Tuch *n*; Aufnehmer *m*
clothes hanger Kleiderbügel *m*
cloudy trüb
clove 1. Gewürznelke *f*, Nelkengewürz *n*; 2. Zehe *f*
clove of garlic Knoblauchzehe *f*
cloverleaf Klee(blatt) *m(n)*
club sandwich *(AE)* dreistöckiges belegtes Brötchen mit Truthahnfleisch zwischen der ersten und zweiten Scheibe Brot, und Schinkenspeck, Salat und Tomaten zwischen der zweiten und dritten Scheibe
clumsy ungeschickt
coagulate *v* gerinnen
coagulation Gerinnung *f*
coalfish Köhler *m*, Kohlfisch *m (Meeresfisch, gadus vireus)*
coarse grob
coarsely-ground geschrotet
coaster Untersatz *m*, Untersetzer *m (für Gläser)*
coat hanger Kleiderbügel *m*
coat *v* **with sthg** mit etw überziehen, nappieren
coated beschichtet
coating Kuvertüre *f (Schokolade)*
cock Hahn *m*
cock-a-leekie *Suppe aus Hühnerbrühe und Porree, gelegentlich mit getrockneten Pflaumen und Hühnchenstücken angereichert; Schottland*
cockerel junger Hahn *m*
cockle, cockle-shell Herzmuschel *f (Meeresweichtier, cardeum edule, cardeum aculeatum)*
cocoa Kakao *m* • **a cup of hot cocoa** eine heiße Schokolade
coconut fat Kokosfett *n*
cod Kabeljau *m (Meeresfisch, gadus morhua)*
coddle *v* Eier im Backofen pochieren
codling Dorsch *m (junges Exemplar bzw. Ostseekabeljau)*
coffee Kaffee *m* • **go for a coffee** einen Kaffee trinken gehen
coffee cake Mokkakuchen *m*
coffee filter Kaffeefilter *m*
coffee grinder Kaffeemühle *f*
coffee grounds *pl* Kaffeesatz *m*
coffee machine Kaffeemaschine *f*

coffee pot Kaffeekanne *f*
coffee spoon Kaffeelöffel *m*
coin Geldstück *n*
colander Abtropfsieb *n*, Durchschlag *m*
colcannon *Eintopfgericht aus zerkleinertem gekochten Kohl, Kartoffeln, Lauch, Sahne und Gewürzen, im Backofen leicht eingekocht und mit heißer Butter serviert; Irland*
cold kalt • **keep cold** kaltstellen
cold chain (distribution) Kühlkette *f*
cold cuts *pl (AE) s.* cold slices
cold-pressed kaltgepresst
cold slices *pl (BE)* Aufschnitt *m*
cold-smoked kaltgeräuchert
cold store Kühlraum *m*
coleslaw *(AE)* Krautsalat *m (mit Karotten, verschiedene Varianten: manchmal mit Zwiebeln oder Paprika, mit Mayonnaise oder Öl angemacht)*
coley *s.* coalfish
colleague Kollege *m*, Kollegin *f*; Mitarbeiter(in) *m(f)*
collect *v* sammeln
color... *(AE)* siehe colour...
colour *v (BE)* (sich) färben, Farbe annehmen
colour *(BE)* Farbe *f*
colouring *(BE)* Färbung *f*, Farbstoff *m (Lebensmittel)*
combine *v* 1. (sich) verbinden; 2. vermengen, vermischen
come *v* **off** sich ablösen
comfrey Beinwell *m*
comment Kommentar *m* • **no comment** kein Kommentar
commis chef Küchengehilfe *m*, Küchengehilfin *f*
communard Personalkoch *m*, Personalköchin *f*, Communard *m*
compact kompakt
compare *v* vergleichen
comparison Vergleich *m* • **in comparison to** im Vergleich zu
competent 1. zuständig; 2. kompetent
competition Konkurrenz *f* • **be in competition with sb** im Konkurrenzkampf mit jdm stehen
compilation Zusammenstellung *f*
complain *v* (sich) beschweren • **complain about sthg** etw beanstanden
complaint Beanstandung *f*, Beschwerde *f*, Reklamation *f*
complete *v* vervollständigen

component Bestandteil *m*
composition Zusammensetzung *f*
compote Kompott *n*
compromise Kompromiss *m*
concentrate Konzentrat *n*
concentrated konzentriert
concentrated juice Dicksaft *m*
conclude *v* schließen *(Sitzung, Debatte, Brief)*
condensation Kondenswasser *n*
condensed milk Kondensmilch *f*
condiment Gewürz *n*, Gewürzbeilage *f*
conditions *pl* Bedingungen *fpl*
confectionary Konfekt *m*
confectionary articles *pl* Konditoreiware *f (süßes Gebäck)*
confectioner *(AE)* Konditor *m*, Konditorin *f*
confidence Vertrauen *n*
conger (eel) 1. Meeraal *m*, Seeaal *m (Meeresfisch, conger conger L.)*; 2. auch Handelsbezeichnung für Katzenhai bzw. Dornhai
conscientious gewissenhaft
conserve *v* konservieren
consist *v* of bestehen aus
consistency Konsistenz *f*
consommé stock Fleischbrühe *f*
consume *v* 1. verbrauchen; 2. verzehren
consumer Verbraucher *m*
consumer protection Verbraucherschutz *m*
consumption Verbrauch *m*, Verzehr *m*
consumption of alcohol Alkoholkonsum *m*
contain *v* enthalten
container Behälter *m*
containing cocoa kakaohaltig
contains chocolate schokoladehaltig
content Gehalt *m (Inhalt)*
content, contented zufrieden
contentedness Zufriedenheit *f*
contents *pl* Inhalt *m*
continental breakfast leichtes mitteleuropäisches Frühstück mit Kaffee oder Tee, evtl. Orangensaft, mit Brot, Butter und Konfitüre
continuous kontinuierlich
contrast Gegensatz *m*, Kontrast *m*
contribute *v* beitragen
contribution Beitrag *m* • **make a contribution** einen Beitrag leisten
control *v* kontrollieren *(überwachen)*
control panel Bedienungsfeld *n*

controlled atmosphere Schutzatmosphäre *f*
converted rice Parboiled-Reis *m*
convince *v* überzeugen
convivial gesellig
conviviality Geselligkeit *f*
cook *v* (Essen) kochen, zubereiten
cook Koch *m*, Köchin *f*
cook's hat Kochmütze *f*
cooked gar *(Fleisch)*
cooked breakfast Frühstück mit warmen Gerichten; vgl. English breakfast
cooked fully, cooked through durchgebacken, durchgegart • **fully cooked** *(AE)* durchgebacken
cooked to order auf Bestellung zubereitet
cooker Herd *m*
cooker hood Abzugshaube *f*
cookery 1. Kochen *n*; 2. Kochkunst *f*
cookie *(AE)* Keks *m*, Plätzchen *n*
cookie cutter *(AE)* Ausstecher *m*, Ausstechform *f*
cookies *pl (AE)* Backwerk *n*, *(Aut)* Bäckereien *fpl*
cooking Kochen *n (Essenszubereitung)* • **English cooking** englische Küche *(heute meist: English cuisine)* • **plain cooking** Hausmannskost *f*, einfache Küche *f*
cooking chocolate Blockschokolade *f*, Kochschokolade *f*
cooking fat Backfett *n*
cooking foil Backfolie *f*, Backpapier *f*
cooking time Kochzeit *f*
cookware Kochgeschirr *n (Töpfe, Pfannen u. a.)*
cool *v* **down** abkühlen
cool *v* **off** *s.* cool down
cool kalt, kühl
cool counter Kühltheke *f*, Kühlvitrine *f*
cooling Abkühlen *n*; Abkühlung *f*
cooperate *v* zusammenarbeiten
cooperative Genossenschaft *f*
copious reichlich
copper Kupfer *n*
coral korallenroter Rogen der Jakobsmuschel
cordial 1. Fruchtsaftkonzentrat *n*; 2. Fruchtsirup *m*
core Kern *m (Obst)*
core *v* entkernen
core temperature Kerntemperatur *f*
coriander *(BE)* Koriander *m*

coriander paste *(BE)* Korianderpaste *f*
cork Korken *m*
corked *v*/be nach Korken schmecken *(Wein)*
corkscrew Korkenzieher *m*
corn 1. Getreide *n*, Korn *n*, *(Aut, Bay)* Körndeln *npl*; 2. *(AE)* Mais *m*, *(Aut)* Kukuruz *m*
corn-fed chick Stubenküken *n (< 650 g)*
corn on the cob Maiskolben *m*
cornflour Maismehl *n*; Maisstärke *f*
Cornish pasty Blätterteig mit Fleisch und Kartoffeln gefüllt *(Spezialität aus dem Cornwall)*
cornstarch *(AE)* Maismehl *n*, Maisstärke *f*
cost *v* kosten *(Preis)*
cost of living *(nur sing)* Lebenshaltungskosten *pl*
cost price/at zum Selbstkostenpreis
costly kostspielig
costs *pl* Ausgaben *fpl*, Kosten *pl*
cottage pie gebratenes Rinderhackfleisch in eine Form gefüllt, mit Kartoffelpüree bedeckt und im Backofen ausgebacken
cotton Baumwolle *f*
cotton candy *(AE) s.* candyfloss
count *v* zählen
country Land *n*
country inn Landgasthaus *n*
country of origin Herkunftsland *n*
courgett(e) *(BE)* Zucchino *m*, Zucchini *f*; Gemüsekürbis *m*
course Gang *m* • three-course meal dreigängiges Menü
court-bouillon Court-bouillon *f*
cover *v* decken, bedecken
cover *v* up zudecken
cover 1. Gedeck *n*; 2. Abdeckung *f*, Hülle *f*, Umhüllung *f*
cow 1. Kuh *f*; 2. Rind *n*
crab Meereskrebs *m* *(allgemein, besonders Taschenkrebs, cancer pagurus L.)*
crab claw Krebsschere *f* *(meist vom Taschenkrebs)*
crack *v* 1. knacken *(Nüsse)*; 2. platzen *(Wurst)*
crack Sprung *m* *(z. B. in Geschirr)*
crackling Griebe *f*, *(Aut)* Grammel *f*
cracknel 1. Krokant *m*; 2. *s.* crackling
cranberry amerikanische Moosbeere *f*
crawfish *(AE) s.* crayfish
crayfish Flusskrebs *m* *(Süßwasserkrebstier, astacus spp.)*

cream *v* aufrahmen *(mit zusätzlichem Rahm versetzen)*
cream 1. Sahne *f*, Rahm *m*; *(Aut)* Obers *m*; 2. Creme *f* • clotted cream in BE: dicker Rahm von erhitzter Milch • double cream in BE: Sahne mit hohem Fettgehalt, ca. 48 % • heavy cream in AE: Sahne mit hohem Fettgehalt, ca. 48 % • light cream *(BE)* einfache Sahne *f*, Kaffeesahne *f* • single cream *(BE)* einfache Sahne *f*, Kaffeesahne *f*
cream bun Eclair *m*
cream cheese 1. Frischkäse *m*; 2. Doppelrahmkäse *m*
cream filling Füllcreme *f*
cream puff *(AE)* (gefüllter) Windbeutel *m*
cream soup Cremesuppe *f*
cream tart Sahnetörtchen *n*
creamed horseradish Sahnemeerrettich *m*, *(Aut)* Oberskren *m*
creamy cremig, kremig, sämig
creative kreativ
credit card Kreditkarte *f*
credit (note) Gutschrift *f*
cress Kresse *f*
crest Hahnenkamm *m*
crimp *v* den Teigrand andrücken
crisp *v* up aufbacken, *(Aut)* aufbähen
crisp bread, crispbread Knäckebrot *n*
crispy knusprig, krachig
criterion *(plural: criteria)* 1. Kriterium *n*; 2. Maßstab *m*
crockery Geschirr *n*
croissant Hörnchen *n*, *(Aut)* Kipferl *n*
croquette potatoes *pl* Kartoffelkroketten *fpl*
croutons *pl* geröstete Brotwürfel *mpl*
crown Krone *f*
crown cap Kron(en)korken *m*
crubeens *pl s.* pig's trotters
crucian carp Karausche *f* *(Süßwasserfisch, carassis carassis L.)*
crude marzipan *s.* raw marzipan
crumb Krümel *m*; Krume *f* *(Brot)*
crumb collector Krümelschublade *f*
crumb mix *(AE)* Streusel
crumble *v* krümeln
crumble *(BE)* 1. Streusel *mpl*; 2. Streuselkuchen
crumbly krümelig
crumpet Hefegebäck, meist heiß und mit Butter bestrichen serviert
crunchy knusprig, knackig
crush *v* zerreiben, zerstoßen

crushed ice Eisschnee *m*
crust Kruste *f*, Rinde *f*
crustacean Krebstier *n (früher: Krustentier)*
crystal Kristall *n*
crystallise *v (BE)* 1. (aus)kristallisieren; 2. kandieren
crystallised chestnut *(BE)* kandierte Kastanie *f*
crystallised fruit *(BE)* kandierte Früchte *fpl*, Belegfrüchte *fpl*, *(Aut)* Kanditen *fpl*
crystallize *v (AE) s.* crystallise
crystallized chestnut *(AE) s.* crystallised chestnut
crystallized fruit *(AE) s.* crystallised fruit
crystalware *s.* crystal
cube *v* in Würfel schneiden
cube Würfel *m*
cube sugar Würfelzucker *m*
cucumber Gurke *f*, *(CH)* Guggummere *f*
cuisine Küche *f (gastronomisch)* • **an excellent cuisine** eine ausgezeichnete Küche *f*
culinary kulinarisch
cultivate *v* 1. anbauen; 2. züchten
cultivation 1. Anbau *m*; 2. Zucht *f*, Züchtung *f*
cumin Kreuzkümmel *m*
cupboard Schrank *m*
cup(ful) Tasse *f (als Maßeinheit ca. 250 ml)* • **a cup(ful) of ...** eine Tasse ...
curd Quark *m*
curdle *v* sauer werden (lassen)
curdy milk Dickmilch *f*
cure *v s.* brine
cured pork chop Schweinerippchen *n*
curious neugierig
curly kale Grünkohl *m*
currant Korinthe *f*
current (elektrischer) Strom *m*
curried chicken Curryhuhn *n*
curry Currygericht *n* • **go for a curry** Indisch essen gehen
curry (powder) Currypulver *n*
cushion Kissen *n*
custard Vanillecreme *f*
custard apple Annone *f (exotische Frucht)*
customer 1. Gast *f*; 2. Kunde *m*, Kundin *f*
customer service *s.* after-sale(s) service
customers *pl* 1. Gäste *mpl*; 2. Kundschaft *f*
cut *v* (auf)schneiden
cut *v* **down** einschränken
cut *v* **in slices** in Scheiben schneiden

cut *v* **into** einschneiden
cut *v* **out** ausschneiden
cut *v* **through** durchschneiden • **can be cut through** durchtrennbar
cut *v* **to size** zuschneiden
cut *v* **up** zerlegen, zerstückeln, zerteilen
cut Schnitt *m*, Einschnitt *m*, Zuschnitt *m*
cutlery *(BE)* Besteck *n*
cutlery box *(BE)* Besteckkasten *m*
cutlet Kotelett *n*, Schnitzel *n*
cutter 1. Ausstecher *m*, Ausstecherform *f*; 2. Cutter *m (Maschine zum Zerkleinern von Fleisch, in der Wurstherstellung)*
cutting edge hochaktuell
cutting-edge cooking Küche nach dem neuesten Trend
cutting machine Schneidemaschine *f*
cuttlefish Sepia *f (Tintenfischart, mit acht Fangarmen und zwei Tentakeln, sepiidae sp.)*

D

dab Kliesche *f (Meeresfisch, limanda limanda)*
dairy 1. Molkerei *f*; 2. Milch...
dairy ice cream Milcheis *n*
dairy product *s.* milk product
damage *v* schaden
damage Schaden *m* • **do damage, cause damage** Schaden anrichten
damp feucht
damp Feuchtigkeit *f*
dampen *v* (ab)dämpfen
damson Haferpflaume *f*, Zwetsch(g)e *f*
dandelion Löwenzahn *m*, *(CH)* Sautätsch *m*
dandelion salad Löwenzahnsalat *m*, *(Aut)* Röhrlsalat *m*
Danish pastry Blättergebäck *n*, Blätterteigkuchen *m*
dark dunkel
dark roux dunkle Mehlschwitze *f*, *(Aut)* Einbrenn *f (vgl. clear roux)*
date 1. Dattel *f*; 2. Datum *n*, Termin *m*
date mussel Meerdattel *f (Meeresweichtier, lithophage lithophaga L.)*
date of packaging Abpackdatum *n*
deadline Termin *m (z. B. Liefertermin)*; Abgabetermin *m*

dear 1. teuer *(finanziell)*; 2. geschätzt *(angesehen)*
decaff *(infrml)* koffeinfreier Kaffee *m* • **a decaff please** einen koffeinfreien Kaffee bitte
decaffeinated koffeinfrei
decaffeinated coffee koffeinfreier Kaffee *m*
decalcify *v* entkalken
decant *v* dekantieren
decanter Dekantierkaraffe *f*
declare *v* erklären • **(ingredients) to be declared** kennzeichnungspflichtig(e Zutaten)
decompose *v* sich zersetzen
décor Dekor *m*
decorate *v* 1. (auf)dressieren, schmücken, verzieren; 2. tapezieren
decoration Verzierung *f*, Schmuck *m*; Dekor *m*; Zierde *f*
decrease *v* (sich) vermindern, kleiner werden
decrease Schwund *m*
deep 1. tief; 2. tiefgehend; 3. intensiv
deep fat fryer Fritteuse *f*
deep fat frying Frittüre *f*
deep-freeze *v* tiefgefrieren
deep-freeze *(AE)* Kühltruhe *f*, Tiefkühltruhe *f*
deep-freeze chest Tiefkühltruhe *f*, Kühltruhe *f*
deep-fry *v* frittieren
deep-frying skimmer Frittürekelle *f*
defect Fehler *m*
defective fehlerhaft
deficit Defizit *n* • **run a deficit** ein Defizit haben, in den roten Zahlen sein
defrost *v* abtauen, enteisen
degree Grad *m*
degree of acidity Säuregrad *m*
degree of hardness Härtegrad *m*
delicacy Köstlichkeit *f*, Delikatesse *f*; Delikatess…
delicate 1. empfindlich; 2. heikel
delicatessen salad Feinkostsalat *m*
delicious köstlich, lecker
deliver *v* liefern *(Waren)*
delivery truck *(AE)* s. delivery van
delivery van *(BE)* Lieferwagen *m*
demand Nachfrage *f* • **according to demand** je nach Nachfrage
demanding anspruchsvoll
dense dicht
dentex *s*. toothed sparus

deposit *v* (sich) ablagern, (sich) absetzen
deposit 1. Bodensatz *m (z. B. in einer Flasche)*; 2. Anzahlung
depth 1. Tiefe *f*; 2. Tiefgründigkeit *f*
Derby, Derbyshire milder Hartkäse aus Kuhmilch, ähnlich wie Cheddar hergestellt; mit populärer Variante als Sage Derby, grün marmoriert, mit Salbei gefärbt und besonders gewürzt; ca. 45 % Fett i. Tr.
desalinate *v* entsalzen
descale *v* 1. entschuppen; 2. entkalken
designation of origin Herkunftsbezeichnung *f*
desirable wünschenswert
desire *v* wünschen
dessert Süßspeise *f*, Nachspeise *f*, Nachtisch *m*
dessert buffet Nachspeisenbüffet *n*, Nachtischbüffet *n*
dessert fruit Tafelobst *n*
dessert list *(AE)* s. dessert menu
dessert menu *(BE)* Dessertkarte *f*
dessert plate Dessertteller *m*
dessert spoon Dessertlöffel *m (nur in GB: Maßeinheit für 10 ml)*
dessert trolley Dessertwagen *m*
destalk *v* entstielen
destem *v* abbeeren
detachable abnehmbar
detergent schmutzlösend
detergent schmutzlösendes Mittel *n*
develop *v* (sich) entwickeln
development Entwicklung *f*
dextrose Dextrose *f*, Traubenzucker *m*
diameter Durchmesser *m*
dice *v* **(into cubes)** in Würfel schneiden
diced bacon Speckwürfel *m(pl)*, *(CH)* Speckmöckli *m(pl)*
diced ham in aspic Schinkensülze *f*
diced tongue in aspic Zungensülze *f*
diet 1. Diät *f*; 2. diät…, Diät…; 3. Kost *f* • **have a healthy diet** sich gesund ernähren
diet cook Diätkoch *m*, Diätköchin *f*
difference Unterschied *m*
different verschieden
difficult schwierig • **make sthg less difficult** etw leichter machen, etw einfacher machen
digest verdauen • **hard to digest** unverdaulich, schwer verdaulich
digestibility Verträglichkeit *f*

digestible verdaulich, bekömmlich, verträglich
digestion Verdauung *f*
dill Dill *m*
dilute *v* verdünnen
diminish *v* (sich) vermindern, verkleinern, verringern
dining hall *s.* dining room
dining room Speisesaal *m*
dinner Abendessen *n (vgl. supper)* • **have dinner** zu Abend essen
dinner jacket Smoking *m*
dinner party 1. Tischgesellschaft *f*; 2. Abendessen *n* mit Gästen
dip *v* tunken • **dip into sthg** in etw eintauchen
dirt Schmutz *m*
dirty schmutzig • **get sthg dirty** etw schmutzig machen, etw beschmutzen
disabled behindert
disabled toilet Behindertentoilette
disappoint *v* enttäuschen
disappointment Enttäuschung *f*
discard *v* wegießen; wegwerfen
discount Rabatt *m*
discover *v* entdecken
disgusting widerwärtig, eklig
dish 1. Platte *f*, Schüssel *f*; 2. Gericht *n* • **do the dishes** *(BE)* abspülen, abwaschen
dish cloth *(BE)* 1. Spüllappen *m*; 2. Geschirrtuch *n*
dish of the day Tagesgericht *n*
dish served directly on the plate Tellergericht *n*
dish towel *(AE) s.* dish cloth
dishwasher Geschirrspülmaschine *f*
disinfect *v* desinfizieren
disintegrate *v* zerfallen, sich auflösen
dissolve *v* **(sthg)** (etw) auflösen
distance Abstand *m*
distend *v* sich ausdehnen
distil *v (BE)* destillieren
distill *v (AE) s.* distil
distinction 1. Unterscheidung *f*; 2. Auszeichnung *f* • **make a distinction** unterscheiden
distinguish *v* unterscheiden
distribute *v* verteilen
disturb *v* stören • **sorry to disturb you** verzeihen Sie die Störung
divide *v* teilen • **divide in half, divide in two** halbieren • **divide into squares** quadrieren

divisible teilbar
dog cockle Meermandel *f (Meeresweichtier, petunculus glycymeris)*
dog salmon Ketalachs *m (Meeresfisch, oncorhynches Keta)*
dogfish Dornhai *m*, Katzenhai *m (Meeresfisch, squalus acanthias)*
done gar *(Fleisch u. a.)*
dorado royale Goldbrasse *f*, Dorade Royale *f (Meeresfisch, sparus aurata)*
dosage Dosierung *f*
dot *v* tüpfeln, einen Tupfer (dr)aufsetzen
double doppelt • **double the amount** die zweifache Menge
double cream Doppelrahm *m (ca. 45 % Fettanteil)*
Double Gloucester *gelber Hartkäse aus Kuhmilch, ursprünglich aus Gloucester, meist aus einer Mischung aus Morgen- und Abendmilch; der kleine einfache Gloucester Käse ist heute selten; ca. 48 % Fett i.Tr.*
doubtful zweifelhaft
dough Teig *m*, Backteig *m*
doughnut Krapfen *m*, Fettgebäck *n*
doughy teigig
dozen Dutzend *n* • **by the dozen** im Dutzend
draft beer *(AE) s.* draught beer
draft wine *(AE) s.* draught wine
drain *v* abtropfen • **let sthg drain** etw abtropfen lassen
drain *v* **off** abschütten
drained weight Abtropfgewicht *n*
draught beer *(BE)* Fassbier *n*
draught wine *(BE)* offener Wein
draw *v* 1. ausnehmen, ausweiden; 2. zapfen *(Bier)*
drawer Schublade *f*
dredger Streuer *m (Mehl)*
dress *v* 1. anrichten, anmachen; 2. dressieren, bridieren *(Geflügel)*
dried cod Stockfisch *m*
dried egg Trockenei *n*
dried fruit Backobst *n*; Trockenfrüchte *fpl*, Trockenobst *n*
dried ice Trockeneis *n*
dried pear Dörrbirne *f*
dried peas *pl* Trockenerbsen *fpl*
dried yeast Trockenhefe *f*
drier Wäschetrockner *m*, Trockner *m*
drink *v* trinken
drink 1. Getränk *n*; 2. Schluck *m* • **go for**

a drink einen trinken gehen • **a drink of water** ein Schluck Wasser
drinking straw Trinkhalm *m*
drip *v* tropfen
drip brew *(AE)* s. drip coffee
drip coffee *(AE)* Filterkaffee *m*
dripping Bratenfett *n*; Fleischsaft *m*; Schweineschmalz *n (als Kochfett)*
drizzle *v* (be)sprühen, (be)träufeln
drop *v* 1. fallen; 2. fallen lassen • **it dropped** es ist heruntergefallen • **I dropped it.** Es ist mir heruntergefallen.
drop 1. Tropfen *m*; 2. Schluck *m* • **a drop of water** 1. ein Tropfen Wasser; 2. ein Schluck Wasser
drumsticks *pl* Hähnchenschenkel *mpl*
dry *v* trocknen
dry *v* **out** austrocknen
dry *v* **up** austrocknen
dry *v* **up sthg** etw abtrocknen
dry trocken
dry matter Trockenmasse *f (Käse)*
dry sausage Hartwurst *f*
dry weight Trockengewicht *n*
drying cabinet Trockenschrank *m*
dryness Herbe *f*, Trockenheit *f*
Dublin Bay prawn Kaisergranat *m*, Langustine *f (Krebstier, nephrops norvegicus L.)*
duck Ente *f*
duck foie gras Enten(stopf)leber *f*
duckboards *pl* Lattenrost *m (auf dem Boden)*
duckling Jungente *f*
dull matt
dumb waiter Geschirraufzug *m*
dumpling Kloß *m*, *(Aut, Bay)* Nockerl *n*, *(Aut, Bay)* Knödel *m*
Dundee cake reicher, mit Mandeln garnierter Früchtekuchen (schottische Spezialität)
dunk *v* eintunken
durum wheat Hartweizen *m*
dusky perch *s.* rock cod
dust *v* bestäuben, einstäuben
dustbin *(BE)* Mülleimer *m*, Mülltonne *f*
dustbin liner *(BE)* Müllbeutel *m*
duty 1. Pflicht *f*; 2. Steuer *f*
duty chef Chef(in) *m(f)* vom Dienst
duty rota Dienstplan *m*
dwarf beans *pl (BE)* Buschbohnen *fpl*
dye *v* färben
dye(stuff) Farbstoff *m*; Färbung *f*

E

ear 1. Ohr *n*; 2. Ähre *f*
early potatoes *pl* Frühkartoffeln *fpl*
early vegetables *pl* Frühgemüse *n*
earn *v* verdienen
earnings *pl* Verdienst *m*
easily digestible bekömmlich
easy einfach, leicht
easy-care pflegeleicht
easy-cook rice Schnellkochreis *m*
eat *v* essen
eat *v* **lunch** zu Mittag essen
eating apple Tafelapfel *m*
eating grape Tafeltraube *f*
eating habits *pl* Essgewohnheiten *fpl*
Eccles cake kleiner traditioneller Blätterteigkuchen, ursprünglich aus Lancashire, mit Rosinen gefüllt und mit Zucker bestreut
eco... öko...
ecologic umweltfreundlich
ecological öko...
economical 1. sparsam *(im Verbrauch)*; 2. knauserig
edge Schneide *f*, Rand *m*
edible bolete *s.* cep
eel Aal *m (Wanderfisch, anguilla anguilla)*
effect Wirkung *f* • **to great effect** (sehr) wirkungsvoll
effective wirksam
effervescent sprudelig
effluents *pl* Abwasser *n (oft Plural: Abwässer)*
egg Ei *n*
egg beater *(AE)* s. whisk
egg boiler Eierkocher *m*
egg cup Eierbecher *m*
egg salad Eiersalat *m*
egg slicer Eierschneider *m*
egg timer Eieruhr *f*
egg wash Mischung aus geschlagenem Ei und Salz als Glasur für Brot
egg white Eiweiß *n*
egg yolk Eigelb *n*, Eidotter *m*
eggnog *(AE)* Milchgetränk mit Sahne, Zucker, Eiern, Zimt und Muskatnuss; alkoholischen Varianten, vorzugsweise im Winter, wird Weinbrand, Eierlikör, Rum oder Whisky beigemengt
eggplant *(AE)* Aubergine *f*, *(Aut)* Melanzane *f(pl)*
elastic dehnbar, elastisch

elder Holunder *m*, *(CH, SüdD)* Holder *m*
elderflower juice Holundersaft *m*, *(CH, SüdD)* Holdersaft *m*
electric kettle Wasserkocher *m*
electric whisk Rührgerät *n*, Rührstab *m*
electricity Elektrizität f; Strom *m*
elegant elegant
emergency exit Notausgang *m*
empty *v* leeren
empty leer
emulsify *v* emulgieren
enamel Email *n*, Emaille f
enameled emailliert
end *v* beenden
end Ende *n*
end piece Endstück *n*
endive Endivie f
energetic energisch
energy consumption Energieverbrauch *m*
English breakfast *im Gegensatz zum "continental breakfast" sehr reichhaltiges Frühstück auf den britischen Inseln, mit Haferflockenbrei - porridge -, Spiegeleiern auf gebratenem Schinkenspeck, manchmal mit Tomaten und Champignons gebratenen Würstchen, gegrillten geräucherten Heringen oder kleinen Schollen, Kompott aus Dörrpflaumen, Brötchen - baps -, Toast mit Orangenmarmelade, Tee, Milch und manchmal Kaffee*
English cooking englische Küche f *(heute meist: English cuisine)*
engrave *v* ziselieren
engraving knife Ziseliermesser *n*
enjoy *v* genießen • **Enjoy your meal!** Guten Appetit!
enough genügend
enrich *v* anreichern
ensure *v* gewährleisten
entrance Eingang *m (Zugang)*
entree Zwischengericht *n*
entry Eingang *m (z. B. Waren)*
equip *v* ausstatten
equipment Ausstattung f; Zubehör *n*
error Irrtum *m*
escalope Schnitzel *n*
escargot Schnecke f *(Küchensprache)*
escargot butter Schneckenbutter f
escolar Buttermakrele f *(Meeresfisch, gempylidae spp.)*
essential oils *pl* ätherische Öle *npl*
estimate *v* schätzen *(nicht genau rechnen)*

estimation 1. Schätzung f; 2. Wertschätzung f
European bittersweet *s.* dog cockle
European chub Döbel *m (Süßwasserfisch, leuciscus cephalos)*
evaluate *v s.* assess
evaluation *s.* assessment
evaporate *v* verdunsten
evaporation Verdunstung f
even 1. glatt; 2. sogar
event Veranstaltung f
exact genau
example Beispiel *n*
executive chef Chef aller Küchen in einem großen Hotelrestaurant; manchmal auch frz. "directeur des cuisines"
exemplary beispielhaft, exemplarisch, vorbildlich
expenditure Aufwand *m (an Zeit und/oder Geld)*
expenses *pl* Ausgaben *fpl*, Unkosten *pl*
expensive teuer, kostspielig
experience Erfahrung f
experiment *v* experimentieren
experiment Experiment *n*, Versuch *m*
expert Fachmann *m*, Fachfrau f
expiration date *(AE) s.* expiry date
expiry date *(BE)* Verfall(s)datum *n*
explain *v* erklären
exquisite delikat, exquisit
extend *v* verlängern *(Tisch)*
extension Verlängerung f *(Tisch)*
extension cable Verlängerungskabel *n*
extent Umfang *m*, Maß ß • **to some extent** in gewissem Maße
extra virgin olive oil extra natives Olivenöl *(< 1 % Säure)*
extract *v* entziehen, extrahieren
extract *v* **juice from sthg** etw entsaften
extract Extrakt *m*, Auszug *m*
extractor hood Abzugshaube f, Dunstesse f, Dunsthaube f
extravagance Aufwand *m*
extravagant aufwändig

F

faded verblasst
faggot *Leberknödel, manchmal auch mit anderen Innereien; Spezialität der englischen Midlands*

fish

failure Misserfolg *m*
fall *v* **over** umkippen
fallow deer Damwild *n*
fan Gebläse *n*, Lüfter *m*
fancy *v* **sthg** Lust auf etw haben
fancy name Phantasiebezeichnung *f*
fare Kost *f* • **typical Irish fare** typisch irische Küche
fast *v* fasten
fast schnell
fast-food restauration Schnellgastronomie *f*
fat fett, dick
fat Fett *n*
fat content Fettgehalt *m*
fat filter Fettfilter *m*
fat separator Fettabscheider *m*
fatten *v* mästen
fatty 1. fetthaltig *(Speise)*; 2. dick, fett *(Person)*
fatty acid Fettsäure *f*
fault Fehler *m* • **that was my fault** daran war ich schuld
faulty fehlerhaft
fava bean *(AE) s.* broad bean
fawn Hirschkalb *n*
feather Feder *f*
feature Merkmal *n*
fennel Fenchel *m*
fermont *v* gären
fermentation Gärung *f*
fermentation in the bottle Flaschengärung *f*
fertile fruchtbar
fiber *(AE)*, **fibre** *(BE)* Faser *f*
fibrous faserig
field lettuce Feldsalat *m*, *(Aut)* Vogerlsalat *m*, *(CH)* Nüsslisalat *m*
fig Feige *f*
fill *v* 1. abfüllen, füllen; 2. farcieren *(Speisen füllen)*
filled pastry case gefüllte Teighülle *f*
filled roll belegtes Brötchen
fillet *v* filetieren, filieren
fillet of beef Rinderfilet *n*, Lendenbraten *m*, *(Aut)* Lungenbraten *m*
fillet of haddock Schellfischfilet *n*
fillet of pork Schweinefilet *m*
fillet of smoked dogfish Schillerlocke *f* *(heißgeräucherte Bauchlappen des Dornhais)*
filleting knife Filiermesser *n*
filling Füllung *f*
filter Filter *m*

filter paper Filterpapier *n*
fin Flosse *f*
fine 1. fein, dünn; 2. edel • **a fine wine** ein edler Tropfen
finely grained liver paste Lebercreme *f*
finger Finger *m*
finger bowl Fingerschale *f*
finger wipe Reinigungstuch *n* *(für die Finger)*
finish *v* beenden, fertig stellen • **Finished!** Fertig!
fire 1. Feuer *n*, Flamme *f*; 2. Brand *m*; 3. Hitze *f* *(beim Kochen)*
fire alarm 1. Feueralarm *m*; 2. Feuermelder *m* *(Gerät)*
fire brigade *(BE)* Feuerwehr *f*
fire department *(AE) s.* fire brigade
fire extinguisher Feuerlöscher *m*
fire-resistant feuerfest
fireplace Kamin *m*
fireproof feuerfest, hitzebeständig
firm schnittfest, fest *(Konsistenz)*
firmness Festigkeit *f*
first class erstklassig
first slice Anschnitt *m*
fish *v* fischen, angeln
fish *(plural: fish)* Fisch *m*
fish and chips *"Fisch mit Pommes"*: traditionelles englisches Gericht aus frittiertem Fisch (Schellfisch, Seehecht, Kabeljau u. a.) heute auch oft mit Dornhai; mit Salz und Essig gewürzt und mit Pommes frites serviert
fish cake *s.* fishcake
fish cook Fischkoch *m*
fish cutlery *(BE)* Fischbesteck *n*
fish descaler Entschuppungsgerät *n*
fish dish Fischgericht *n*
fish farm Fischfarm *f*
fish farming Fischzucht *f*
fish finger *(BE)* Fischstäbchen *n*
fish flatware *(AE) s.* fish cutlery
fish kettle Fischkessel *m*
fish market Fischmarkt *m*
fish pie Fischauflauf *m*
fish scale Fischschuppe *f*
fish scaler Entschuppungsgerät *n*
fish silverware *(AE) s.* fish cutlery
fish slice *(BE)* Fischheber *m*
fish spatula *(AE) s.* fish slice
fish stick *(AE) s.* fish finger
fish stock Fischsud *m*; Fischfond *m*
fish tank Fischbehälter *m*, *(Aut)* Fischkalter *m*

fishcake Fischbulette *f*, Fischfrikadelle *f*
fisherman Fischer *m*
fishmonger Fischhändler(in) *m(f)* • **the fishmonger's** der Fischladen
fix *v* festlegen
fixings *pl (AE)* Beilagen *fpl*
fizz *v* perlen, sprudeln, moussieren
fl oz *s.* fluid ounce
flake Flocke *f*
flaky dough Plunderteig *m*
flaky pastry Blätterteig *m*
flambé *v* abflämmen, flambieren, *(Aut)* abbrennen
flame *v s.* flambé
flame Flamme *f*; Hitze *f* • **on a high flame** auf großer Flamme • **on a low flame** auf kleiner Flamme, bei schwacher Hitze
flanchet, flank Dünnung *f*, Flanke *f*
flap *v* zappeln
flat flach, eben, platt
flat baking tin *(BE)*, **flat baking tray** *(AE)* flache Backform *f*
flat rate Pauschalpreis *m* • **at a flat rate** pauschal
flat ribs *pl* Spannrippen *fpl*
flatten *v* abflachen, flach schlagen
flattening knife Plattiermesser *n*
flatware *(AE) s.* cutlery
flatware caddy *(AE) s.* cutlery box
flavor... *(AE)* siehe flavour...
flavour *v (BE)* mit Geschmack versehen
flavour *(BE)* 1. Aroma *n*; 2. Geschmack *m*
flavour enhancer *(BE)* Geschmacksverstärker *m*
flavouring agents *pl (BE)* Aromastoffe *mpl*
flavourings *pl (BE) s.* flavouring agents
flavourless *(BE)* geschmacksneutral
flex Kabel *n*
flexible flexibel *(auch im übertragenen Sinn)*; dehnbar
floral decoration Blumenschmuck *m*
floret Röschen *n (Brokkoli, Blumenkohl)*
flounder Flunder *f (Meeresfisch, platichthys flesus)*
flour Mehl *n*
floury mehlig
flow *v* fließen
flower Blume *f (Pflanze)*
fluffy flockig, locker
fluid ounce Maßeinheit für Flüssigkeiten: 28,35 ml bzw. 28,349 g (Abk: fl.oz.)
flush *v* spülen
flushing Spülen *n*

flute *v* kannelieren *(Teig)*
fluted knife Buntmesser *n*
foam *v* schäumen
foam Schaum *m*
fold *v* falten; brechen *(Servietten)*
fold *v* in tourieren *(Butter oder Fett in den Teig einschlagen, z. B. für Blätterteig)*
fold *v* up zusammenfalten
fold Falte *f*
fond of *v/be* mögen, gern haben • **be fond of sweet things** naschhaft sein
fondant Fondantmasse *f*
food Nahrungs..., Lebensmittel...
food 1. Ernährung *f*; 2. Lebensmittel *n*
Food and Beverage Manager Wirtschaftsdirektor in einem großen Hotel-Restaurantbetrieb
food color(ant) *(AE)*, **food colour(ant)** *(BE) s.* food coloring
food coloring *(AE)*, **food colouring** *(BE)* Lebensmittelfarbe *f*
food supplies *pl* 1. Lagerbestände *mpl*, Nahrungsmittelbestände *mpl*; 2. Nahrungsmittelbelieferung *f*; Nahrungsmittelversorgung *f*
fool *v* täuschen
foolish leichtsinnig
foolishness Leichtsinn *m*
foot britische Längeneinheit: 0,3048 m *(Abk.: ft)*
forceful energisch
forcemeat *s.* stuffing
fore ribs *pl* Querrippen *fpl*
foreseeable vorhersehbar • **for the foreseeable future** auf absehbare Zeit
forest Wald *m*
foretaste Vorgeschmack *m*
fork Gabel *f*
form *s.* mould
formula Formel *f*
fowl Geflügel *n*
fragile zerbrechlich
fragrance 1. Duft *m*; 2. Note *f (Geschmack)*
frame *v* umrahmen
frankfurter Frankfurter Würstchen *n*
fray *v* zerfasern
free-range eggs *pl* Freilandeier *npl*
free-range poultry Freilandgeflügel *n*
free-standing stove freistehender Herd *m*
freeze *v* einfrieren *(Essen)*
freeze-dried gefriergetrocknet
freezer Tiefkühltruhe *f*, Tiefkühlgerät *f*

freezer burn Gefrierbrand *m*
freezer chest *(AE)* Kühltruhe *f*, Tiefkühltruhe *f*
freezer compartment Froster *m*, Kühlfach *n (bis -6 °C)*
freezing point Gefrierpunkt *m*
French bean Gartenbohne *f*
French bread Stangenbrot *n*
French fries *pl (AE)* Pommes frites *pl*
French parsley Kerbel *m*
French toast *(nur sing)* Arme Ritter *mpl*
fresh frisch
freshness Frische *f*
fricassee Frikassee *n*
fridge Kühlschrank *m*
fried egg Spiegelei *n*
fried fish Backfisch *m*
fried green tomatoes *pl (AE)* grüne Rösttomaten als Vorspeise oder Beilage; Spezialität der Südstaaten
fried herring Brathering *m*
fried onions *pl* Röstzwiebeln *fpl (oft gefriergetrocknet im Handel)*
fried potatoes *pl* Bratkartoffeln *fpl*
fried sausage Bratwurst *f*
fries *pl (AE) s.* French fries
frill Manschette *f*
fritter Fettgebäck *n (in Teig ausgebackenes Gemüse, Meeresfrüchte oder Obst)*
frog's legs *pl* Froschschenkel *m*
frost *v (AE) s.* ice
frosting *(AE) s.* icing
frosting knife *(AE) s.* icing knife
froth *v* schäumen
froth Schaum *m*
frothy schaumig
frozen food Tiefkühlkost *f*
frozen (over) vereist
fructose Fruchtzucker m
fruit *(plural: fruit)* Obst *n*, Frucht *f*; Früchte *fpl*
fruit jello® *(AE)*, **fruit jellO®** *(AE) s.* fruit jelly
fruit jelly Früchtegelee *n*
fruit liquor *(AE) s.* fruit schnapps
fruit loaf Früchtebrot *n*, *(Aut, Bay)* Kletzenbrot *n (meist mit Dörrbirnen)*
fruit press Fruchtpresse *f*
fruit pulp Fruchtfleisch *n*, Fruchtmark *n*
fruit puree Früchtemus *n*
fruit salad Obstsalat *m*
fruit schnapps Obstler *m*, Obstwasser *n*
fruit wine Most *m (allgemein)*
fruity fruchtig

frumenty *ursprünglich Brei aus zermahlenem Weizen mit Sahne, Milch, Eigelb und Honig, Backobst und Gewürzen, als Beilage zu Wild aller Arten; heute auch mit anderen Getreidearten, z. B. Hafermehl; in kleinen Gläsern am Ende eines Essens serviert; s.* Atholl Brose
fry *v* braten, *(Aut)* prägeln *(in der Pfanne)*
frying basket Frittierkorb *m*
frying fat Fritürenfett *n*
frying pan Bratpfanne *f*
frying time Bratzeit *f*
ft *s.* foot
full-bodied gehaltvoll, vollmundig *(Wein)*
full-cream milk *(BE)*, **full-fat milk** *(BE)* Vollmilch *f*
fun Spaß *m •* **sthg is fun** etw macht Spaß
funnel Trichter *m*
furnish *v* ausstatten
furnishings *pl* Ausstattung *f*
furrows *pl* Rillen *fpl*

G

gain *v* erhalten, gewinnen
gain *v* **weight** zunehmen
galantine Galantine *f*
gall bladder Gallenblase *f*
gallon *Maßeinheit für Flüssigkeiten; in Großbritannien: 1 UK gallon = 4,55 l; in USA: 1 US gallon = 3,79 l*
galvanised *(BE)*, **galvanized** *(AE)* verzinkt
game Wild *n*, Wildbret *n*
game animals *pl* Haarwild *n*
game birds *pl* Federwild *n*
game stew Wildpfeffer *m*, Wildragout *n*
gammon Vorderschinken *m*
gap Zwischenraum *m*
garbage *(AE)* Abfall *m*
garbage bag *(AE)* Müllbeutel *m*
garbage pail *(AE)* Abfalleimer *m*, Mülleimer *m*, Mülltonne *f*
garden cress Gartenkresse *f*
garlic Knoblauch *m*
garlic butter Knoblauchbutter *f*
garlic press Knoblauchpresse *f*
garnish *v* garnieren, verzieren
garnishing Beilage *f*; Garnierung *f*
gas Gas *n*
gas cooker Gasherd *m*

gas flame Gasflamme f
gas lighter Gasanzünder m
gastronomic culture Esskultur f
gateau *(plural: gateaux; BE)* Kuchen m;
Torte f
gather v 1. (ein)sammeln; 2. (sich) ver-
sammeln
gel v gelieren
gelatine Blattaspik n
gelatinous gallertig, sülzig
gelling agent Geliermittel n
**genetically manipulated, genetically
modified** genverändert, gentechnisch
verändert
gentian brandy Enziangeist m
gently behutsam
germ Keim m, Keimling m
get v **hard** hart werden, sich erhärten
get v **tough** zäh werden
ghee Ghee n, geklärte Butter f *(bes. in der
indischen Küche)*
gherkin Gurke f
giblets pl Innereien fpl
gifted begabt, talentiert
gill *Maßeinheit für Flüssigkeiten; in Großbritannien: 1 UK gill = 0,148 l; in USA:
1 US gill = 0,118 l*
gills pl Kiemen fpl
gilthead (seabream) Dorade Royale f,
Goldbrassen m *(Meeresfisch, sparus aurata)*
ginger Ingwer m
ginger beer Ingwerbier n
ginger biscuit *(BE)***, ginger cookie** *(AE)*
Ingwerplätzchen n
ginger jelly Ingwergelee n
ginger nut *(BE)* Pfeffernuss f
ginger snap *(AE)* Pfeffernuss f
ginger wine Ingwerwein m
gingerbread Ingwerkuchen m *(feuchter
brauner Kuchen mit Ingwer und Sirup,
vergleichbar mit Lebkuchen)*
give v **advice** einen Rat(schlag) geben
give v **back** zurückgeben
gizzard Kaumagen m
glass Glas n
glass cloth Gläsertrockentuch n
glass prawn *(BE)* Steingarnele f *(Meereskrebstier, palaemon elegans)*
glass shrimp *(AE)* Steingarnele f *(Meereskrebstier, palaemon elegans)*
glass-washer Gläserspülmaschine f
glasswort Queller m
glaucus s. blaine

glaze v glasieren *(mit Zuckerguss o. a.
überziehen)*
glaze v **with apricot icing** aprikotieren
glaze Glasur f
glazed fruit *(nur sing)* glasierte Früchte fpl
glazing Glasieren n
glove Handschuh m
glucose Glukose f
gm s. genetically modified
gm free gentechnisch unverändert
go v **bad** faulen
go v **moldy** *(AE)***, go** v **mouldy** *(BE)*
schimmeln
go v **off** schlecht werden, verderben; umkippen *(Wein)* • **the fish has gone off**
der Fisch ist verdorben
go v **sour** sauer werden
goat Ziege f
goat kid Ziegenkitz n, Zicklein n
goat(s) cheese Ziegenkäse m
goblet 1. Kelchglas n; 2. Becher m, Pokal
m
gold Gold n
golden golden, goldfarbig
golden brown goldgelb
golden grams pl s. mung beans
golden passion fruit Granadilla f *(exotische Frucht)*
golden syrup Kunsthonig m
gone off verdorben *(Essen)*
good value preiswert
goods pl Ware f, Waren fpl
goose *(plural: geese)* Gans f
gooseberry Stachelbeere f, *(CH)* Chrosle
f; *(Aut)* Agrasel f
gooseberry fool *Nachtisch aus Schlagsahne oder Vanillecreme gemischt, mit
einem Püree aus Beeren, z. B. Stachel-
beeren*
goulash Gulasch n(m)
gourmet Feinschmecker(in) m(f)
gourmet's parsley *(AE)* Kerbel m
grade 1. Note *(Zeugnis)*; 2. Klasse f, Handelsklasse f
grade of hardness Härtegrad m *(Wasser)*
graduated measure Messglas n
grain Korn n, Getreide n, *(Aut, Bay)* Körndeln npl
gram *(AE)***, gramme** *(BE)* Gramm n(pl)
granulate v granulieren, körnig machen
granulated gekörnt
granulated stock körnige Brühe f
granules pl Körnchen fpl, Granulat n

grape Weintraube f, (Aut, Bay) Weinbeerl n, (CH) Wybeeri f
grape harvest Weinlese f
grape juice Traubensaft m
grape seed oil Traubenkernöl n
grapefruit Grapefruit f, (infrml) Pampelmuse f
grapefruit knife Grapefruitmesser n
grate v raspeln
grater Raspel f
grating s. grid
grating mill Reibemühle f
gravy Bratensaft m, Bratensoße f, Tunke f; Jus m
gravy boat Soßenschüssel f
gravy strainer s. fat separator
gray (AE) s. grey
gray mullet (AE) s. grey mullet
grayfish (BE) s. greyfish
grayling Äsche f (Süßwasserfisch, thymallus thymallus)
grease v einfetten
greaseproof fettabweisend
greaseproof paper Pergamentpapier n
green grün
green grams pl s. mung beans
green laver Grüner Meerlattich m, Meersalat m (Meeresalge, ulva lactuga L.)
greengage Reineclaude f, Reneklode f, (Aut) Ringlotte f
greenish grünlich
greens pl Blattgemüse n
greet v begrüßen
greeting 1. Begrüßung f; 2. Gruß
grey (BE) grau
grey mullet (BE) Meeräsche f (Meeresfisch; versch. Arten von mugilidae)
greyfish (BE) auf Speisekarten diskrete Bezeichnung für Haifischfleisch
grid Gitterrost m
griddle Gusseisenplatte zum Backen oder Garen auf dem Herd
grill v grillen
grill Grill m
grill dish Grillgericht n
grind v 1. mahlen, zermahlen, zerstampfen; 2. schärfen
grind v **coarsely** schroten
grinder Schleifmaschine f
grinding machine s. grinder
gristle Knorpel m
gristly knorpelig
groats pl Grütze f
grog Grog m

groove v mit Rillen verzieren
grooved rolling pin Rillenwalze f
gross brutto
gross weight Bruttogewicht n
ground coffee Kaffeepulver n, gemahlener Kaffee m
ground meat (AE) Hackfleisch n, (Aut) Faschiertes n
grow v anbauen, züchten
growing Anbau m; Zucht f
Gruyere Greyerzer m
guacamole (AE) Guacamole f
guar flour, guar gum Guarkernmehl n (Dickungsmittel)
guarantee v garantieren, gewährleisten
guarantee Garantie f, Gewährleistung f
guava Guave f (exotische Frucht)
guess v 1. schätzen; 2. raten
guest Gast m
guideline Richtlinie f
guinea fowl Perlhuhn n
Guinness® Guinness® n (obergäriges herbes Schwarzbier, zw. 4,2 und 6 % Alkoholgehalt; Irland)
guitar cutter Harfe f (zum Schneiden von Käse, Pastete, Gänseleber u. a.)
gumbo (AE) Eintopfgericht oder dicke Suppe, mit Fleisch, Huhn oder Meeresfrüchten, Paprika, Zwiebeln und Sellerie, mit Okra oder Mehlschwitze angedickt und auf Reis serviert; Spezialität der Südstaaten
gurnard s. 1. red gurnard; 2. tub gurnard
gut v ausnehmen (Fisch, Geflügel, Wild); aufbrechen (Wild)
guts pl Innereien pl

H

habit Gewohnheit f
haddock Schellfisch m (Meeresfisch, melanogrammus aeglefinus)
Haggis Mischung von Schafsinnereien und Haferschrot, schwarzem Pfeffer und Zwiebeln, in einem Schafsmagen gekocht, mit vielen Varianten, mit "neeps and tatties" - Steckrüben und Kartoffeln - serviert; schottische Spezialität
hair sieve Haarsieb n
hake Seehecht m (Meeresfisch, merluccius merluccius)

halal halal *(gemäß islamischen Regeln zugelassene Zutaten, Speisen und geschlachtetes Fleisch)*
half halb
half *(plural: halves)* Hälfte *f*
halibut Heilbutt *m (Meeresfisch, hippoglossus hippoglossus)*
hall 1. Saal *m*; 2. Eingangshalle *f*, Halle *f*
halve *v* halbieren
ham Kochschinken *m*, Schinken *m (von der Hinterkeule)*
ham knife Schinkenmesser *n*
ham mold *(AE)*, **ham mould** *(BE)* Schinkenform *m*
ham on the bone Knochenschinken *m*
ham sausage Schinkenwurst *f*
hamburger *(AE)* Hacksteak *n*, Hamburger *m*
hamburger bun *(AE)* s. bap
Hamburg(h) grape *süße schwarze Tafeltraube*
hand Hand *f*
hand brush Handfeger *m*
hand-graded handverlesen
hand mill Handmühle *f*
hand mixer Handmixer *m*
handful (of)/a eine Handvoll
handle Handgriff *m*, Henkel *m*, Griff *m*
handmade handgemacht *(z. B. Teigtaschen, Windbeutel, Spätzle)*
handrail Handlauf *m*
hang *v* abhängen; reifen (lassen) *(Fleisch, Wild)*
hang *v* **up** aufhängen
hard 1. hart; 2. kalkhaltig *(Wasser)*
hard candy *(AE)* Bonbon *n*
hard cheese Hartkäse *m (< 56 % Wasser i.Tr. ohne Fett)*
hard sausage Hartwurst *f*
hard wheat semolina Hartweizengrieß m
hardboiled egg hart gekochtes Ei *n*
hare Feldhase *m*
harm *v* schaden
harm Schaden *m* • **do harm** Schaden anrichten
harmful schädlich
harmonious ausgeglichen, harmonisch
harvest(ing) Ernte *f (bes. Getreide)*
hasenpfeffer *(AE)* Hasenpfeffer *m*, *(Aut)* Hasenjunges *n*
hatch Öffnung *f (in der Wand oder Tür)*
hauler *(AE)*, **haulier** *(BE)* Transporteur *m*
haunch Hüfte *f (Rind, Wild)*
haunch of venison Wildkeule *f*

hay Heu *n*
haze Dunst *m*
hazel haselnussbraun
hazelnut Haselnuss *f*
hazelnut macaroon Haselnussmakrone *f*
head 1. Kopf *m*; 2. *(auf Bier:)* Blume *f*, Krone *f*
head cheese *(AE)* s. brawn
head chef Küchenchef *m (manchmal auch frz.: chef de cuisine)*
head of the wine cellar Kellermeister *m*
head waiter Oberkellner *m*
health Gesundheit *f* • **To your good health!** *(frml)* Zum Wohl! • **Your health!** *(infrml)* Zum Wohl!
health food shop Reformhaus *n*
healthy gesund
healthy diet gesunde Ernährung
heaped gehäuft
heart Herz *n*
heart of palm Palmenherz *n*
heat *v* heizen
heat *v* **up** erhitzen
heat Hitze *f*
heat circulation Hitzekreislauf *m*
heat detector Temperatursensor *m*
heat-resistant feuerfest
heated in a bain-marie im Wasserbad erhitzt
heated trolley Wärmewagen *m*
heater Heizkörper *m*
heating Heizung *f*
heating cabinet Wärmeschrank *m*
heating element s. heater
heavy schwer
heavy *schottisches Bier mit leicht bitterem Geschmack*
hedge nettle Stachy *f*
heed *v* beachten • **heed the advice** man beachte
heifer Färse *f*
help *v* helfen
help Hilfe *f* • **with the help of** mit Hilfe von
herb Gewürzpflanze *f*, Küchenkraut *n*
herb bouquet Gewürzsträußchen *n*
herb butter Kräuterbutter *f*
herb cheese Kräuterkäse *m*
herb salt *(AE)*, **herbal salt** *(BE)* Gewürzsalz *n*
herb tea *(AE)*, **herbal tea** *(BE)* Kräutertee *m*
herring Hering *m (Meeresfisch, clupea harengus)*

hide v verbergen
high season Hauptsaison
high tea *leichte Mahlzeit am frühen Abend, meist mit kaltem Fleisch oder Fisch; mit Wein oder Tee*
hind Hirschkuh f
hit v schlagen
hole 1. Loch n; 2. Masche f
holiday *(BE)* 1. Feiertag m; 2. Ferien pl, Urlaub m • **I'm on holiday** Ich bin im Urlaub
holidays pl Urlaub m • **our holidays are nearly over** unser Urlaub ist fast vorbei
Hollandaise sauce Holländische Soße f
hollow hohl
hollow Mulde f
hollow space Hohlraum m
home-marinated hausgebeizt
homegrown aus eigenem Anbau
homegrown wine Landwein m
homemade hausgemacht
honest ehrlich
honey Honig m • **sweetened with honey** mit Honig gesüßt • **with added honey** mit Honig versetzt
honey cake Honigkuchen m *(mit ≥ 50 % Honigbeigabe)*
hoover® *(BE)* Staubsauger m
hops Hopfen m
horizontal waagerecht
horned cucumber, horned melon Kiwano f
hors d'œuvre s. starter
hors d'oeuvre buffet Vorspeisenbüffet n
horse meat Pferdefleisch n
horse mushroom Anisegerling m, Schafegerling *(Speisepilz, agaricus arvensis)*
horseradish Meerrettich m
hose Schlauch m
hospitality Gastfreundschaft f
hot 1. scharf; 2. heiß
hot food counter Wärmtisch m
hot food table Wärmtisch m
hot pepper sauce Chilisauce f
hot-smoked heißgeräuchert
hot towel (erwärmtes) Reinigungstuch n *(für die Finger)*
hot-water tank Warmwasserspeicher m
hotplate Kochplatte f, Glühplatte f, Warmhalteplatte f
hour Stunde f • **at all hours of the day** zu jeder Tageszeit f
hour glass Sanduhr f

hull Schale f, Hülle f, Hülse f
humidifier Luftbefeuchter m
humidity Feuchtigkeit f
hunger Hunger m
hungry hungrig • **Are you hungry?** Hast du Hunger?
hunt v jagen
hunt Jagd f
hunter Jäger m
hunting Jagd f
hurry v (sich) beeilen • **Hurry up!** Schnell!, Beeil dich!
hurry Eile f • **be in a hurry** es eilig haben
hush puppies pl *(AE)* *Maismehlkrapfen als Beilage zu Fleischgerichten; Spezialität der Südstaaten*
husk Schote f
hydrochloric acid Salzsäure f
hygiene regulations pl Hygieneverordnung f

I

ice v *(BE)* glasieren, mit Zuckerguss m überziehen
ice Eis n *(nicht: Speiseeis)* • **as cold as ice** eiskalt
ice cream (Speise-)Eis n
ice-cream maker Eismaschine f
ice-cream parlor *(AE)*, **ice-cream parlour** *(BE)* Eiscafé n, Eisdiele f
ice-cream tub Eisbecher m
ice cube Eiswürfel m
ice tea s. iced tea
iceberg lettuce Eissalat m, *(Aut)* Pummerlsalat m
iced coffee Eiskaffee m
iced over, iced up s. frozen (over)
iced tea Eistee m, eisgekühlter Tee m
icing *(BE)* Zuckerguss m
icing bag Dressierbeutel m, Spritzbeutel m
icing knife *(BE)* Glasurmesser n
icing sugar Puderzucker m, Staubzucker m
icing syringe Garnierspritze f
imaginative einfallsreich
imitate v nachahmen
imitation Nachahmung f
immerse v eintauchen
imperfect unvollkommen

imperial gallon *s.* gallon
impermeable undurchlässig
import *v* importieren
import Import *m*
importer Importeur(in) *m(f)*
improper unsachgemäß
improve *v* verbessern
improvement Verbesserung *f*
improvise *v* improvisieren
in. *s.* inch
in-depth gründlich
inch Inch *m (britische Längeneinheit gleich 2,54 cm; Abk.: in)*
income Einkommen *n*, Verdienst *m*
independent selbstständig, unabhängig
indigestible unverdaulich, schwer verdaulich
indispensable unerlässlich
individual einzeln, individuell
indoor catering, indoor gastronomy Innengastronomie *f*
induction cooker *(BE)*, **induction cooktop** *(AE)* Induktionsherd *m*
induction hotplate Induktions(koch)platte *f*
induction range *(AE) s.* induction cooker
inedible ungenießbar
infrared lamp Infrarotlampe *f*
infusion Aufguss *m*
ingredients *pl* 1. Zutaten *fpl*; 2. Zusammensetzung *f*
injure *v* verletzen • **Did you get injured?** Haben Sie sich verletzt?
injury Verletzung *f* • **sustain an injury** sich eine Verletzung zuziehen
ink Tinte *f*
inn Gasthaus *n*
inside innen; Innen…
insipid fad
inspect *v* abnehmen *(Kontrolle einer Ware)*
inspection Kontrolle *f*
inspiration Eingebung *f*, Inspiration *f*
inspire *v* (sich) inspirieren
instant broth lösliche Brühe *f*, Instantbrühe *f*
instant coffee löslicher Kaffee *m*, Instantkaffee *m*
instant flour Instantmehl *n (nicht klumpendes, rieselfähiges und nicht staubendes Mehl, das u. a. zum Panieren und Andicken von Soßen verwendet wird)*
instruction(s) Anweisung *f*; Anleitung *f* • **according to the instructions** laut Anleitung

insurance Versicherung *f*
interior wall Innenwand *f*
intermediate trade Zwischenhandel *m*
intuitive intuitiv
inventive einfallsreich, inventiv
inventory Inventar *n* • **We're doing the inventory** Wir machen Inventur
invert sugar cream Invertzuckercreme *f*, Kunsthonig *m*
invest *v* investieren
investment Investition *f*
invitation *f* Einladung *f*
invite *v* einladen
invoice *v* **sb** jdm eine Rechnung ausstellen
invoice Rechnung *f*
iodine Jod *n*
iodised *(BE)*, **iodized** *(AE)* jodhaltig
Irish breakfast *s.* English breakfast
Irish moss *s.* carrageen
Irish soda bread *traditionelles irisches Brot, mit Backnatron als Triebmittel gebacken*
iron *v* bügeln
iron Bügeleisen *n*
ivory Elfenbein *n*
ivory colored *(AE)*, **ivory coloured** *(BE)* elfenbeinfarben

J

jacket potato *(BE)* Folienkartoffel *f*
jackfruit Jackfrucht *f (exotische Frucht)*
jackknife clam Taschenmessermuschel *f (Meeresweichtier, pharus legumen L.)*
jam *(BE)* Marmelade *f*, Konfitüre *f*
jam doughnut *(BE)* Krapfen *m*, Berliner *m*
jam pot *(BE)* Konfitüretopf *m*
Jamaica pepper *s.* allspice
Jamaica plum Balsampflaume *f (exotische Frucht)*
jellied eel Aal *m* in Gelee, Aal *m* in Aspik
jello *(AE) s.* jelly
jelly 1. Gelee *n*; 2. Götterspeise *f*, Wackelpeter *m*; 3. *(AE)* Marmelade *f*, *(AE)* Konfitüre *f*
jelly bean Geleefrucht *f*
jelly doughnut *(AE) s.* jam doughnut
jelly pot *(AE) s.* jam pot
jelly roll *(AE) s.* Swiss roll
Jerusalem artichoke Topinambur *f*

jet Spritzer *m*, Guss *m (z. B. von Wasser)*
John Dory Petersfisch *m (Meeresfisch, zeus faber)*
joint *v* zerlegen, zerteilen
joint 1. *(BE)* Braten *m (Keule)*; 2. Gelenk *n*
judge *v* beurteilen
jug Kännchen *n (Milch, Wasser u. a.)*
jugged hare *(BE)* Hasenpfeffer *m*, *(Aut)* Hasenjunges *n*
juice Saft *m*
juice groove Saftrinne *m*
juicer Entsafter *m*
juicy saftig
juniper Wacholder *m*
juniper berry Wacholderbeere *f*, Wacholderperle *f*
juniper brandy Wacholdergeist *m*
junket *Dessertspeise aus mit Lab eingedickter Milch, Weinbrand oder dunklem Rum, Zucker, Vanille und Muskat*
jus Jus *m*; Soße *f*
justification Rechtfertigung *f* • **there is no justification for this** das ist völlig ungerechtfertigt
justify *v* rechtfertigen

K

kale Grünkohl *m*
kedgeree *Eintopfgericht oder Ragout aus Fisch, Reis, Eiern, mit Butter und indischen Gewürzen, oft als "light lunch"*
keen 1. scharf *(Senf)*; intensiv; 2. eifrig *(z. B. Schüler)*
keep *v* behalten
keep *v* **cold** kalt stellen
keep *v* **well** haltbar (sein) • **this keeps well** das hält sich gut, das ist lange haltbar
keg kleines Fass *n*, Fässchen *n*
keg beer Fassbier *n*
kerf Einschnitt *m*, Kerbe *f*
kettle (Wasser-)Kessel *m*, Kochkessel *m*
kidney Niere *f*
kidney beans *pl* rote Bohnen *fpl*
kind liebenswürdig, nett • **Would you be so kind as to ...?** *(frml)* Würden Sie bitte ...?
kind Art *f*, Sorte *f*
king prawn Riesengarnele *f (allgemein)*
kipper *fetter Hering ohne Kopf, halbseitig*

der Länge nach aufgeschnitten, entgrätet und ausgenommen, kaltgeräuchert
kirsch Kirschwasser *n*
kitchen Küche *f (Arbeitsraum)*
kitchen assistant Küchengehilfe *m*, Küchengehilfin *f*
kitchen cutlery *(BE)* Küchenbesteck *n*
kitchen flatware *(AE) s.* kitchen cutlery
kitchen foil Alu(minium)folie *f*
kitchen garden Gemüsegarten *m*
kitchen paper *(BE)* Küchenkrepp *n*, Küchenpapier *n*
kitchen personnel Küchenbrigade *f*, Küchenpersonal *n*
kitchen scales *pl* Küchenwaage *f*
kitchen scissors *pl* Küchenschere *f*
kitchen steward *professionelle Spül- und Reinigungskraft eines großen Restaurants*
kitchen stewarding *professionell ausgeführte Spül- und Reinigungsarbeiten*
kitchen stewarding department *Spül- und Reinigungsabteilung eines großen Restaurants*
kitchen string Küchengarn *n*
kitchen timer Küchenwecker *m*
kitchen towel *(AE) s.* kitchen paper
kitchen utensil Küchengerät *n*
kitchenware *(nur sing)* Küchengeräte *npl*
knead *v* kneten, wirken *(Bäckerei)*
kneaded butter Mehlbutter *f*
knife Messer *n*
knife block Messerblock *m*
knife sharpener Messerschärfer *m*
knuckle Hachse *f*, *(SüdD, Aut)* Haxe *f*, *(sonst reg.)* Hesse *f*
knuckle of pork Schweinshachse *f*
kohlrabi Kohlrabi *m*, *(CH)* Rüebkohl *m*
kosher koscher *(gemäß jüdischen Regeln zugelassene Zutaten, Speisen und geschlachtetes Fleisch)*
kümmel, kummel Kümmelschnaps *m*
kumquat Kumquat *f*, Zwergpomeranze *f*

L

label *v* kennzeichnen • **sthg has to be labelled** etw ist kennzeichnungspflichtig
label Etikett *n*
lactic acid Milchsäure *f*
lactose Laktose *f*
ladle *v* auslöffeln; schöpfen

ladle Schöpfkelle *f*, Schöpflöffel *m*
ladyfinger *(AE)* Biskotte *f*, Löffelbiskuit *m*
ladyfinger *(BE)* Okraschote *f*
lager/a pint of Glas helles Bier mit ca. 560 ml • **I'll have a lager!** Ein helles Bier bitte!
lake See *m*
lamb Lamm *n*
lamb curry Lamm-Curry *m*
lamb fries *pl (AE) s.* lamb's fries
lamb's fries *pl (BE)* frittierte Lammhoden *mpl*
lamb's lettuce *s.* field lettuce
lamp Lampe *f*
lamprey Lamprette *f*, Neunauge *f (Süßwasserfisch, lampreta fluviatilis)*
lampshade Lampenschirm *m*
Lancashire milder, in der Konsistenz weicher und krümeliger Hartkäse aus Kuhmilch; traditionellere Variante mit feuchter Konsistenz und scharfem Geschmack; ca. 45 % Fett i.Tr.
Lancashire hot pot traditioneller Eintopf mit Lammfleischstücken, besonders vom Nacken, mit Kartoffeln und Zwiebeln geschichtet und zusammen gekocht; oft werden Lammnieren dazugemischt
langouste Languste *f (Meereskrebstier, palinurus vulgaris)*
langoustine Kaisergranat *n*, Langustine *f (Meereskrebstier, nephrops norvegicus)*
lard *v* spicken
lard Schweineschmalz *n*, Schmer *m*; Speck *m*
larder Vorratsraum *m*, Speisekammer *f*
larder fridge *s.* fridge
larding needle Spicknadel *f*
larding tube Spickrohr *n*
largemouth bass Forellenbarsch *m (Süßwasserfisch, micropterus salmoides Lacépède)*
late spät • **be late** Verspätung haben • **Don't be late please!** Seien Sie bitte pünktlich!
lateral seitlich
lather *v* (auf)schäumen
lather Schaum *m*
laund(e)rette *(BE) s.* laundry
laundromat *(AE) s.* laundry
laundry Wäscherei *f*
laurel Lorbeer *m*
lavender Lavendel *m*
laverbread cakes *pl* Fladen aus püriertem Seetang, mit Hafermehl gebunden,

als kleine Törtchen in Schweineschmalz ausgebraten
lavish aufwändig
lay *v* legen
lay *v* **down** aufschreiben, festlegen, vorschreiben
lay *v* **sth on top of the other** aufeinanderlegen
lay *v* **the table** den Tisch decken
layer Schicht *f* • **in layers** geschichtet
leaf *(plural: leaves)* Blatt *n*
leaf vegetables *pl* Blattgemüse *n*
leaflet 1. Merkblatt *n (Instruktionen)*; 2. Zettel *m*
lean mager *(Fleisch)*
leather Leder *n* • **made of leather** aus Leder
leave übrig lassen • **Just leave it!** Lass es einfach übrig!
leaven, leavening agent *(AE) s.* raising agent
leek, leeks *pl* Lauch *m*
left-over übriggelassen
left-over meat *(nur sing)* Fleischreste *mpl*
leftovers *pl* Reste *mpl*, Speisereste *mpl*
leg Keule *f (Rind, Geflügel, Hammel, Lamm)*
leg of lamb Lammkeule *f*
leg of veal Kalbskeule *f*
legislation Gesetzgebung *f*
Leicester milder, saftiger Hasrtkäse mit orangefarbener bis roter Rinde, innen feucht und gelb. Der "English farmhouse Leicester" mit scharfem, vollem Geschmack; ca. 48 % Fett i. Tr.
lemon Zitrone *f*
lemon balm Zitronenmelisse *f*
lemon curd Aufstrich aus Zitronensaft, Zucker, Butter und Eigelb, auf kleiner Flamme dick eingekocht, wird für Brote und Gebäck verwendet
lemon grass Zitronengras *n*, Zitronenkraut *n*
lemon grater Zitronenschaber *m*
lemon juice Zitronensaft *m*
lemon peel Zitronenschale *f*
lemon sole Rotzunge *f (Meeresfisch, pleuronectes microcephalus L.)*
lemon squeezer Zitronenpresse *f*
length Länge *f*
lengthways der Länge nach
lentils *pl* Linsen *fpl*
less fat *(AE; formerly: low-fat)* halbfett, Halbfett…

let v **sthg cool down, let** v **sthg cool off** etw abkühlen lassen
let v **sthg get cold** etw erkalten lassen
let v **sthg hang** etw abhängen lassen
let v **sthg settle** etw absetzen lassen
let v **sthg stand** etw ruhen lassen
lettuce Kopfsalat m, Salat m, (Aut, SüdD) Häuptelsalat m
lever Hebel m
lever corkscrew Hebel-Korkenzieher m
licence (of publican) Schankgenehmigung f
lid Deckel m
light v 1. anzünden; 2. beleuchten
light 1. leicht (Gewicht); 2. locker (Teig, Konsistenz)
light Licht n
light bulb Glühbirne f
light-protected lichtgeschützt
lighter 1. Feuerzeug n; 2. Flammgerät n, Flämmpistole f
lighting Beleuchtung f
lightly sparkling wine Perlwein m
lights pl Lunge f (als essbare Innerei)
lime 1. Limone f; 2. Kalk m
lime blossom tea Lindenblütentee m
lime oil Limonenöl f
limited availability nur beschränkt verfügbar
limited shelf life begrenzte Haltbarkeit
line v **(a mould)** (BE) (eine Form) auslegen
line v **(a mold)** (AE) s. line (a mould)
line 1. Rang m, Reihe f; 2. (AE) Warteschlange f, Schlange f • **wait in line** Schlange stehen
linen room Wäschekammer
ling Lengfisch m (Meeresfisch, molva molva)
linseed (nur sing) Leinsamen mpl
lip Gießrand m (eines Kruges oder einer Schale)
liqueur Likör m
liqueur like likörartig (Wein)
liquid flüssig
liquid Flüssigkeit f
liquor (AE) Spirituosen fpl (Whisky, Gin, Wodka u. v. a.)
litchi s. lychee
liter (AE), **litre** (BE) Liter m
litter Abfall m
little 1. klein; 2. wenig • **a little** ein bisschen • **little time** wenig Zeit
liver Leber f
liver (paste) sausage Leberwurst f

liver pâté Leberpastete f; Stopfleberpastete f (Ente, Gans)
liverwurst (AE) Leberwurst f
living lebend, lebendig
loach Steinbeißer m, Schmerle f (Süßwasserfisch, solea vulgaris)
loaf (of bread) (plural: loaves) Laib m (Brot)
lobster Hummer m
lobster soup Hummersuppe f
local örtlich, einheimisch
local wine Landwein m
lock v schließen
lock Schloss n
locking device Sperre f
loin Lende f, Lendenstück n
loin of pork Schweinelende f
long lang
long grain rice Langkornreis m
long-life milk H-Milch f, haltbare Milch f
longan fruit Longan(frucht) f
look v **after** pflegen, versorgen
loose nicht abgepackt, lose
loosen v (sich) lockern, sich (ab)lösen
lose v verlieren
lose v **weight** abnehmen (Gewicht verlieren)
loss Verlust m
lounge 1. Wohnzimmer n (in Großbritannien); 2. gepflegter Barraum in einem Pub oder Restaurant
lovage Liebstöckel n(m)
low niedrig
low-fat fettarm, mager (Yoghurt u. Ä.)
low-fat milk Magermilch f
low-fat milk powder Magermilchpulver n
low-salt salzarm
low season Vorsaison, Nachsaison
lower v senken, herabsetzen
lozenge 1. Raute f (Geometrie); 2. Bonbon n, Pastille f
luck Glück n • **Good luck!** Viel Erfolg!
lukewarm lauwarm
lulo fruit Lulo f
lump 1. Klumpen m, Klümpchen n; 2. Lumpfisch m (Meeresfisch, cyclopterus lumpus L.)
lump roe Lumpfischeier npl, Lumpfischrogen m (billiger Kaviarersatz; schwarzer L.: mit Sepiatinte gefärbt, roter L.: mit Cochenille gefärbt)
lump sum Pauschale f, Pauschalbetrag m
lumpy klumpig
lunch Mittagessen n • **eat lunch, have**

lunch zu Mittag essen • **go for lunch** Mittag essen gehen
lung Lunge f
lychee Litschi f (exotische Frucht)
lye Lauge f
lyre Harfe f (z. B. zum Schneiden von Käse)

M

macadamia nut Macadamianuss f
macaroon Makrone f
mace Muskat(nuss)blüte f
machine Maschine f
machine-peeled maschinengeschält
mackerel Makrele f (Meeresfisch, scomber scombrus)
macrobiotic makrobiotisch
Madeira cake s. sand cake
maggot Made f, Wurm m
magnetic knife holder Messerleiste f, Messerhalter m (an der Wand)
magnum Doppelflasche f (Volumen 150 cl)
main course Hauptgang m, Hauptgericht n
maître d'hôtel Maître d'hôtel m
maize (BE) Mais m, (Aut) Kukuruz m
maize cob (BE) Maiskolben m
make v machen, herstellen
make v **a grooved pattern** mit Rillen verzieren
make v **a note of** aufschreiben, sich merken
make v **easier** leichter machen, einfacher machen
make v **lighter** leichter machen; lockern (z. B. einen Teig)
make v **more spicy** würziger machen
make v **the first cut** anschneiden
mallet Fleischklopfer m
malt Malz n
malt extract Malzextrakt m
malt sugar Malzzucker m
manager Geschäftsführer(in) m(f)
mandarin Mandarine f
mandatory zwingend
mandolin Mandoline f
mangetout (peas) s. sugar snaps
mangler Fleischwolf m
mango Mangofrucht f
mango powder Mangopulver n, Amchur n

mangosteen Mangostanfrucht f
manufacturer Hersteller m
many viel(e)
maple syrup (AE) Ahornsirup m, Ahorndicksaft m
marble Marmor m
marble cake Marmorkuchen m
marbled durchwachsen (Fleisch)
marc spirit Tresterbranntwein m
marinade Beize f
marinate v beizen, marinieren
marjoram Majoran m
mark Note (Zeugnis, Bewertung)
market Markt m • **at the market** auf dem Markt
market fresh marktfrisch
market price Marktpreis m • **at market price** zum Marktpreis
marmalade Marmelade f (nur aus Zitrusfrüchten)
marquee (Fest-)Zelt n
marrow 1. Mark n; 2. (BE) Gartenkürbis m
marrow squash (AE) s. marrow 2.
marrowbone Markknochen m
marvellous wunderbar
marzipan Marzipan n
mash v pürieren, zerdrücken
mash Brei m
mashed potatoes pl Kartoffelbrei m, Kartoffelpüree n, (CH) Kartoffelstock m
mat Untersatz m
match v 1. zusammenpassen; 2. richtig zusammenstellen
match Streichholz n • **light a match, strike a match** ein Streichholz anzünden
matching passend
mature v reifen, reifen lassen, reif werden
maturity Reife f (Wein, Person); Reifung f
meadow rue Weinraute f
meal Mahlzeit f • **Enjoy your meal!** Mahlzeit!
mealy mehlig (Äpfel, Kartoffeln u. Ä.)
meantime/in the mittlerweile, inzwischen
meanwhile mittlerweile, inzwischen
measure v 1. dosieren; 2. messen
measure 1. Maß n; 2. Maßnahme f • **... to measure** nach Maß • **take measures** Maßnahmen ergreifen
measuring cup, measuring jug Messbecher m
measuring spoon Dosierlöffel m, Messlöffel m
meat Fleisch n • **meat with bones** (Aut)

Beinfleisch *f* • **meat for making soup** Suppenfleisch *n*
meat cleaver Fleischerbeil *n*
meat juice Fleischsaft *m*
meat loaf Hackbraten *m*, *(Aut)* faschiertes Laibchen *n*
meat roll Roulade *f*
meat scraps *pl* Fleischabfälle *mpl*
meatball Bulette *f*, Frikadelle *f*, Fleischklößchen *n*, *(Bay)* Fleischpflanzerl *n*
mediocre mittelmäßig
medium 1. mittel…; 2. halb durchgebraten
medium fat halbfett, Halbfett…
medium quality mittlere Qualität *f*
medlar (fruit) Mispel(frucht) *f*
meeting room Seminarraum *m*
mellow ausgereift, mild *(Wein)*
melon pear Pepino *f*
melt *v* schmelzen, tauen
melted butter ausgelassene Butter *f*, zerlassene Butter *f*
melting point Schmelzpunkt *m*
melting water Tauwasser *n*
melting water groove Tauwasserablauf *m*
menu Speisekarte *f*; Menü *n* • **this week's menu** Speiseplan *m* *(z. B. in Kantinen, Krankenhäusern u. a.)*
menu of the day Tageskarte *f*, Tagesmenü *n*
merchandise Ware *f*
meringue Meringe *f*, *(Aut, gelegentlich auch reg. D)* Baiser *m* • **meringue with whipped cream** Baiser mit Schlag
metal Metall *n*
metal, metallic metallisch
meter 1. Zähler *m*; 2. *s.* metre
metre *(BE)* Meter *m*
mezzaluna food chopper Wiegemesser *n*
microwave (oven) Mikrowelle *f*, Mikrowellenherd *m*
middle Mitte *f*
middle mittel…, Mittel…
middle size mittlere Größe *f*
migratory fish Wanderfisch *m*
mild mild *(Gewürz)*
milk Milch *f*
milk powder Milchpulver *n*
milk product Milchprodukt *n*
milky milchig
milky coffee Milchkaffee *m*
mill Mühle *f*
millet Hirse *f*

milter Milcher *m*, Milchner *m* *(männlicher geschlechtsreifer Fisch)*
mince *v* wolfen, *(Aut)* faschieren
mince *(BE) s.* minced meat
mince pie *(BE)*, **mince tart** Hackfleischpastetchen *n* *(im Mürbeteig oder Blätterteig gebackener „mincemeat" zu Pasteten, Törtchen, die zu Weihnachten als Nachtisch gereicht werden, oft begleitet von „brandy butter")*
minced meat *(BE)* Hackfleisch *n*, *(Aut)* Faschiertes *n*
minced pork Mett *n*
minced raw beef Tartar *n*
mincemeat Konserve aus gemischten gehackten Lebensmitteln, heute weitgehend aus frischem und trockenem Obst, Nüssen, Kräutern und Rum oder Weinbrand; mincemeat wird als Füllung in einem Mürbeteig ausgebacken, zu einem traditionellen Nachtisch zu Weihnachten. *(vgl. mince tart, mince pies)*
mincer *(BE)* Fleischwolf *m*
mineral water Mineralwasser *n*
mini tart mold *(AE)*, **mini tart mould** *(BE)* Tortenförmchen *n*
mint Minze *f*
mint tea Pfefferminztee *m*
minute rice Instantreis *m*
mirror carp Spiegelkarpfen *m*
miss *v* 1. versäumen, verpassen *(Termin, Zug)*; 2. vermissen
mist Dunst *m*
mistake Fehler *m*, Irrtum *m*
misted up angelaufen *(Scheiben)*
misunderstanding Missverständnis *n* • **it was (just) a misunderstanding** es handelte sich (lediglich) um ein Missverständnis
mitten Fäustling *m*
mix *v* mischen, anrühren, verrühren; verquirlen, *(Aut)* absprudeln
mix *v* **in** mischen, beimengen
mix *v* **thoroughly** sehr gut verrühren, *(Aut)* abtreiben
mix *v* **with a whisk** verquirlen, mit dem Quirl verrühren, *(Aut)* absprudeln
mixed gemischt
mixed grill Grillplatte *f*
mixed vegetables *pl* Mischgemüse *n*
mixed with mustard mit Senf versetzt
mixer Mixer *m*
mixture Mischung *f*
mocha Mokka *m*

model *v* modellieren
model Modell *n*
modern modern
modernise *v (BE)* modernisieren
modernize *v (AE) s.* modernise
module 1. Modul *n*; 2. Model *m*
moisten *v* anfeuchten, befeuchten
molasses Melasse *f*
mold *v (AE) s.* mould
mold *(AE) s.* mould
moldy *(AE) s.* mouldy
mollusc Weichtier *n*
money Geld *n*
monkfish Seeteufel *m (Meeresfisch, lophius piscatorius)*
mop *(AE)* Grillsoße *f*, Marinade *f*
morel Morchel *f*
morello cherries *pl* Schattenmorellen *fpl*
morsel *s.* mouthful
mortar Mörser *m*
mother-of-pearl perlmutterartig, perlmutterfarbig
moufflon Mufflon *n*, Muffelwild *n*
mould *v (BE)* formen
mould *(BE)* 1. Schimmel *m*; 2. Form *f* • **put in a mould** in eine Form geben • **remove from the mould** aus der Form nehmen, stürzen
mouldy *(BE)* schimmelig • **go mouldy** schimmelig werden
mountain cheese Bergkäse *m*
mouth Mund *m*; Maul *n (eines Tieres)*
mouthful Bissen *m*, Mund *m* voll
mouthwatering appetitlich, lecker, verlockend
much viel
mud Schmutz *m*
muffin Muffin *m (in Großbritannien: kleiner, runder Hefekuchen, halbiert, getoastet und mit Butter und manchmal mit Marmelade serviert; in USA: Rührteiggebäck in spezieller runder Form, verschiedene Varianten, z. B. mit Heidelbeeren, Schokolade u. a.)*
mug große Henkeltasse *f (ohne Untertasse)*
mugwort Beifuß *m*
mulberry Maulbeere *f*
mule Maultier *n*
mulled wine Glühwein *m*
Mulligatawny Suppe, ursprünglich aus Indien, mit in Brühe gekochtem Hühner- oder Lammfleisch, mit Curry und anderen Kräutern gewürzt, mit Sahne, Zitrone und dem klein geschnittenen Fleisch serviert; viele Variationen
multiple socket Mehrfachsteckdose *f*
mung beans *pl* Mung(o)bohnen *fpl*
muscle Muskel *m*
muscovy duck Flugente *f*
mush Brei *m*, Mus *n*
mushroom Champignon *m*, Pilz *m*, *(Bay, Aut)* Schwammerl *m(n) (allgemeiner Begriff, besonders für alle Agaricus-Arten)*
mushy breiig, matschig, zerkocht
muslin Siebtuch *n*
mussels *pl* Miesmuscheln *fpl (Meeresweichtiere, mytilidae sp.)*
mustard Senf *m*
mustard pot Senfbehälter *m*
mustard seeds *pl* Senfkörner *npl*
mutton Hammel *m*, Hammelfleisch *n*; *(Aut, reg.)* Schöps *m*

N

napkin Serviette *f*
naranjilla *s.* lulo fruit
Nashi pear Nashibirne *f*, japanische Birne *f*
nasturtium Kapuzinerkresse *f*
native einheimisch
natural natürlich; naturrein
naturally cloudy naturtrüb *(Säfte, Bier)*
nature Natur *f*
neat unverdünnt, pur *(z. B. Alkoholgetränke)*
necessary nötig, notwendig; zwingend • **if necessary** falls nötig, notwendig
necessity Notwendigkeit *f*
neck Hals *m*, Halsstück *n*; Kamm *m*, Nacken *m (Schwein)*; *(Aut)* Schopf *m*
neckerchief Halstuch *n*
necktie *(AE) s.* neckerchief
nectarine Nektarine *f*
need *v* brauchen
need Bedarf *m*
needle Nadel *f*
neep *(Schottisch für turnip)* Steckrübe *f*
neglect *v* 1. vernachlässigen *(z. B. Pflicht, Person)*; 2. versäumen (etw zu tun)
negligent nachlässig
negotiate *v* verhandeln
nest Nest *n*
net weight Nettogewicht *n*

netted melon Netzmelone *f*
nettle Nessel *f*
neutral neutral
neutralise *v (BE)* neutralisieren
neutralize *v (AE) s.* neutralise
new potatoes *pl* neue Kartoffeln *fpl, (Aut)*
Heurige *fpl*
new wine Suser *m, (Aut)* Sturm *m (neuer,
noch gärender Wein; in D wie in Aut oder
CH viele andere regionale Bezeichnungen)*
nibble *v* knabbern
nice nett; hübsch
Nile perch Viktoria(see)barsch *m (Süßwasserfisch, lates niloticus)*
niter *(AE) s.* nitre
nitre *(BE)* Salpeter *m*
noise 1. l ärm *m*; 2. Geräusch *n* • **make a
lot of noise** Lärm machen
non-alcoholic alkoholfrei
non-slip rutschfest
non-smoking area Nichtraucherbereich
m
non-stick nicht klebend
non-stick coating Antihaftbelag *m*
noodle (asiatische) Nudel *f*
noodle salad (asiatischer) Nudelsalat *m*
Norway haddock Rotbarsch *m (Meeresfisch, sebastes viviparus)*
Norway lobster Kaisergranat *m*, Langustine *f (Meereskrebstier, nephrops norvegicus L.)*
nose Bukett *n (Wein)*
note *v* merken
note 1. Note *f (Geschmack, Geruch)*; 2.
Notiz *f*; Notizzettel *m* • **make a note of**
aufschreiben, sich merken
nourish *v* ernähren, nähren
nourishing gehaltvoll
nourishment Ernährung *f*
nozzle Düse *f*, Tülle *f*
nut oil Nussöl *n*
nut roast *vegetarischer Hackbraten aus
Nüssen, Kastanien und Bindemitteln*
nutcracker Nussknacker *m*
nutmeg Muskatnuss *f*
nutmeg grater Muskatnussreibe *f*
nutrition Ernährung *f (Physiologie)*
nutritional value Nährwert *m*
nutritious gehaltvoll

O

oak-leaf lettuce Eichblattsalat *m*
oatcakes *pl* Haferflockenplätzchen *npl*
oatmeal *(AE) s.* porridge
oats *pl* Hafer *m*
obligation Pflicht *f*, Zwang *m*
obligation to label Kennzeichnungspflicht *f*
obliging entgegenkommend
oblong länglich
occasional table Beistelltisch *m*
occupied besetzt
ocean perch Rotbarsch *m (Meeresfisch,
sebastes viviparus)*
octopus Tintenfisch *m (allgemein)*; Krake *f
(octopus vulgaris)*
odorless *(AE)*, **odourless** *(BE)* geruchlos
offence Verstoß *m*
offer *v* (an)bieten
official conditions *pl* behördliche Auflagen *fpl*
oil *v* (ein)ölen
oil Öl *n*
oily ölig
okra *(AE)* Okra(schote) *f*
old alt
old gold goldgelb
olive 1. Roulade *f (Rind, Kalb, Schwein)*; 2.
Olive *f*
olive oil Olivenöl *n* • **virgin olive oil** natives Olivenöl *(< 2 % Säure)* • **extra virgin olive oil** extra natives Olivenöl *(< 1 %
Säure)*
one-course meal Tellergericht *n*
onion Zwiebel *f, (CH)* Bölle *f*
onion compote Zwiebelmus *n*
onion rings *pl (AE)* frittierte Zwiebelringe
mpl
onion soup Zwiebelsuppe *f*
onion tart Zwiebelkuchen *m*
open *v* öffnen
opening Öffnung *f*
opening hours *pl*, **opening times** *pl*
Öffnungszeiten *fpl*
orache Melde *f*
orange Orange *f*
orange flower Orangenblüte *f*
order *v* 1. anordnen; 2. bestellen
order 1. Anordnung *f*, Anweisung *f*; 2. Bestellung *f* • **... to order** auf Bestellung ...
order *v* **in advance** vorbestellen
organic biologisch, Bio... *(Lebensmittel)*

organic food market Biomarkt *m*
organically grown aus biologischem
Anbau
origin Herkunft *f*
original original
ormer Seeohr *n*, Abalone *f (Meeresweichtier, haliotis sp.)*
ornament Verzierung *f*
ostrich Strauß *m (Vogel)*
ounce *britische Maßeinheit; 1 ounce =
28,349 g (Abk: oz)*
outdoor catering Außengastronomie *f*,
Freiluftgastronomie *f*
outdoor cultivation Freilandanbau *m*
outdoor gastronomy *s.* outdoor catering
outdoor vegetables *pl* Freilandgemüse *n*
oven Backofen *m*, (Back-)Rohr *n*,
(Back-)Röhre *f*
oven glove Topflappen *m*
oven proof feuerfest, backofenbeständig
oven ready bratfertig
oven temperature Back(ofen)temperatur
f
oven thermometer Ofenthermometer *n*
overcook *v* verkochen, zerkochen
overdo *v* **(sthg)** 1. (etw) verkünsteln; 2. es
übertreiben; 3. sich übermachen
overflow *v* überlaufen
overheat *v* überhitzen
overheating Überhitzung *f*
overload *v* überlasten
oversalt *v* versalzen
owner Besitzer(in) *m(f)*
ox-cheek Ochsengaumen *m*, Ochsenmaul *n*
ox-cheek salad Ochsenmaulsalat *m*
ox-muzzle *s.* ox-cheek
oxtail Ochsenschwanz *m*, *(Aut)* Ochsenschlepp *m*
oxtail soup Ochsenschwanzsuppe *f*,
O-Suppe *f*
oyster Auster *f*
oyster mushroom Austernpilz *m*, Aus-
ternseitling *m (Speisepilz, pleurotus ost-
reatus)*
oz *s.* ounce

P

pack *v* verpacken
packaged abgepackt
packaging Verpackung *f*
packing Packen *n*
pail *(AE)* kleiner Eimer *m*, Kübel *m*
paint brush Pinsel *m*
pair Paar *n*
palate Gaumen *m*
pale ale *helles Bier, mit ungeröstetem Malz
gebraut*
palette knife Palettenmesser *n*
palm oil Palm(en)öl *n*
pan holder (kleiner) Topflappen *m*
pancake Pfannkuchen *m*
pandora (fish) Rotbrassen *m (Meeresfisch, pagellus erythrinus)*
pantry Vorratsraum *m*
papaya Papaya *f (exotische Frucht)*
paper bag Papiertüte *f*, *(Aut)* Stanitzel *n*
paper napkin Papierserviette *f*
paper serviet(te) *s.* paper napkin
paper towel *(AE) s.* kitchen paper
paprika Paprika *n (Gewürz)*
parasol *s.* sunshade
parboiled rice Parboiled-Reis *m (unter
Druck mit Wasser und Dampf behandelter
Rohreis, zur Konservierung der Vitamine
beim Schäl- und Polierprozess)*
pare *v* schälen
parsley Petersilie *f*, *(CH, SüdD)* Peterli *m*,
Peterling *m*
parsnip Pasternak *m*, Pastinake *f*
parson's nose Bürzel *m*
part 1. Teil *m*; 2. Bestandteil *m*
partridge Rebhuhn *n*
party 1. Fest *n*, Fete *f*; 2. Partei *f*; 3.
Gruppe *f*
pass *v* reichen *(geben)*
pass *v* **through** durchreichen
passion fruit Passionsfrucht *f*
pasta Teigwaren *fpl*, Nudeln *fpl*
pasta machine Nudelmaschine *f*
paste Paste *f*, Brei *m*
pasteurisation *(AE)*, **pasteurization** *(AE)*
Pasteurisierung *f*
pasteurise *(BE)*, **pasteurize** *(AE)* pasteurisieren
pastries *pl* Gebäck *n*
pastry brush Backpinsel *m*, Kuchenpinsel
m
pastry case Teighülle *f*

pastry chef, pastry cook Konditor(in) *m(f)*
pastry fork Kuchengabel *f*
pastry wrap Teigmantel *m*
pasty Pastete *f*
pâté Pastete *f*
pâté de foie gras Gänseleberpastete *f*
patience Geduld *f*
patient geduldig
pattern Muster *n*, Schablone *f*
paunch Pansen *m*
pay *v* zahlen • **pay cash** bar (be)zahlen
payload Nutzlast *f*
payment Zahlung *f*
peach Pfirsich *m*
peak Spitze *f*
peaky spitzig
peanut Erdnuss *f*, *(Aut)* Aschanti *f*
peanut brittle *(AE)* Erdnusskrokant *n*
peanut butter Erdnussbutter *f*
peanut oil Erdnussöl *n*
pear Birne *f (Obst)*
pear brandy Birnengeist *m*
pear melon Pepino *f*
pearl onion Perlzwiebel *f*, Silberzwiebel *f*
peas *pl* Erbsen *fpl*, *(CH)* Boverli *npl*
pecan nut Pekannuss *f*
pecan pie *(AE)* Pekannusskuchen *m*
pectic substance, pectin Pektin *n*
peculiarity Besonderheit *f*
peel *v* schälen, entschalen *(Obst, Gemüse)*
peel Schale *f (von Obst, Gemüse)*
peel *v* **off** sich ablösen
peeling knife Schälmesser *n*
pepper *v* pfeffern
pepper 1. Pfeffer *m*; 2. Paprika(schote) *f*
pepper mill Pfeffermühle *f*
pepper pod Paprikaschote *f*
pepper pot *(BE)* Pfefferstreuer *m*
pepper shaker *(AE)* s. pepper pot
pepper shifter *(AE)* s. pepper pot
peppercorn Pfefferkorn *n*
peppermint Pfefferminze *f*
perch Barsch *m*, Kretzer *m (Süßwasserfisch, perca fluviatilis)*
perfect tadellos, perfekt
perforate *v* perforieren
perishability begrenzte Haltbarkeit *f*
perishable verderblich
periwinkle s. winkle
perpendicular senkrecht
perry Birnenwein *m*
persipan paste Persipan *n (ähnlich wie Marzipan, aber aus Aprikosen- oder Pfirsichsteinen)*
persuade *v* überzeugen
pestle Stößel *m*
pheasant Fasan *m*
pick *v* pflücken
picking Ernte *f (alles Gepflückte, z. B. Äpfel u. a.)*
pickle *v* pökeln; einlegen
pickle 1. Pökellake *f*, Salzlake *f*; 2. *(BE)* Gewürzrelish *n*; 3. *(AE)* Gewürzgurke *f*
pickled cabbage Sauerkraut *n*
pickled gherkin Gewürzgurke *f*
pickled herring Matjeshering *m*
pickled knuckle of pork Schinkeneisbein *n*
pickled meat Pökelfleisch *n*
pickles *pl* in Essig eingelegte Gemüsestücke: Blumenkohl, Spargel, Karotten, Zwiebeln u. Ä.
pickling Pökeln *n*
pie 1. Pastete *f*; 2. Obstkuchen *m*
pie dish Pastetenform *f*
piece Stück *n*
piece of loin Lendenstück *n*, Lendenbraten *m*
pieces *pl* **of lard** Speckwürfel *mpl*
pig Schwein *n*
pig's ear Schweinsohr *n (Gebäck)*
pig's snout Schweinerüssel *m*
pig's trotters *pl* Schweinsfüße *mpl*
pigeon Taube *f*
pigeonhole Ablegefach *n (z. B. für Personal)*
piglet Jungschwein *n*
pigweed Quinoa *n*
pike Hecht *m (Süßwasserfisch, esox lupius)*
pike dogfish Kalbfisch *f (Meeresfisch, squalus acanthias)*
pike perch Zander *m*, *(Aut)* Hechtbarsch *m*, Schill *m (Süßwasserfisch, stizostedion lucioperca L.)*
piked dogfish s. pike dogfish
pilchard Sardine *f (Meeresfisch, sardina pilchardus)*
pile *v* **(up)** stapeln, aufeinander legen
pile Stapel *m (Teller, Servietten u. Ä.)*
pilot light Kontrolllampe *f*
pin cherries *pl (AE)* Weichselkirschen *fpl*
pinch Prise *f* • **a pinch of** eine Messerspitze (voll)
pine nuts *pl* Pinienkerne *mpl*, *(Aut, CH, auch sonst reg.)* Pignol(i)en *fpl*

pineapple guava Feijoa f (exotische Frucht)

pink gin trockener Aperitif aus Gin, Angostura und Eiswürfeln

pint 1. Maßeinheit für Flüssigkeiten, Abk.: pt; in Großbritannien: 1 UK pint = 0,568 l; in USA: 1 US pint = 0,473 l; 2. in Großbritannien, allgemein gewordener Begriff z. B. für "ein Glas Bier"

pip Kern m (Obst)

pipe v dressieren (Creme)

pipe 1. Rohr n, Röhre f; 2. Tülle f (für Spritzbeutel)

pipette Pipette f

piping bag Dressierbeutel m, Spritzbeutel m, Spritztüte f

piquant pikant

pisciculture s. fish farming

pistac(c)hio Pistazie f

pit v (AE) entsteinen

pitaha, pitahaya Pitahaya f (exotische Frucht)

pith weiße Innenhaut f (Obst)

pitted entsteint

place v platzieren

place Platz m; Platzierung f

place card Tischkarte f

place setting Gedeck n

plaice Scholle f (Meeresfisch, pleuronectes platessa)

plain 1. schlicht; 2. halbbitter (Schokolade)

plain cooking Hausmannskost f

plait v s. weave

plait Zopf m

plait (biscuit) Keks n in Zopfform, (Aut) Striezel m

plant v anbauen

plant Pflanze f

plantain Gemüsebanane f, Kochbanane f

plastics pl Kunststoff m

plate Teller m

plate glass Tafelglas n

plate of raw vegetables Rohkostplatte f, Rohkostteller m

plate rack Ablaufgitter n

plate warmer Tellerwärmer m, Warmhalteplatte f

pleasure 1. Genuss m; 2. Vergnügen • **It's a pleasure!** als Antwort auf ein "Dankeschön", z. B. "Bitte, gern geschehen!"

plentiful reichlich

pliers pl Zange f

ploughman's lunch Mittagessen bestehend aus Brot, Käse und Pickles, das in Pubs serviert wird

pluck v rupfen (Geflügel)

plum Pflaume f, Zwetschge f, (Aut) Zwetschke f • **(thick) stewed plums** (dickes) Pflaumenkompott n, (Aut) Powidl m

plum duff gedämpfter Pudding aus Teig und Rosinen

plum pudding im Dampfbad gekochter Nachtisch mit Rosinen und Korinthen (keine Pflaumen) und Talg, oft mit Weinbrand flambiert und mit brandy butter gegessen; traditionelles Weihnachtsdessert (Christmas pudding); auch als Fertiggericht erhältlich

poach v pochieren, garziehen, abwällen

poached egg verlorenes Ei n

pod v enthülsen

pod Schote f

point Spitze f

pointed cabbage Spitzkohl m

poisonous giftig

polite höflich

politeness Höflichkeit f

pollack, pollock Seelachs m, Pollack m (Meeresfisch, polachius sp.)

polystyrene® Styropor® n

pomegranate Granatapfel m

pome(s) Kernobst n

poor cod Zwergdorsch m (Meeresfisch, gadus capelanus)

popovers pl kleine Brötchen wie die, die zum "Yorkshire pudding" gehören

poppy (seed) Mohn m

popular beliebt, populär

porcelain Porzellan n

pore Pore f

porebeagle Heringshai m (Meeresfisch, lamna nasus)

pork Schweine..., Schweins..., vom Schwein

pork Schweinefleisch n

pork roast Schweinebraten m

pork tenderloin Schweinelende f

porous porös

porridge Haferflockengrütze f (oft auch anstatt mit Haferflocken mit Hirse-, Reis- oder Quinoaflocken, meist zum Frühstück)

portion v portionieren

portion Portion f

portion fish Portionsfisch m

posy Sträußchen n, (Aut, Bay) Büscherl n

pot 1. Kochtopf *m*, Kessel *m*, Topf *m*; 2.
Kanne *f*, Kännchen *n (Kaffee)*
pot roast Schmorbraten *m*
potash Pottasche *f (Triebmittel)*
potato *(plural: potatoes)* Kartoffel *f, (Aut,
SüdD)* Erdapfel *m, (Aut, SüdD)* Erdbirne *f,
(CH)* Gummeli *n, (CH)* Härdöpfel *m*
• **potatoes in their skin** *(CH)*
G'schwellti *(Kartoffeln in der Schale)*
potato chipper Pommes-Frites-Schneider *m*
potato fritter Reibekuchen *f, (Aut, Bay)*
Reiberdatschi *m*
potential potenziell
potential Potential *n*
potted meat Pastete *f (kalt)*
pottery Keramik *f*
poulard(e) Poularde *f*
poultry Geflügel *n*, Geflügelfleisch *n*
poultry shears *pl* Geflügelschere *f*
pound *v* schroten, zerstoßen *(in einem
Mörser)*; zerstampfen
pound Pfund *n (1. britische Währung, £; 2.
britische Maßeinheit lb; 1 lb = 453,592 g)*
pound cake *(AE)* Napfkuchen *m*
pound cake mix *(AE)* Biskuitteig *m*,
Rührteig *m*
pour *v* gießen; einschenken
pour *v* **drop by drop** tropfenweise begießen
pour *v* **in** eingießen
pour *v* **on** begießen
pour *v* **onto** aufgießen
pour *v* **over** begießen
pour *v* **over with sthg** mit etw übergießen
pouring Übergießen *n*
poussin Küken *n*
pout, pouting Zwergdorsch *m*
powder Pulver *n*
power failure Stromausfall *m*
praise *v* loben
prawn Garnele *f (größeres Meereskrebstier
allgemein)* • **common prawn** Sägegarnele *f (Meereskrebstier, palaemon serratus)*
prawn cocktail Krabbencocktail *m*
prawn crackers *pl* Krabbenchips *fpl*
prebaked vorgebacken
precious kostbar
precise genau • **be precise** genau angeben
precision Genauigkeit *f*
precision work Präzisionsarbeit *f*
precooked vorgekocht

precooked beef sausage Rindswurst *f*
predilection Vorliebe *f*
prefer *v* bevorzugen
preheat *v* vorheizen
preliminary selection Vorauswahl *f*
premium Prämie *f*
preparation Vorbereitung *f*, Zubereitung *f*
preparations *pl* vorbereitende Arbeiten
fpl
prepare *v* zubereiten, vorbereiten, zurechtmachen
prepare *v* **for cooking** dressieren, parieren, *(Aut)* zuputzen *(Fleisch, Fisch, Geflügel oder Gemüse brat- und kochfertig
zurechtmachen)*
prepare *v* **the food** anrichten
preservative Konservierungsmittel *n*
preserve *v (BE)* konservieren; einmachen,
einlegen, einkochen
preserve Konserve *f*; Eingemachtes *n*
preserved meat Büchsenfleisch *f*
preserves *pl (AE)* Marmelade *f*, Konfitüre *f*
preserving jar Einmachglas *n*
preserving sugar Gelierzucker *m*
press *v* drücken
press *v* **together** zusammendrücken
press Presse *f*
press-stoner Entsteiner *m*
pressing dringend
pressure Druck *m*
pressure cooker Druckkochkessel *m*,
Schnellkochtopf *m*
prestige Ansehen *n*
pretty 1. hübsch; 2. ziemlich *(sehr)*
• **pretty expensive** recht teuer • **pretty
much** so ungefähr
pretzel Brezel *f, (Aut, Bay)* Breze(n) *f*
price Preis *m* • **at cost price** zum
Selbstkostenpreis • **included in the
price** im Preis inbegriffen
price list Preisliste *f*
price margin Preisspanne *f*
price reduction Preisermäßigung *f*,
Preisnachlass *m*, Rabatt *m*
prick *v* stechen
prickly pear Kaktusfeige *f*
process *v* verarbeiten • **processed in
Northern Ireland** in Nordirland verarbeitet
produce *v* erzeugen, herstellen
produce Ware *f (meist Obst und Gemüse)*
product Erzeugnis *n*
production Herstellung *f*

productive 1. produktiv *(auch: Verhandlungen, Gespräch u. a.)*; 2. ergiebig
profit Gewinn *m*, Profit *m*
profit margin Gewinnspanne *f*
profitability Rentabilität *f*
profitable lohnend, rentabel
progressively nach und nach
prolong *v* verlängern *(zeitlich)*
prolongation Verlängerung *f (zeitlich)*
pronounced ausgeprägt *(Geschmack, Geruch)*
proof of origin Herkunftsnachweis *m*
property 1. Eigentum *n*, Besitz *m*; 2. Grundbesitz *m*; Immobilie *f*; 3. Eigenschaft *f*
proposal Vorschlag *m*
propose *v* vorschlagen
protect *v* schützen
protection Schutz *m*
protective cover Schutzhülle *f*
protein Eiweiß *n*
prove *v* 1. beweisen; 2. gehen lassen *(Brot, Teig)*
provide *v* bereitstellen, zur Verfügung stellen
prudence Vorsicht *f*
prune Backpflaume *f*
pt *s.* pint
pub Pub *m*, Kneipe *f (oft werden auch kleine Gerichte serviert)*
pub crawl Kneipenbummel *m*
public holiday öffentlicher Feiertag *m*
public house *s.* pub
publican Gastwirt(in) *m(f)*
publicity Werbung *f*
pudding 1. Nachtisch *m (Eis, Obstsalat, Kuchen u. v. a.)*; 2. süßer Auflauf, in einer Puddingform im Wasserbad gekocht oder gedünstet, z. B. "Plum pudding", "Apricot pudding" u. a.; 3. herzhafter Auflauf, gesalzene bzw. neutrale Varianten sind z. B. der "steak and kidney pudding" oder der gebackene "Yorkshire pudding" • **I fancy a pudding.** Ich hab' Lust auf was Süßes.
puff pastry Blätterteiggebäck *n*
puffed rice Puffreis *m*
pull *v* ziehen
pulses *pl* Hülsenfrüchte *fpl*
pump *v* pumpen
pump Pumpe *f*
pumpkin Kürbis *m*, Gemüsekürbis *m*
pumpkin pie *(AE)* Kürbiskuchen *m (vor*

allem zum Thanksgiving Day im November serviert)*
pumpkin seed oil Kürbiskernöl *n*
pumpkin seeds *pl* Kürbiskerne *mpl*
punch 1. Schlag *m*; 2. Punsch *m*
puncher *s.* crab
punctual pünktlich • **not (very) punctual** unpünktlich
purchase *v* einkaufen, kaufen
purchase Einkauf *m* • **my purchases** mein Einkauf
pure pur, rein; naturrein
puree, purée *v* pürieren
puree, purée Püree *n*, Brei *m*
purple lila(farben), purpur(farben)
purslane Portulak *m*
push *v* 1. schieben; drücken *(Türe, Knopf u. a.)*; 2. (be)drängen
put *v* **away** aufräumen
put *v* **in the oven** in den Backofen schieben
put *v* **together** zusammenstellen
push Stoß *m*

Q

qt *s.* quart
quail Wachtel *f*
quality 1. Eigenschaft *f*; 2. Qualität *f*
quality wine Qualitätswein *m*
quantity Menge *f* • **a large quantity of ...** eine große Menge (an) ...
quark Quark *m*, *(Aut, Bay)* Topfen *m*, *(CH)* Zieger *m*
quart *Maßeinheit für Flüssigkeiten; 1 UK quart = 1,136 l, 1 US quart = 0,946 l; Abk. qt*
quarter *v* vierteln
quarter Viertel *n*
queen of puddings *Nachspeise möglicherweise schon aus der viktorianischen Zeit, aus Milch, Eigelb und Zucker mit Paniermehl, eingedickt und in einer Form gebacken; darauf Marmelade mit Zitronenschale, Vanillesauce und eine Schicht Baisermasse, überbacken und warm mit Sahne serviert*
queue *(BE)* Warteschlange *f*, Schlange *f* • **wait in the queue** Schlange stehen

quiche Speckkuchen *m (oft auch nur mit Gemüse und Käse)*
quick snack Imbiss *auf die Schnelle*
quiet 1. ruhig *(auch: Mensch)*; 2. geräuscharm
quince Quitte *f, (Aut)* Kido *f*

R

rabbit Hauskaninchen *m, (CH)* Chüngel *n*
rabbit fricassee Kaninchenfrikassee *n*
radicchio Radicchio(salat) *m*
radish Rettich *m*
ragout Ragout *n*
rain Regen *m*
rainbow trout Regenbogenforelle *f (Süßwasserfisch, salmo guardneri irideus)*
raisin Rosine *f, (Aut, Bay)* Weinbeerl *n, (Aut, SüdD)* Zibebe *f*
raising agent *(BE)* Triebmittel *n*, Backtriebmittel *n*
ramekin Auflaufförmchen *n*
rancid ranzig
range Herd *m*
rapeseed Raps *m*
rapeseed oil Rapsöl *n*
rare sehr leicht gebraten *(blutig, rot, „Englisch")*
rasher of bacon Speckscheibe *f*
rasp *v* raspeln
rasp Raspel *f*
raspberry Himbeere *f*
raspberry brandy Himbeergeist *m*
raspberry fool *Nachtisch aus Schlagsahne oder Vanillecreme, gemischt mit einem Püree meist aus Himbeeren*
raspberry tart Himbeertörtchen *n*
rational *s.* reasonable 1.
raw roh
raw fruit and vegetables *pl* Rohkost *f*
raw ham Rohschinken *m (gesalzen und geräuchert)*
raw marzipan Marzipanrohmasse *f*
raw materials *pl* Rohmaterial *n*
raw sausage Rohwurst *f*
ray Rochen *m (Meeresfisch, rajidae spp.)*
ray fin Rochenflosse *f*
razor-clam Messerscheide *f (Meeresweichtier, cyrtodaria siliqua)*
ready 1. fertig; 2. gar
ready to cook kochfertig

reasonable 1. vernünftig; 2. erschwinglich, günstig *(Preis)*
receipt 1. Erhalt *m*, Empfang *m*; 2. Quittung *f*, Beleg *m*
receive *v* empfangen
receptacle Behälter *m*
reception Empfang *m (auch in Hotels u. Ä.)*
recipe Rezept *n*
recirculating heat Umlufthitze *f*
recommend *v* empfehlen
recommendation Empfehlung *f*
rectangle Rechteck *n*
rectangular rechteckig
recycle *v* wieder verwerten
red rot
red banana Rote Banane *f*
red beet *(AE)* Rote Bete *f*
red cabbage Rotkohl *m, (Aut, SüdD)* Blaukraut *n*
red deer Hirsch *m*
red fruits *pl* Buntfrüchte *fpl*
red gurnard Seekuckuck *m (Meeresfisch, trigla cuculus)*
red-leafed chicory *s.* radicchio
red mullet Rotbarbe *f*, Rote Meerbarbe *f (Meeresfisch, mullus barbatus L.)*
red pepper roter Paprika *m*
red sea bream Rotbrassen *m (Meeresfisch, pagrus vulgaris)*
red snapper Roter Schnapperfisch *m (Meeresfisch, lutjanus sp.)*
redcurrant Rote Johannisbeere *f, (CH)* Meertrübli *n, (Aut)* Ribisel *n*
reddish rötlich
redfish Rotbarsch *m (Meeresfisch, sebastes spp.)*
reduce *v* 1. einschränken, vermindern, reduzieren *(z. B. Hitze, Preis)*; 2. mildern; 3. einkochen
reduced fat *(AE)* halbfett, Halbfett...
reduction 1. Einschränkung *f*; 2. Reduktion *f (z. B. eingekochter Fond)*
refill *(AE)* nachschenken • **give sb a refill (of coffee)** jdm (Kaffee) nachschenken
refine *v* veredeln, verfeinern
refined raffiniert
refined sugar Raffinade *f*
refinement 1. Veredelung *f*, Verfeinerung *f*; 2. Raffinesse *f*
refreshing towel Erfrischungstuch *n*
refreshment 1. Erfrischung *f*; 2. Erfrischungsgetränk *n*

refreshment room Erfrischungsraum *m*; kleiner Imbissraum *m (z. B. im Bahnhof)*
refrigerate *v* kühlen
refrigeration Kühlung *f*, Kühlverfahren *n*
refrigerator 1. Kältemaschine *f*; 2. Kühlschrank *m*
refuse Abfall *m*
regenerate *v* regenerieren *(vorgekochte Gerichte wieder erhitzen und zubereiten)*
registered trademark eingetragene Marke *f (Symbol: ®)*
regular regelmäßig • **do sthg regularly** etw regelmäßig tun
regularity Regelmäßigkeit *f*
regulars *pl* Stammkunden *mpl*, Stammkundschaft *f*
regulation Vorschrift *f* • **legal regulations** gesetzliche Vorschriften
relax *v* sich entspannen
reliable zuverlässig
relish Relish *n (Püree aus gewürztem Obst oder Gemüse, oft süßsauer angemacht, als Würzbeilage)*
remarkable beachtlich
removable abnehmbar
remove *v* beseitigen, entfernen
remove *v* **fat from** entfetten
remove *v* **the froth** entschäumen
remove *v* **the pit from** *(AE)* entkernen
remove *v* **the rind** abschwarten
render *v* **down** auslassen *(Speck)*
renew *v* erneuern
rennet, rennin Lab *n*
renovate *v* renovieren, sanieren
renovation Erneuerung *f*, Sanierung *f*
renowned renommiert
rent *v* mieten
rent *(BE)* Miete *f*
rental *(AE)* s. rent
reorientate *v* **(oneself)** (sich) umorientieren
replace *v* ersetzen
replace *v* **sb** jdn vertreten
replacement 1. Ersatz *m*; 2. Vertretung *f*
replete satt • **make replete** sättigen
reputation Ansehen *n*, Ruf *m*
request Wunsch *m* • **at your request** auf Ihren Wunsch
require *v* brauchen
required standard Qualitätsanspruch *m*
requirement Bedarf *m*
requirement to label Kennzeichnungspflicht *f*
resemble *v* aussehen wie

reservation Reservierung *f*, Vorbestellung *f*, Bestellung *f* • **upon reservation** *(frml)* auf Reservierung, auf Vormerkung • **Do you have a reservation?** Haben Sie einen Tisch vorbestellt?
reserve *v* 1. reservieren, bestellen; 2. beiseite stellen *(z. B. Ware)*
residual heat Restwärme *f*
residue Rückstand *m*
resin Harz *n*
resist *v* widerstehen
resistant widerstandsfähig, resistent
respect *v* respektieren
responsibility Verantwortung *f* • **this is my responsibility** das geht auf meine Verantwortung
responsible verantwortlich
restaurant Gaststätte *f*, Restaurant *n*
restaurant manager Gastwirt *m (kann auch der Besitzer sein)*
restaurant owner Gastwirt *m (Besitzer)*
restroom *(AE)* Toilette(n) *f(pl)*
result *v* resultieren • **result from** sich ergeben aus
result Ergebnis *n*
return *v* zurückgeben
returnable bottle Mehrwegflasche *f*
reusable 1. wiederverwendbar; 2. Mehrweg…
reuse *v* wiederverwenden
revolving spit Drehspieß *m*
rhubarb Rhabarber *m*
rhubarb pie Rhabarberkuchen *m*
rib Rippe *f*
rib of beef Rinderkotelett *n*
ribbed gerippt
ribbon Band *n*; Streifen *m*, Schleife *f*
ribbon noodles *pl* Bandnudeln *fpl*
rice Reis *m*
rice cooker Reiskocher *m*
rice flour Reismehl *n*
rice pudding Milchreis *m*
rich 1. reich; 2. reichhaltig; 3. ergiebig *(z. B. Boden)*; 4. gehaltvoll *(z. B. Speise, Soße)*
rich in … voll …
rich in nutrients nährstoffreich
rich tea biscuit *(BE)* Butterkeks *m*
richness Reichtum *m*
right 1. geeignet; 2. richtig; 3. korrekt; 4. rechts
rind Rinde *f*, Schwarte *f*
ring Kranz *m*, Ring *m*
rinse *v* abspülen
rinse *v* **with cold water** abschrecken

ripe reif
ripen v reifen
ripeness Reife f (Obst); Reifung f
rise v aufgehen (Teig)
risk Risiko n • **do sthg at a risk** auf Risiko gehen
rissole Frikadelle f, Rissole f
rivalry Konkurrenz f
river catfish Pangasius m (Süßwasserfisch, pangasius hypophthalmus)
rivet Niete f (an Topf oder Gerät)
roach Plötze f (Süßwasserfisch, rutilus rutilus)
roast v braten (Fleisch); rösten (Kaffee)
roast Braten m • **Sunday roast** Sonntagsbraten
roast beef Roastbeef n, (Aut) Beiried n
roast chicken Brathähnchen n, Brathühnchen n
roast collared pork Schweinerollbraten m
roast loin Rinderfilet n, Lendenbraten m, (Aut) Lungenbraten m
roasted geröstet (Kaffee)
roaster Bratgut n (z. B. auch Hähnchen, Rebhuhn u. a.)
roasting Braten n
roasting dish Bräter m
roasting spit Drehspleß m
rocambole Rokambole f
rock candy Kandiszucker m
rock cod Sägebarsch m (Meeresfisch, versch. Arten von serranidae)
rock eel s. rock salmon
rock lobster Kaisergranat m, Langustine f (Meereskrebstier, nephrops norvegicus)
rock salmon (BE) auf den britischen Inseln oft Handelsname für Katzenhai
rock salt Steinsalz n
rocket Rauke f, Rucola f
roe Rogen m (vom Fisch)
roe deer Reh n
roebuck Rehbock m
roll v rollen
roll v **out** ausrollen, (Aut) auswalken (Teig)
roll v **up** zusammenrollen, einrollen
roll 1. Rolle f; 2. Brötchen • **filled roll** belegtes Brötchen
rolled and roast loin of veal (with kidneys) Kalbsnierenbraten m
rolled oats pl Haferflocken fpl
rolled pickled herring Rollmops m
roller top lid Rolldeckel m

rolling pin Rollholz n, (Aut) Nudelwalker m
rollmops Rollmops m
roly-poly pudding Art Strudel aus Teig, gebacken oder gedämpft und mit Marmelade gefüllt
room Raum m; Zimmer n
room number Zimmernummer f
room service Zimmerservice m
room temperature Raumtemperatur f
roomy geräumig
root Wurzel f (auch im übertragenen Sinn)
root vegetables pl Wurzelgemüse n
rose fish Rotbarsch m (Meeresfisch, sebastes viviparus)
rosehips pl Hagebutten fpl, (CH) Baderli npl
rosewater Rosenwasser n
rot v (ver)faulen (Eier, Obst)
rotisserie 1. Drehspieß m; 2. Rotisserie f (Spezialitätenrestaurant oder Abteilung)
rotisseur Bratenkoch m
rough rau, grob
roughage (nur sing) Ballaststoffe mpl
roulade Rolle f, Röllchen n, Roulade f
round rund
round 1. runde Scheibe; Kugel; 2. Runde f ("Getränk für alle") • **This is my round!** Ich spendier eine Runde!
round v **off** 1. abrunden; 2. abschließen • **to round things off ...** zum Abschluss ...
roux Einbrenne f
row Rang m, Reihe f
rub v reiben
rub v **in** einreiben
rub v **oil into sthg** einölen
rubber Gummi m
rubbery gummiartig
rubbish (BE) 1. Abfall m; 2. mindere Qualität f
rubbish bag (BE) Müllbeutel m
rubbish bin (BE) Abfalleimer m, Mülleimer m, Mülltonne f
rucola Rauke f, Rucola f
ruffe Kaulbarsch m (Süßwasser- bzw. Brackwasserfisch, gymnocephalus cernua L.)
rule Vorschrift f, Regel f • **according to the rules** vorschriftsmäßig
rum Rum m
rumen Pansen m
rump steak Rumpsteak n
runner bean Feuerbohne f
runny dünnflüssig

runny egg wachsweiches Ei *n*
rusk Zwieback *m*
rustic ländlich *(einfach)*
rutabaga *(AE)* Kohlrübe *f*, Steckrübe *f*
rye Roggen *m*

S

sabayon Weinschaumcreme *f*
sachet Tütchen *n*
saddle 1. Rücken *m*, Sattel *m (Kalb, Lamm)*; 2. Ziemer *m (Rückenstück von Wild)*
safety Sicherheit *f*
safety instructions *pl* Sicherheitsanweisungen *fpl*
safety switch Sicherheitsschalter *m*
safety valve Sicherheitsventil *n*
safflower oil Distelöl *n*
saffron Safran *m*
saffron yellow safrangelb
sage Salbei *m*
sago Sago *m*
saint-pierre *m* Petersfisch *m (Meeresfisch, zeus faber)*
saithe *s.* coalfish
salad Salat *m (als Gericht)*
salad bowl Salatschüssel *f*
salad buffet Salatbüffet *n*
salad burnet Pimpernell *m*
salad drainer *(BE) s.* salad spinner
salad dressing, salad sauce Salatsoße *f*
salad servers *pl* Salatbesteck *n*
salad spinner Salatschleuder *f*
salad strainer *(AE) s.* salad spinner
salamander Salamander *m*
salar salt *s.* sea salt
sale Verkauf *m* • **for sale** zum Verkauf
salmon Lachs *m (Wanderfisch, salmo salar)*
salmon trout Lachsforelle *f (Meeresfisch, salmo trutta trutta)*
saloon (bar) *(AE)* Kneipe *f*
salpetre *(BE)* Salpeter *m*
salsify Schwarzwurzel *f*
salt *v* salzen; einsalzen, pökeln
salt Salz *n* • **without salt** salzlos
salt cellar Salzfässchen *n*
salt crust Salzkruste *f*
salted almonds *pl* Salzmandeln *fpl*
salted butter Salzbutter *f*

salted meat Pökelfleisch *n*
salted rib Pökelrippchen *n*
salting Pökeln *n*
saltpeter *(AE) s.* salpetre
saltwater fish Meeresfisch *m*
salty salzig
sample *v* kosten, probieren
sample Kostprobe *f*
sanction *v* genehmigen, zustimmen
sand Sand *m*
sand cake Sandkuchen *m*
sardine Sardine *f (Meeresfisch, clupea harengus)*
satisfaction Genugtuung *f*; Zufriedenheit *f* • **Was everything to your satisfaction?** Hat es Ihnen geschmeckt?
saturated fatty acids *pl* gesättigte Fettsäuren *fpl*
sauce Soße *f*, Tunke *f*
sauce cook Soßenkoch *m*, Soßenköchin *f*; Saucier *m (meist kein f)*
sauceboat Soßenschüssel *f*, Soßenkännchen *n*
saucepan Kochtopf *m*, Topf *m*
saucepan with a handle Stieltopf *m*
saucer Untertasse *f*
sauerkraut Sauerkraut *n*, *(CH)* Suurchabis *m*
sausage Wurst *f (allgemein)*
sausage case *s.* sausage skin
sausage ring Ringwurst *f*
sausage salad Wurstsalat *m*
sausage skin Wurstdarm *m*, Wursthaut *f*
sausage stuffing Wurstfüllung *f*, Wurstmasse *f*
sausages, pâtés, and cold meats *pl* Wurstwaren *fpl*
sauté *v* sautieren
sauté *v* **lightly** anschwitzen
savarin Punschring *m*
save *v* sparen
savor *v (AE) s.* savour
savory Bohnenkraut *n*
savory *(AE)*, **savoury** *(BE)* 1. herzhaft, pikant, würzig; 2. lecker
savour *v (BE)* 1. (ver)kosten; 2. genießen, auskosten
savoury custard tart Speckkuchen *m*
Savoy cabbage Wirsing *m*, *(Aut, SüdD)* Köhl *m*, *(CH)* Wirz *m*
saw Säge *f*
scald *v* abwällen; überbrühen
scale *v* entschuppen *(Fisch)*
scales *pl* Schuppen *fpl*

scales *pl* Waage *f*
scallion *(AE) s.* spring onion
scallop Jakobsmuschel *f (Meeresweichtier; eigtl. "große Pilgermuschel", pecten maximus L.)*
scarcely kaum
scarf Halstuch *n*
scent Geruch *m*
schnapps Korn(schnaps) *m*
schnitzel Schnitzel *n*
scissors *pl* Schere *f* • **a pair of scissors** eine Schere
scone *im Ofen gebackenes Buttergebäck, mit dicker Sahne und Marmelade warm serviert*
scoop 1. Schaufel *f*; 2. Kugel *(Eis)*
score *v* einschneiden
Scottish breakfast *s.* English breakfast
scouring agent Scheuermittel *n*, Scheuerpulver *n*
scrambled eggs *pl* Rührei(er) *n(pl)*, *(Aut)* Eierspeis *f*
scrape *v* kratzen, schaben
scraper Schaber *m*
screen Wandschirm *m*
scrub *v* gründlich putzen, schrubben
scullery *(BE)* 1. Vorratskammer *f*; 2. Spülküche *f*
scum *v* entschäumen
scum (schmutziger) Schaum *m*
sea Meer *n*; Meer..., Meeres...
sea bass Seebarsch *m*, Wolfsbarsch *m (Meeresfisch, dicentrardus labrax od. labrax lupus)*
sea buckthorn Sanddorn *m*
sea kale Meerkohl *m*
sea lettuce *s.* green laver
sea perch Rotbarsch *m (Meeresfisch, sebastes viviparus)*
sea salt Meersalz *m*
sea trout Lachsforelle *f*, Meerforelle *f (Meeresfisch, salmo trutta trutta)*
sea urchin Seeigel *m (Meerestier, versch. Arten von echinoidea regularia)*
seafood *(nur sing)* Meeresfrüchte *fpl*
seafood chowder Muschelsuppe *f*, Muscheleintopf *m (allgemein: Suppe aus Meeresfrüchten und evtl. Fisch)*
seal *v* 1. abdichten; 2. versiegeln
seal of quality Gütesiegel *n*, Gütezeichen *n*
sear *v* anbraten *(scharf)*
season *v* abschmecken, würzen
season 1. Jahreszeit *f*; 2. Saison *f*

• **strawberries are in season right now** es gibt zur Zeit frische Erdbeeren • **asparagus is out of season** die Spargelzeit ist vorbei • **high season** Hauptsaison • **low season** Vorsaison, Nachsaison
seasonal cuisine saisonbedingte Küche *(von der Jahreszeit abhängig)*
seasoning 1. Würzen *n (allgemein)*; 2. Gewürz *n*
seat Sitz *m* • **take a seat** nehmen Sie Platz
seating plan Sitzordnung *f*
seaweed *(nur sing)* Meeresalgen *fpl (allgemein)*
seed Kern *m*, Saat *m*, Samen *m*
seedless white raisins *pl (AE) s.* sultana
select *v* auswählen
selection Auswahl *f*
self-employed selbstständig
self-purifying selbstreinigend
self-raising flour *mit Backpulver versetztes Mehl*
self service Selbstbedienung *f*
sell *v* verkaufen
selling Verkauf *m*
seltzer *(AE) s.* sparkling water
semi-sweet zartbitter *(Schokolade)*
semolina Grieß *m*
sense of touch Tastsinn *m*
sensitive empfindlich • **sensitive to light** lichtempfindlich
sensual, sensuous sinnlich
separate *v* (sich) lösen, (sich) trennen
separate verschieden, getrennt
separately einzeln
separation Trennung *f*
serpolet wilder Thymian *m*, Quendel *m*
serrated knife Sägemesser *n*
serve *v* 1. servieren; 2. anrichten; 3. bedienen; 4. ausgeben • **serves 4 to 6** für 4-6 Personen *(in Rezepten)* • **Can I serve you?** Darf ich servieren?
serve *v* **the food at the table** vorlegen
service *v* warten *(z. B. eine Maschine)*
service Bedienung *f*, Service *m* • **service included** Bedienungsgeld inbegriffen
service charge Bedienungsgeld *n*
service lift Speise(n)aufzug *m*
servicing Wartung *f (z. B. einer Maschine)*
serviette *(BE)* Serviette *f*
serving Ausgabe *f*
serving cutlery *(BE)* Servierbesteck *n*, Vorlegebesteck *n*

serving dish Servierplatte *f*
serving flatware *(AE) s.* serving cutlery
serving hatch Durchreiche *f*, Passe-
(-Plats) *m*
serving table Serviertisch *m*
sesame Sesam *m*
sesame seed Sesamkörner *npl*
set *v* **fire to** anzünden
set *v* **the table** *(AE) s.* lay the table
set menu of the day Tagesmenü *n*
settle *v* sich absetzen *(am Boden)*
Seville orange bittere Orange *f*, Pomeranze *f*, Sevillaorange *f*
shad *s.* allis shad
shade Schatten *m* • **in the shade** im
Schatten *(sonnengeschützt)*
shadow Schatten *m* • **in the shadow of**
im Schatten von *(z. B. einer Person)*
shady schattig
shaggy 1. rough, coarse; 2. struppig
(Haare)
shake *v* schütteln
shaker 1. Streuer *m (Salz)*; 2. Mixbecher *m*
shallot Schalotte *f*, Schalottenzwiebel *f*
shallot mash Schalottenzwiebelmus *n*
shape *v* bearbeiten, formen
shark Hai(fisch) *m (allgemein; Meeresfisch,
pleurotremata spp.)*
shark fin soup Haifischflossensuppe
shark fins *pl* Haifischflossen *fpl*
sharon fruit Sharon(frucht) *f*, Kaki *f*
sharp 1. scharf *(Messer)*; 2. bitter, herb
sharpen *v* schärfen *(Messer)*
sharpening steel Wetzstahl *m*
shavings *pl* (Hobel-)Span *m*
sheep *(plural: sheep)* Schaf *f*
sheep's (milk) cheese Schafkäse *m*
sheet Tuch *n*; Leintuch *n*
shelf *(plural: shelves)* Regal *n*
shelf life Haltbarkeit *f* • **limited shelf life**
begrenzte Haltbarkeit
shell *v* schälen *(Eier)*; enthülsen
shell 1. Schale *f (z. B. vom Ei)*; 2. Panzer *m*
(von Krebstieren)
shellfish 1. Meeresweichtiere *npl*; 2.
Meeresfrüchte *fpl (allgemein)*
shepherd's pie *gebratenes Hackfleisch
vom Lamm in eine Form gefüllt, mit Kartoffelpüree bedeckt und im Backofen
gebraten; vgl. cottage pie*
sherbet, sherbert *(AE)* 1. *s.* sorbet; 2.
Brausebonbon *n*
sherry Sherry *m*
shin slice Beinscheibe *f*

shine *v* glänzen
shine Glanz *m*
shiny glänzend
shock effect Überraschungseffekt *m*
shock freezing Schockfrosten *n*
shoot *v* sprießen
shoot Sprosse *f*, Trieb *m*
shore crab Strandkrabbe *f (Meereskrebstier, carcinus maenas)*
short kurz
short-crust pastry Mürbeteig *m*
shortbread *gehaltvoller krümeliger Keks
aus einem Teig mit viel Butter, Mehl und
Zucker, zu länglichen oder runden Ge-
bäckstücken geformt und gebacken; ursprünglich aus Schottland*
shorten *v* kürzen
shortening *(AE) s.* cooking fat
shoulder Schulter *f (Rind, Schwein)*; Blatt
n (Wild)
shoulder of pork Schweineschulter *f*
shovel Schaufel *f*
shred *v* schnetzeln
shrimp Garnele *f (Meereskrebstier, allgemein)*
shrinkage Schwund *m*
Shropshire Blue *trotz seines Namens ursprünglich schottischer Käse, heute in
Leicestershire hergestellt. Der Shropshire
Blue ist orange und blau marmoriert. ca.
34 % Fett i. Tr.*
shucked ohne Schalen *(z. B. Austern,
Garnelen u. Ä.)* • **shucked oysters** ohne
Schalen gekochte Austern
shut *v* schließen
side Seite *f* • **on both sides** beidseitig
side dish Beilage *f*
sideboard Anrichtetisch *m*
sieve *v* sieben
sieve Sieb *n*
sift *v* sieben, durchsieben
sifter Siebgerät *n*, Streuer *m (Zucker)*
silicone Silikon *n*
silicone brush Silikonpinsel *m*
silver Silber *n (Metall)*
silver cutlery *(BE)* Silberbesteck *n*
silver flatware *(AE) s.* silverware
silver kale Meerkohl *m*, Seekohl *m*
silverside (of beef) *gegen die Fasern
geschnittene Scheibe aus der Rinderkeule*
silverware *(BE)* 1. Silbergeschirr *n*; 2. Silberbesteck *n*; 3. *(AE)* Besteck *n (vgl.
cutlery)*

silverware box *(AE)* s. cutlery box
similar ähnlich
simmer *v* köcheln; (auf kleiner Flamme) garen
simmering Köcheln *n*
simnel cake Früchtekuchen mit Marzipanüberzug
simple einfach, schlicht
singe *v* **off** absengen
single cream fettarme Sahne
sink Spülbecken *n*
siphon Siphon *m*
sirloin (of beef) Rinderschmorbraten *m*, *(Aut)* Lungenbraten *m*
size Größe *f*, Umfang *m* • **according to size** nach Größe
skate Glattrochen *m (Meeresfisch, raja batis)*
skewer *v* aufspießen
skewer Bratspieß *m*, Spieß *m*
skilful *(BE)*, **skillful** *(AE)* geschickt
skim *v* **(off)** abschöpfen; entrahmen, entfetten *(Milch)*
skimmed milk Magermilch *f*
skimmer Schaumkelle *f*, Schaumlöffel *m*
skin *v* abhäuten; schälen *(Mandeln, Tomaten)*
skin Haut *f*; Schale *f (Mandeln, Tomaten)*
skipjack tuna *(AE)* s. bonito
slaughter *v* schlachten
slaughterhouse *(AE)* s. abattoir
slice *v* schneiden *(in Scheiben)*; hobeln
slice Scheibe *f* • **cut into slices** in Scheiben schneiden
sliced bread (for toasting) Toastbrot *n*
sliced meats *pl* Aufschnitt *m*
slicer Hobel *m*, Feinschneider *m*
slide *v* (ab)rutschen
sliding door Schiebetüre *f*
slipper lobster Bärenkrebs *m (Meereskrebstier, scyllarides spp.)*
slippery jack Butterpilz *m (Speisepilz, suillus luteus)*
sloping schräg
slotted ladle Siebkelle *f*
slotted spoon Sieblöffel *m*
slurp *v* schlürfen
small meatball Fleischklößchen *n*, *(Aut)* Fleischheberl *n*
small tart Törtchen *n*, Tortelett *n*
smell *v* riechen • **smell of burning** brenzlig riechen
smell Geruch *m (angenehm oder unangenehm)*; Duft *m*

smelt Stint *m (Meeresfisch, osmerus eperlanus)*
smoke *v* rauchen, räuchern, *(Aut, Bay)* selchen
smoke *v* **dry** rauchtrocknen
smoke Rauch *m*
smoke detector Rauchmelder *m*
smoked geräuchert
smoked bacon Räucherspeck *m*
smoked cheese Räucherkäse *m*
smoked fish Räucherfisch *m*
smoked ham Räucherschinken *m*
smoked herring Bückling *m*
smoked (salted) pork Rauchfleisch *n*
smoked tofu Räuchertofu *m*
smokehouse Räucherei *f (für Fisch oder Fleisch)*
smoking Räuchern *n*
smoking area, smoking zone Raucherbereich *m*
smooth 1. geschmeidig, glatt; 2. unkompliziert
smooth-hound Glatthai *m (Meeresfisch, mustelus mustelus L.)*
smorgasbord *(AE)* Vorspeisenbüffet *n*
smouldering fire Schwelbrand *m*
snack Imbiss *m*, *(Aut)* Jause *f* • **have a snack** einen Imbiss nehmen, eine Kleinigkeit essen, *(Aut)* jaus(n)en
snack bar s. refreshment room
snack break *(AE)* Brotzeit *f*
snail Schnecke *f*
snail butter Schneckenbutter *f*
snail tongs *pl* Schneckenzange *f*
sniff *v* schnuppern
snipe Schnepfe *f*
snow Schnee *m*
soak *v* 1. einweichen, wässern; 2. sich vollsaugen • **soak with sthg** mit etw tränken
soaking Wässern *n*
soap Seife *f*
soap dish Seifenhalter *m*
soap dispenser Seifenspender *m*
sober nüchtern
sociability Gesellheit *f*
sociable gesellig
socket 1. Tülle *f*; 2. Steckdose *f*
soda water *(AE)* s. sparkling water
soft weich • **sthg has gone soft** etw ist weich geworden
soft-boiled weich gekocht *(z. B. Eier)*
soft cheese Weichkäse *m*
soft fruit Beerenobst *n*

soft ice Softeis *n*
soften *v* enthärten *(Wasser)*
sole Seezunge *f (Meeresfisch, solea solea)*
sole meunière Seezunge *f* nach Müllerinart
solid kompakt, solide
soluble löslich
solution Lösung *f*
solvent Lösungsmittel *n*
sop *(AE) s.* mop
sophisticated anspruchsvoll • **too sophisticated** überzogen
sorbet Sorbett *n*, Frucht(saft)eis *n*
sorrel Sauerampfer *m*
sort *v* sortieren
sort Sorte *f*
soufflé Auflauf *m*
soufflé dish Auflaufform *f*
soup Suppe *f*; Brühe *f*
soup plate Suppenteller *m*
soup tureen Suppenschüssel *f*
sour sauer; säuerlich
sour cherry Sauerkirsche
sour cream Schmand *m*, Schmant *m*
sour dough Sauerteig *m*
sour milk Sauermilch *f*, Dickmilch *f*
source Quelle *f* • **bottled at source** Originalabfüllung *f*
souse *v* einlegen, marinieren
soy milk *(AE)*, **soya milk** *(BE)* Sojamilch *f*
soy sauce Sojasoße *f*
soya beans *pl (BE)* Sojabohnen *fpl*
soybean sprouts *pl* Soja(bohnen)-sprossen *fpl*
soybeans *pl (AE) s.* soya beans
space Raum *m*, Platz *m* • **there is no space** wir haben keinen Platz
spacious geräumig; umfangreich
spaghetti tongs *pl* Spaghettizange *f*
spam Dosenwurst *f*
span Spanne *f*
Spanish plum Balsampflaume *f (exotische Frucht)*
sparkling mit Kohlensäure *(Mineralwasser)*
sparkling water Sprudel *m*, Sprudelwasser *n*
sparkling wine Schaumwein *m*, Sekt *m* • **lightly sparkling wine** Perlwein
sparling Stint *m (Meeresfisch, osmerus eperlanus L.)*
spatula Spachtel *m*
spatula *(AE)* Fischhheber *f*
special liking Vorliebe *f*

specialty Spezialität *f*
speckle Tupfer *m* • **a speckle of ...** eine winzig kleine Menge ...
speckled gesprenkelt
spelt Dinkel(weizen) *m*
spice Gewürz *n*
spiced salt Gewürzsalz *n*
spiced wine Glühwein *m*
spicy pikant, würzig, scharf *(gewürzt)*
spider crab Seespinne *f (Meereskrebstier, maia squinado)*
spill *v* verschütten *(ungewollt)*
spin *v* **(dry)** schleudern
spinach Spinat *m*, Blattspinat *m*, *(CH)* Binätsch *m*
spinach soufflé Spinatauflauf *m*, Spinatpudding *m*
spine 1. Rückgrad n; 2. Stachel *m*
spiny lobster Languste *f*
spirit Branntwein *m*, Schnaps *m*
spit Bratspieß *m*; Bratenwender *m*
splash *v* spritzen
spleen Milz *f*
split *v* spalten
splitter Spalter *m*
spoil *v* 1. verderben; 2. verwöhnen
spoilt 1. verdorben; 2. verwöhnt
sponge Schwamm *m*
sponge cake *(BE)* Tortenbiskuit *n*, Biskuitkuchen *m*
sponge finger *(BE)* Löffelbiskuit *n*, *(Aut)* Biskotte *f*
sponge mixture *(BE)* Biskuitteig *m*; Rührteig *m*
spongy porös; schwammig
spoon *v* löffeln; löffelweise begießen
spoon Löffel *m*
spoon holder Löffelhalter *m*
spoonful/a ein Löffel voll • **a spoonful of sugar** ein Löffel Zucker
spotted dick *(BE)* in Dampf gegarter Talgpudding mit Rosinen, Korinthen oder Sultaninen
spout Tülle *f (einer Kaffee- oder Teekanne)*
sprat Sprotte *f (Meeresfisch, clupea sprattus L.)*
spray *v* spritzen, sprühen • **not sprayed** ungespritzt *(Obst, Gemüse)*
spray Zerstäuber *m*
spray can Sprühdose *f*
spread Aufstrich *m*
spread *v* **out** ausbreiten
spread *v* **with** streichen, bestreichen *(mit Butter, Marmelade u. Ä.)*

spreadable streichfähig
sprig Stielchen *n*, Zweigchen *n* • **a sprig of parsley** ein Petersiliezweigchen
spring Quelle *f*
spring mold baking tin *(AE)* s. spring mould
spring mould *(BE)* Springform *f*
spring onion *(BE)* Frühlingszwiebel *f*, Lauchzwiebel *f*
spring roll Frühlingsrolle *f (chinesische Küche)*
spring water Quellwasser *n*
sprinkle *v* **with sthg** mit etw benetzen, sprenkeln, streuen, bestreuen • **sprinkle with flour** mehlieren, mit Mehl bestreuen, *(Aut)* mit Mehl stauben
sprout 1. Sprosse *f*; 2. Rosenkohl *m*
square quadratisch
square Quadrat *n*
squash *v* zerdrücken
squash *(BE)* Fruchtsaftkonzentrat *n*
squash *(AE)* Gartenkürbis *m*, Melonenkürbis *m*
squeeze *v* (aus)pressen
squeezer 1. Fruchtpresse *f*; 2. Zerdrücker *m (Teebeutel)*
squid Kal(a)mar *m (Tintenfischart, mit acht Fangarmen)*
st. *s.* stone
stack *v* stapeln
stack Stapel *m (Teller, Servietten u. Ä.)* • **a stack of ...** ein Stapel ...
stain Fleck *m (Schmutz)*
stained fleckig *(Frucht)*
stainless rostfrei
stainless steel Edelstahl *m*
stainless steel kettle Edelstahlkessel *m*
stale altbacken *(Brot)*
stalk Stiel *m*, Strunk *m*
stand *v* stehen, ruhen • **let it stand for 20 minutes** 20 Minuten ruhen lassen
standard dish Stammgericht *n*
star aniseed Sternanis *m*
star fruit Sternfrucht *f*, Karambole *f*
star-shaped sternförmig
star-shaped nozzle Sterntülle *f*
starch *v* stärken *(Wäsche)*
starch Stärke *f*
starred chef Sternekoch *m*, *(Aut)* Haubenkoch *m*
starter Vorspeise *f*
steak Beefsteak *n*
steak and kidney pie *kleine Stücke von Rindfleisch und Rindernieren, mit Zwie-*

beln und Champignons in einer Kasserolle im Ofen gebacken (pie)
steak and kidney pudding *kleine Stücke von Rindfleisch und Rindernieren, mit Zwiebeln und Champignons in einem Talgteig gedämpft (pudding)*
steak hammer Fleischklopfer *m*
steak tartare Tartar *n (rohes Rinderhackfleisch mit max. 6 % Fettanteil; meist mit gehackten Zwiebeln, Gewürzen, Kapern und einem Eigelb serviert)*
steam *v* dämpfen, dünsten, *(Aut)* anlaufen lassen
steam Dampf *m*, *(auch Aut)* Dunst *m*
steamed potatoes *pl* Dampfkartoffeln *fpl*
steamed up *s.* misted up
steamer Dampfkochtopf *m*
steel Stahl *m*
steel wool Stahlwolle *f*
steep *v* eintauchen; ziehen lassen *(in Marinade)*
stem Stängel *m*, Stiel *m (auch von Glas)*
stemmed glass Stielglas *n*
sterling silver silverware *(AE)* s. 1. silverware 1.; 2. silverware 2.
stew *v* schmoren
stew Eintopfgericht *n*
stick *v* kleben, ankleben
stick celery Stangensellerie *m*, Staudensellerie *f*
stick of cinnamon Zimtstange *f*
sticky klebrig
stiff steif
still ohne Kohlensäure *(Mineralwasser)*
Stilton *Blauschimmelkäse, seit Anfang des 18. Jahrhunderts als der König der Käsesorten bekannt, ursprünglich aus einem Ort nahe Melton Mowbray. "Blue Stilton" ist weiß, blau geädert, weich und kremig, mit leicht säuerlichem Geschmack. Weißer Stilton milder im Geschmack, ca. 55 % Fett i. Tr.*
stinging nettle Brennnessel *f*
stipulate *v* fordern, verlangen, zur Bedingung machen
stipulations *pl* Bedingungen *fpl*, Auflagen *fpl*
stir *v* rühren, anrühren • **stirring continually** unter ständigem Rühren
stirring Rühren *n*
stock *v* lagern
stock 1. Brühe *f*; Sud *m*; 2. Lager *n*; Lagerbestand *m* • **in stock** auf Lager • **out of stock** nicht auf Lager

stock cube Brühwürfel *m*
stock pot Suppentopf *m*
stock temperature Lagertemperatur *f*
stocktaking Inventur *f* • **closed for stocktaking** wegen Inventur geschlossen
stomach Magen *m*
stone *v (BE)* entsteinen
stone 1. Stein *m*; 2. *britische Maßeinheit st, insbesondere für Körpergewicht verwendet (1 st ist gleich 6,350 kg)*
stone bass Wrackbarsch *m (Meeresfisch, polyprion cernium)*
stone fruit Steinobst *n*
stoned *(BE)* entkernt, entsteint
stoned olives entsteinte Oliven
stoneware Steingut *n*
stop *v* anhalten
stop button Stopptaste *m*
storage Lagerung *f* • **put sthg into storage** etw einlagern
storage room *(AE)* Lager *n*
storage volume Nutzinhalt *m*
store *v* lagern
store *v* **in a basement** *(AE)* einkellern
store *v* **in a cellar** einkellern
storeroom Vorratsraum *m*, Lager *n*
stout 1. dick; 2. stämmig
stout *dunkles, obergäriges Bier mit starkem Malzgeschmack, z. B. Guinness®*
stove *(AE)* s. cooker
straight 1. gerade; 2. geradlinig
strain *v* 1. abgießen, abseihen *(durch ein Sieb)*; 2. spannen *(zu schwer sein)*
strainer Durchschlag *m*, Sieb *m(n)*
straining Passieren *n*
straining cloth Siebtuch *n*
straw Trinkhalm *m*
strawberry Erdbeere *f*
streaky durchwachsen
streaky bacon Bauchspeck *m*, durchwachsener Schinkenspeck *m*
stream Strom *m*, Fluss *m*
strike *v* schlagen
strike Streik *m* • **be on strike** streiken
string Bindfaden *m*
string bean *(AE)* Gartenbohne *f*
stringless fadenlos
strip Streifen *m* • **cut into strips** in Streifen schneiden
strip *v* **off** abstreifen, *(Aut, SüdD)* abrebeln *(z. B. Thymianblättchen vom Stiel)*
striped gestreift

striped mullet Streifenbarbe *f (Meeresfisch, mullus surmuletus)*
strong kräftig, stark *(auch: Geruch)*
stuff *v* füllen *(mit Fleisch, Gemüse u. Ä.)*
stuffed belly of pork gefüllter Schweinebauch *m*
stuffed breast of veal gefüllte Kalbsbrust *f*
stuffed cabbage leaves *pl* Kohlroulade *f*
stuffed marrow *(BE)* gefüllter Gartenkürbis *m*
stuffed (marrow) squash *(AE) s.* stuffed marrow
stuffed peppers *pl* gefüllte Paprika *fpl*
stuffed vineleaves *pl* gefüllte Weinblätter
stuffing Farce *f*, Füllung *f (in Fleisch, Gemüse u. Ä.)*
sturgeon Stör *m (Wanderfisch, acipenser sturio L.)*
style Stil *m* • **do sthg in style** etw stilvoll gestalten
submerge *v* eintauchen
substandard fehlerhaft *(Qualität unterhalb des Üblichen)*
substitute Ersatz *m*
subtle fein, subtil
succeed *v* etw erfolgreich tun, etw erreichen • **succeed in doing sthg** es schaffen, etw zu tun
success Erfolg *m* • **we wish you every success** *(frml)* viel Erfolg
successful erfolgreich
succulence Saftigkeit *f*
succulent saftig
suck *v* saugen
suckling pig Spanferkel *n*
suet Talg *m (große Fettstücke aus den Hüften und um die Nieren von Rind, Lamm und anderen Tieren; Bestandteil des Teigs für Pasteten, Pies und Puddinge)*
suet pudding *s.* suet
sufficient, sufficiently genügend
sugar *v* zuckern
sugar Zucker *m*
sugar apple Schuppenannone *f*, Zuckerapfel *m (exotische Frucht)*
sugar beet Zuckerrübe *f*
sugar beet syrup Rübenkraut *n*, Zuckerrübensirup *m*
sugar bowl Zuckerdose *f*
sugar cane Zuckerrohr *n*
sugar crystals *pl* Hagelzucker *m*
sugar cubes *pl* Würfelzucker *m*

sugar refined as crystals Kristallzucker *m*

sugar snaps *pl*, **sugar snap peas** *pl* Zuckererbsen *fpl*, Zuckerschoten *fpl*

sugar/soft brown Farinzucker *m*

sugar sprinkler Zuckerstreuer *m*

sugared fruit Belegfrüchte *fpl*

sugared fruit puree gezuckertes Früchtemus *n*

sugarloaf Zuckerhut *m*

suggest *v* 1. anregen; 2. vorschlagen

suggestion 1. Anregung *f*; 2. Vorschlag *m*

suit *v* 1. passen (zu); 2. gut aussehen

suitable geeignet, passend, tauglich
• **this is not suitable for ...** das eignet sich nicht für ...

sulfur *(AE)*, **sulphur** *(BE)* Schwefel *m*

sulfurize *v (AE)* s. sulphurize

sulphurize *(BE)* schwefeln

sultana sultanine *f*

sum Betrag *m*, Summe *f*

summer Sommer *m*

summer pudding *(BE)* zusammen gekochte frische Himbeeren und Rote Johannisbeeren, die über Nacht zusammengepresst in einer mit Paniermehl bestreuten Form stehen; dann umgestülpt und mit Sahne als Nachtisch serviert

sumptuous opulent

Sunday roast Sonntagsbraten

sunflower oil Sonnenblumenöl *n*

sunflower seed Sonnenblumenkerne *mpl*

sunny side up *(AE)* Spiegelei *n (das nur auf einer Seite angebraten wird)*

sunshade Sonnenschirm *m*

superfine sugar *(AE)* s. castor sugar

superfluous überflüssig

supervise *v* überwachen

supper Abendbrot *n*, Abendessen *n (vgl. dinner)* • **have supper** *(weniger frml)* zu Abend essen

supplement Preisaufschlag *m*

supplementary zusätzlich

supplier Lieferant(in) *m(f)*

supply *v* beliefern, versorgen; zuführen

supply Belieferung *f*; Versorgung *f*

sure sicher

surface Oberfläche *f*

surprise *v* überraschen

surprise Überraschung *f*

surround *v* umranden

sweat *v* anschwitzen • **let the onions sweat for 5 minutes** die Zwiebeln 5 Minuten lang anschwitzen

swede Kohlrübe *f*, *(BE)* Kohlrübe *f*, Steckrübe *f*

sweep *v* kehren

sweet süß

sweet *(BE)* Süßigkeit *f*, Süßspeise *f*, Praline *f*, *(Aut)* Zuckerl *n*

sweet and sour süßsauer

sweet chestnut Esskastanie *f*

sweet corn Zuckermais *m*

sweet cucumber Pepino *f*

sweet fruit puree gezuckertes Früchtemus *n*

sweet lime Limette *f*

sweet onion Gemüsezwiebel *f*

sweet pepper milde Pfefferschote *f*, Gemüsepaprika *m*

sweet potato Batate *f*, Süßkartoffel *f*

sweetbreads *pl* Bries *n (Lamm, Kalb)*

sweeten *v* zuckern, versüßen; künstlich süßen *(mit Süßstoff)*

sweetened quark Quarkspeise *f*

sweetener Süßstoff *m*

swell *v* quellen (lassen)

swim *v* schwimmen

Swiss chard Mangold *m*, *(Tirol)* Piesl *m*

Swiss cheese Schweizer Käse *m (meist Emmental und Greyerzer)*

Swiss roll *(BE)* Biskuitrolle *f*, Biskuitroulade *f*

switch *v* **off** abschalten, ausmachen, ausschalten

switch *v* **on** anmachen, einschalten *(Licht)*

swivel-bladed peeler Sparschäler *m*

swordfish Schwertfisch *m (Meeresfisch, xiphias gladius; in den USA werden unter dem Namen "swordfish" oft Steaks vom Hammerhai serviert)*

syllabub *(BE)* kalte Nachspeise oder Getränk aus Milch oder Sahne, mit Zucker, Wein und Zitronensaft geschlagen. Viele Varianten, z. B. zusätzlich mit Eiweiß und Weinbrand

synthetic synthetisch

synthetic material Kunststoff *m*

syrup Sirup *m*

syrup density meter Sirupwaage *f*

T

T-bone steak T-Bone-Steak *m*
table Tisch *m* • **lay the table** den Tisch decken
table decoration Tischdekoration *f*, Tischschmuck *m*
table linen Tischwäsche *f*
table runner Tischläufer *m*
table salt Tafelsalz *n*
table wine Tafelwein *m*
tablecloth Tischdecke *f*
tablespoonful *(Abk.: tbsp)* Esslöffel voll
tableware Tafelgeschirr *n*
tail Schwanz *f*; Schwanzflosse *f*
take *v* nehmen
take *v* **away** entfernen, entziehen, herausnehmen
take *v* **off** ausheben *(leere Teller vor dem Gast vom Tisch nehmen)*
talent Talent *n*
talented begabt, talentiert
tallow Talg *m*
tamarind Tamarinde *f*
tangerine Tangerine *f (spätreifende, sehr kleine Mandarinenart, mit dunkelorangefarbener Schale)*
tank Tank *m*
tanning agents *pl* Gerbstoffe *mpl*
tap Hahn *m (Wasser)*
tap water Leitungswasser
tapioca Tapioka *m*
tarragon Estragon *m*
tart Torte *f*
tartaric acid Weinsäure *f*
tartlet Törtchen *n*, Tortelett *n*
tartlet tin Tortenförmchen *n*
taste *v* 1. schmecken; abschmecken; 2. kosten, verkosten
taste *v* **of** schmecken nach
taste Geschmack *m* • **as regards taste** geschmacklich
taste of its own Eigengeschmack *m*
tasteful geschmackvoll • **tastefully presented** stilvoll dargeboten
tasteless fad(e), ohne Geschmack, geschmacksneutral
taster menu Probiermenü *n*
tasting Verkostung *f*, Degustation *f*
tasty schmackhaft
tattie *(Schottisch für potato)* Kartoffel *f*
tax Steuer *f*
tbsp *s.* tablespoonful

tea 1. Tee *m*; 2. Abendbrot *n (in Schottland und Nordengland)* • **have tea** *(allgemein)* Tee trinken; zu Abend essen *(in Schottland und Nordengland)*
tea bag Teebeutel *m*
tea cloth Geschirrtuch *n*
tea infuser Tee-Ei *n*
tea strainer Teesieb *n*
tea towel *(BE)* Geschirrtuch *n*
tea trolley Teewagen *m*
teamwork Teamarbeit *f*
tear *v* **up** zerreißen
teaspoon Teelöffel *m*
teaspoon(ful) *(Abk.: tsp)* Teelöffel voll *(als Maßeinheit: in UK = 5 ml, in US = 4.93 ml)*
temperature Temperatur *f* • **have the right temperature** temperiert sein *(Wein)*
template Schablone *f*
tempting verführerisch
tenant Pächter(in) *m(f)*
tench Schleie *f (Süßwasserfisch, tinca tinca)*
tender weich, zart *(Fleisch)*
tenderise *v (BE)* weich machen, zart machen
tenderize *v (AE) s.* tenderise
tension Spannung *f (auch im übertragenen Sinn)*
tepid lauwarm
terrine Terrine *f*
thaw *v* auftauen
thermometer Thermometer *m(n)*
thermometer probe, thermometer sonde Stichthermometer *m(n)*
thermos®, thermos® flask Thermoskanne *f*, Isolierkanne *f*
thermostat Temperaturregler *m*, Thermostat *m*
thick dick, dickflüssig; sämig
thicken *v* eindicken
thickening agent Bindemittel *n*
thickness Dicke *f*
thin *v* **(down)** verdünnen
thin dünn; dünnflüssig
thirst Durst *m*
thirsty durstig • **be thirsty** Durst haben
thorn Dorn *m*, Stachel *m*
thorough, thoroughly gründlich
thoughtlessness Gedankenlosigkeit *f*, Leichtsinn *m*
thread Faden *m*
three-course meal dreigängiges Menü *n*
three-sided dreieckig

three-way socket Dreifachsteckdose *f*
throw *v* **away** wegwerfen
thyme Thymian *m, (Aut)* Kuttelkraut *n*
tidbit *(AE) s.* titbit
tie *v* **up** zusammenbinden
tilapia Tilapia *m (Meeres- und Brackwasserfisch, oreochromis sp.)*
tilting frying pan Kippbratpfanne *f*
tilting kettle Kippkochkessel *m*
time Zeit *f*; Uhrzeit *f* • **Do you have the time?** Wie viel Uhr ist es bitte?
time of year Jahreszeit *f* • **depending on the time of year** von der Jahreszeit abhängig, jahreszeitlich bedingt
time switch Zeitschaltuhr *f*
timer Stoppuhr *f*
tin *(BE)* Dose *f*
tin opener *(BE)* Dosenöffner *m*
tin plate Weißblech *n*
tinned *(BE)* konserviert
tip *v* **over** (um)kippen
tip *v* **sb** jdm ein Trinkgeld geben
tip Trinkgeld *n*
titbit *(BE)* Häppchen *n, (Aut, Bay)* Schmankerl *n (ein feiner Leckerbissen)*
toad Kröte *f*
toad-in-the-hole *Fleisch oder Würstchen, in einen Yorkshire-Pudding-Teig eingebacken*
toast *v* rösten, toasten *(Brot)*
toaster Toaster *m*
toffee Toffee *f*
tofu Tofu *m*
tomato *(plural: tomatoes)* Tomate *f, (Aut)* Paradeis(er) *m*
tomato paste Tomatenpaste *f (auf ein Sechstel des Volumens eingedickt)*
tomato puree Tomatenmark *n*
tomato sauce Tomatensoße *f*
tongs *pl* Zange *f (für Würfelzucker u. Ä.)*
tongue Zunge *f*
tool Gerät *n*, Werkzeug *n*
toothed sparus Zahnbrasse *m (Meeresfisch, dentex dentex)*
toothpick Zahnstocher *m*
top-fermented obergärig *(Bier)*
top *v* **up** nachschenken • **Can I top you up?** Darf ich Ihnen nachschenken?
topside (of beef) Oberschale *f (Teil der Rinderkeule, als Bratenstück)*
torso Rumpf *m*
toss *v* schwenken *(in heißem Fett oder Öl)*
toss *v* **salad** Salat heben
touch *v* anfassen, berühren

tough zäh
toughen *v* stärker machen, fester machen
tourist menu Touristenmenü *n*
towel Handtuch *n*
toxic giftig
traceability Rückverfolgbarkeit *f (Herkunftsnachweis für Fleisch oder Geflügel)*
trade name, trademark Handelsbezeichnung *f*, Handelsmarke *f (Symbol: ™)*
trade sample Warenprobe *f*
tradition Tradition *f* • **a long-standing tradition** eine langjährige Tradition
traditional traditionell
train(-oil) Tran *m*
tranquillity Ruhe *f*, Stille *f*
transparent durchsichtig, transparent
transport Transport *m*
trash *(AE)* Abfall *m*
trash bag *(AE) s.* rubbish bag
trash can *(AE) s.* rubbish bin
tray Servierbrett *n*, Tablett *n*
treacle *(BE)* Sirup *m*
treat *v* behandeln, verarbeiten
tree tomato Baumtomate *f*, Tamarillo *f*
trendy im Trend liegend
triangular dreieckig
trick Trick *m*
trifle *Art Götterspeise auf Biskuit: kalter Nachtisch aus Biskuitkuchen mit Marmelade oder Fruchtaufstrich, mit Wein oder Sherry benetzt und mit Vanillesoße oder Vanillepudding und Schlagsahne bedeckt*
trim *v* zurechtschneiden *(mit einem Messer)*
trimmings *pl (BE)* 1. Abfälle *mpl*, Abgänge *mpl (z. B. von Fleisch)*; 2. Beilagen *fpl* • **a Christmas dinner with all the trimmings** ein Weihnachtsessen mit allem Drum und Dran
tripe *(nur sing)* Kaldaunen *fpl*, Gekröse *n (vom Kalb)*; *(Aut, SüdD)* Kutteln *fpl*
tripe from the calf Kalbsgekröse *n*
triple socket *s.* three-way socket
trivet 1. Untersetzer *m*; 2. Dreifuß *m*
trolley 1. Wagen *m*, Servierwagen *m*, Geschirrtransportwagen *m*; 2. Einkaufswagen *m*
trotter Spitzbein *n (Schwein)*
trout Forelle *f (allgemein, meist Seeforelle)*
trout/brown Bachforelle *f (Süßwasserfisch, salmo trutta)*
truffeled getrüffelt
truffle Trüffel *m*
trunk Rumpf *m*

truss v dressieren *(Geflügel)*
trussing needle Bridiernadel f
trust v vertrauen • **trust in sb** jdm vertrauen
trustworthy zuverlässig
try v versuchen
tsp s. teaspoon(ful)
tub Papierbecher m • **a tub of ice cream** ein Becher Eis
tub gurnard (Roter) Knurrhahn m *(Meeresfisch, trigla lucerna)*
tube Schlauch m
tuber, tubercle Knolle f
tuna (großer) Thunfisch m *(Meeresfisch, thunnus thynnus L.)*
turbot Steinbutt m *(Meeresfisch, bothus maximus L.)*
tureen Terrine f
turkey Truthahn m, Puter m
turkey hen Pute f
turmeric Kurkuma n
turn v drehen, tourieren *(Butter oder Fett in Teig einarbeiten, z. B. für Blätterteig)*
turn v **off** zudrehen
turn v **over** umkippen
turn v **round** umdrehen, wenden
turnip Rübchen n, Rübe f, Steckrübe f
turnover 1. Umsatz m; 2. *Gebäck: ein Viereck oder Kreis, aus Blätterteig oder anderem Teig, meist mit süßer oder auch gesalzener Füllung*
turnspit Bratenwender m
tweezers pl Pinzette f • **a pair of tweezers** eine Pinzette
twine Küchengarn n
type of grape Rebsorte f

U

udder Euter n
unbalanced unausgewogen
unbreakable unzerbrechlich
uncork v entkorken
underdone sehr wenig angebraten, "englisch", "rosa" *(Fleisch)*
undesirable unerwünscht
undiluted unverdünnt
undrinkable s. unpalatable
uneatable s. unpalatable
unexpected unvermutet, unerwartet
unfold v (sich) entfalten

unity Einheit f
universal product code *(Abk.: UPS) (AE)* Strichcode m
unleavened bread Matze f, ungesäuertes Brot n
unpalatable ungenießbar
unpasteurised milk *(BE)*, **unpasteurized milk** *(AE)* Rohmilch f
unrefined sugar Rohzucker m
unripe grün, unreif *(Obst)*
unripe spelt grain Grünkern m
unsaturated fatty acids pl ungesättigte Fettsäuren fpl
unusual ungewöhnlich, ungewohnt • **an unusual characteristic** eine Besonderheit
unwelcome s. undesirable
UPS *(AE)* s. universal product code
urgent dringend • **do sthg urgently** etw Dringendes erledigen
use v verwenden; verbrauchen
use Verwendung f
usual gewöhnlich
usual in commerce handelsüblich
utensil Gerät n, Werkzeug n

V

vacation *(AE)* s. holiday
vacuum cleaner *(AE)* s. hoover®
vacuum-packed vakuumverpackt
valuable kostbar, wertvoll
value Wert m
value added tax *(Abk.: VAT)* Mehrwertsteuer f, MwSt. • **"including VAT"** „einschließlich MwSt."
value for money Preis-Leistungsverhältnis n • **get value for money** etwas für sein Geld bekommen • **this is great value for money** hier stimmt das Preis-Leistungsverhältnis
vanilla bean *(AE)* s. vanilla pod
vanilla pod Vanillestange f
vanilla sauce Vanillecreme f *(leichte)*; Vanillesoße f
vanilla sugar Vanillezucker m
variant Variante f
varied abwechslungsreich; vielseitig
variety 1. Art f, Sorte f; 2. Vielfalt f
various verschieden, unterschiedlich

vary v variieren, sich unterscheiden, unterschiedlich sein
VAT s. value added tax
veal Kalb n; Kalbfleisch n
veal cutlet in a cream sauce Rahmschnitzel n
veal medallion Kalbsmedaillon m
veal nut Kalbsnuss f
veal sausage Weißwurst f
vegan vegan
vegan Veganer(in) m(f)
vegetable pflanzlich
vegetable Gemüse n • **vegetables** Gemüse • **early vegetables** Frühgemüse
vegetable algae Gemüsealgen fpl
vegetable broth Gemüsebrühe f
vegetable burger Bratling m
vegetable curry Gemüse-Curry m
vegetable cutter Gemüseschneider m, Mandoline f
vegetable knife Gemüsemesser m
vegetable marrow Gemüsekürbis m; Zucchini f (eigentlich italienischer Plural)
vegetable patty (AE) s. vegetable burger
vegetable protein pflanzliches Eiweiß n
vegetable slicer Gemüsehobel m, Mandoline f
vegetable spaghetti (AE) Spaghettikürbis m
vegetable stock Gemüsebrühe f
vegetarian vegetarisch
vegetarian Vegetarier(in) m(f)
veggie burger s. vegetable burger
velvet (swimming) crab Samtkrabbe f, Schwimmkrabbe f (Meereskrebstier, portunus puber L.)
velvety samtig
venison Wild n, Wildbret n (Hirsch, Reh)
ventilation Lüftung f
venus mussel/brown Braune Venusmuschel f (Meeresweichtier, pitaria chione)
venus mussel/warty Warzige Venusmuschel f (Meeresweichtier, venus verrucosa)
verify v verifizieren, nachprüfen, überprüfen
vermicelli Fadennudeln fpl
vertical senkrecht
vervain tea Eisenkrauttee m
vin ordinaire s. table wine
vine Weinstock m
vine-ripened tomato Strauchtomate f
vinegar Essig m
vinegar essence Essigessenz f (im All-

gemeinen 25-40 % Säure, bei Verwendung in der Küche 10 %)
vineyard Weinberg m
vintage Jahrgang m (Wein)
vintner s. wine dealer
violation Verstoß m
violet Veilchenblüte f
virgin nur für Olivenöl: kaltgepresst
virgin olive oil natives Olivenöl (< 2 % Säure)
viscous zähflüssig, viskös
visible sichtbar
visitor book Gästebuch n
vol-au-vent Blätterteigpastete f
volume Volumen n, Inhalt m
voucher Gutschein m • **a voucher for 100 Euro** ein Gutschein im Wert von 100 Euro

W

wafer 1. Waffel f (mit oder für Eiskrem); 2. (Back-)Oblate f
waffle Waffel f
waffle iron Waffeleisen n
wait v 1. warten; 2. bedienen • **wait on sb** jdn bedienen
waiter Kellner m
waiting period, waiting time Wartezeit f
waitress Kellnerin f
wall cupboard Wandschrank m
walnut Walnuss f, (Aut, CH) Baumnuss f
walnut kernel Walnusskern m
want v 1. wollen; 2. brauchen
warm warm
warm v up s. heat up
warmth Wärme m
warning lamp Kontrolllampe f
wash v waschen
wash v the dishes (AE) abwaschen, abspülen
wash v up (Geschirr) spülen
washable abwaschbar
washbasin Waschbecken n
washing-up Geschirrspülen n • **do the washing-up** (BE) abwaschen, abspülen
washing-up room Geschirrspülraum m
waste v verschwenden
wastefulness Verschwendung f
water v gießen (Blumen); begießen
water Wasser n

water heater Warmwasserbereiter *m*
water melon Wassermelone *f*
water-soluble wasserlöslich
water tap Wasserhahn *m*
watercress Brunnenkresse *f*
watery wässerig
wavy gewellt
wax bean Butterbohne *f*, Wachsbohne *f*, (Aut) Spargelbohne *f (gelbe Bohnensorte)*
wax paper *(AE) s.* greaseproof paper
weather Wetter *n*
weave *v* flechten
weaver fish *s.* weever
wedge Keil *m*, keilförmiges Stück *n (z. B. von einem Kuchen)*
weekly market Wochenmarkt *m*
weever Petermännchen *n (Meeresfisch, versch. Arten von trachinidae)*
weigh *v* wiegen
weighing Wiegen *n*
weight Gewicht *n* • **by weight** nach Gewicht
weight class Gewichtsklasse *f (Eier, Obst)*
welcome *v* begrüßen • **"We welcome families!"** "Wir sind ein familienfreundlicher Betrieb!"
welcome, welcoming Begrüßung *f*
well Mulde *f (im Mehl)*
well-being Wohl *n*, Wohlbefinden *n*
well-done durchgebraten, durchgegart
well-seasoned pikant, gut gewürzt
Welsh rabbit, Welsh rarebit *Toast mit geschmolzenem Käse, Bier oder Milch übergossen und kurz gegrillt; walisische Spezialität*
Wensleydale *Hartkäse aus Kuhmilch, in weißer und blauer Variante. Die blaue Variante ähnelt dem Stilton, ist aber weniger marmoriert und weicher und süßer. Ca. 45 % Fett. i. Tr.*
West Indian cherry Acerola *f*, Barbadoskirsche *f*, Jamaikakirsche *f*
wet *v* anfeuchten
wheat Weizen *m*, Weizen…
wheat germ Weizenkeim *m*
wheat germ oil Weizenkeimöl *n*
wheat meal, wheatmeal Weizenschrot *m*
wheat(en) flour Weizenmehl *n*
whelk Wellhornschnecke *f (Meeresweichtier, verschiedene Arten von buccinidae)*
whetstone Wetzstahl *m*, Wetzstein *m*
whey Molke *f*
whey powder Molkenpulver *n*

whip *v* schlagen, (CH) schwingen *(mit Rührbesen: Ei, Sahne)*
whip *Art Cremespeise*
whipped cream geschlagene Schlagsahne *f*, (Aut) Schlagobers *m*
whisk *v* aufschlagen *(Ei, Sahne)*; verquirlen, mit dem Quirl verrühren, (Aut) absprudeln • **whisk up** schaumig schlagen
whisk *(BE)* Schlagbesen *m*, Schneebesen *m*; Quirl *m*
whisked egg white Eischnee *m*
white weiß
white butter sauce weiße Buttersoße *f*
white cabbage Weißkohl *m*
white fricassee Blankett *n*
white sausage Weißwurst *f*
whitebait *s.* sprat
whitefish 1. Weißfisch *m*; 2. *auf Speisekarten manchmal diskrete Bezeichnung für Haifischfleisch*
whiting Merlan *m*, Wittling *f (Meeresfisch, merlangius merlangus)*
whole ganz • **on the whole** im Ganzen
whole cheese Laib *m (Käse)*
whole milk *(AE) s.* full-cream milk
wholemeal bread Vollkornbrot *n*
wholemeal flour Vollkornmehl *n*
wholemeal *(BE)*, **whole-wheat** *(AE)* Schrot *m*
wholesale market Großmarkt *m*
wholesale trade Großhandel *m*
wholesome 1. gesund *(Essen)*; 2. verträglich, bekömmlich
wholesomeness 1. Gesundheit *f*; 2. Verträglichkeit *f*, Bekömmlichkeit *f*
wide 1. weit; 2. breit *(z. B. Straße)*; 3. umfangreich *(Sortiment, Erfahrung)*
wienie *(AE)* Wiener Würstchen *n*
wild boar Wildschwein *n*
wild duck Wildente *f*
wild garlic Bärlauch *m*
wild garlic paste Bärlauchpaste *f*
wild herbs *pl* Wildkräuter *npl*
wild strawberry Walderdbeere *f*
wild thyme Quendel *m*
wilted verwelkt
win *v* gewinnen
winder Kurbel *f*
wine Wein *m*
wine arbor *(AE)*, **wine arbour** *(BE)* Weinlaube *f*
wine cellar Weinkeller *m*
wine cooler Weinkühler *m*

wine dealer Weinhändler(in) *m(f)*
wine grower Winzer(in) *m(f)*
wine jelly Weingelee *n*
wine leaves *pl* Weinblätter *npl*
wine list Weinkarte *f*
wine rack Flaschenregal *n*
wine storage cabinet Klimaschrank *m*
wine tasting Weinprobe *f*
wine vinegar Weinessig *m*
wine waiter Sommelier *m*
wine waitress Sommelière *f*
wine yeast Weinhefe *f*
wine yeast brandy Weinhefegeist *m*
winery Weinkellerei *f*
wing Flügel *m*
winkle Strandschnecke *f (Meeresweichtier, littorina littorina)*
winter endive Winterendivie *f*
wipe *v* abwischen, (ab)putzen
wipeable abwaschbar
wire Kabel *n*
wire mesh, wire rag Gitter *n*, Drahtgitter *n*
wire sieve Drahtsieb *n*
wish *v* wünschen
witch flounder *s.* lemon sole
withdraw *v* entziehen, (sich) zurückziehen
within one's means erschwinglich
wok Wok *m*
wood Holz *n*, Holz...
wood pigeon Ringeltaube *f*
woodcock Schnepfe *f*
wooden aus Holz
wooden spoon Kochlöffel *m*
woodruff Waldmeister *m*
Worcestershire sauce *würzige Kräutersoße, erstmalig von Lea & Perrins of Worcester 1837 hergestellt, heute als Kräuterzusatz weltweit bekannt. Ursprünglich aus Indien, mit Sojasoße, Essig, Melasse, Anchovis, Zwiebeln, Chili und anderen Gewürzen, sowie Limonen- und Tamarindesaft*
work *v* **on (sthg)** (etw) bearbeiten
work *v* **together** zusammenarbeiten
work(ing) day Werktag *m*
wrap *v* **in bacon** bardieren
wrap *v* **round** umwickeln
wrap *v* **up** verpacken; einwickeln
wrapped in pastry im Teigmantel

wrapping Hülle *f*
wrasse Lippfisch *f (Meeresfisch, labrus maculata)*
write *v* schreiben
write *v* **down** aufschreiben

Y

yam Yam(swurzel) *f*
yard *britische Längeneinheit = 0,9144 m (Abk.: yd)*
yd *s.* yard
year Jahr *n* • **all year round** das ganze Jahr über • **all year long** das ganze Jahr lang
yeast Hefe *f (allgemein)*
yeast/brewer's Bäckerhefe *f*, Bierhefe *f*, *(Aut, Bay)* Germ *m(f)*
yeast dough Hefeteig *m*
yeast dumpling Dampfnudel *f*
yeast-risen pastry Hefegebäck *n*
yellow gelb
yellow passion fruit Maracuja *f (exotische Frucht)*
yellow turnip *(AE)* Kohlrübe *f*
yellowtail catfish Pangasius *m (Süßwasserfisch, pangasius hypophthalmus)*
yoghurt Joghurt *m*
yolk Dotter *m*
Yorkshire pudding *kleine, runde, herzhafte Törtchen aus einem Teig von Milch, Eiern und Mehl, die mit dem Rinderbraten im Ofen gebacken und zum Braten serviert werden*
young jung
young deer Hirschkalb *n*
young partridge junges Rebhuhn *n*
young wild boar Frischling *m*

Z

zest (of citrus fruit) Schale *f (Zitrusfrüchte)*
zucchini (squash) *(AE) s.* courgett(e)
zwieback *(AE)* Zwieback *m*

Deutsch – Englisch

A

Aal *m* eel *(migratory fish, anguilla anguilla)*
Aal *m* **in Aspik** gellied eels *pl*
Abalone *f* abalone, ormer *(mollusc, haliotis sp.)*
abbinden *v s.* 1. legieren; 2. umwickeln/-mit Bindfaden
abbräunen *v* brown
abbrennen *v (Aut)* 1. pour hot butter or hot fat (over sthg); 2. flambé
abbrühen *v s.* blanchieren
abdecken *v s.* zudecken
Abendbrot *n*, **Abendessen** *n* dinner; supper *(less formal)*; tea *(Scotland and Northern England)* • **zu Abend essen** have dinner, have supper; have tea *(Scotland and Northern England)*
Abendessen *n* **bei Kerzenschein** candlelight dinner
Abfall *m (BE)* rubbish, refuse, *(AE)* trash, *(AE)* garbage
Abfalleimer *m (BE)* rubbish bin, *(AE)* trash can, *(AE)* garbage pail
abflachen *v* flatten
abflämmen *v* flambé
Abfüllung *f* 1. bottling *(process)*; 2. bottled liquid *(liquid)*
Abgabe *f s.* Steuer
abgepackt packaged
abgepackt/nicht loose
abhängen *v* hang *(meat, game)*
abhängen lassen *v* leave to hang *(e.g. meat, game)*
abhängig (von) depending (on)
abhäuten *v* skin
abklären *v s.* absetzen/sich
abkühlen (lassen) *v* (let) cool down
ablagern *v s.* absetzen/sich
Ablaufgitter *n* plate rack
Ablaufrinne *f s.* Saftrinne
ablöschen *v* add liquid to a roast *(e.g. water or wine)*
ablösen *v/sich* come off, become detached
abnehmbar detachable, removable
abrebeln *v (Aut, SüdD)* strip off *(e.g. thyme leaves from the stalk)*
abreiben *v* grate
absagen *v* cancel
abschmälzen *v s.* schmälzen
abschmecken *v* 1. season sthg *(with spices or herbs)*; 2. taste *(food, drink)*

abschneiden *v s.* schneiden
abschöpfen *v/***Fett** *s.* entfetten
abschöpfen *v/***Rahm** *s.* entrahmen
abschöpfen *v/***Schaum** *s.* entschäumen
abschrecken *v* rinse with cold water
abschütten *v* drain (off)
abschwarten *v* remove rind
abseihen *v* strain *(through a sieve)*
absengen *v* singe off, scorch off
absetzen *v/***sich** deposit, settle *(sediment)*
absplittern *v* chip off
absprudeln *v (Aut)* mix, whisk, mix with a whisk
abspülen *v* 1. rinse *(a plate, pot)*; 2. *(BE)* wash up, *(AE)* wash the dishes
abtauen *v* 1. defrost *(a refrigerator)*; 2. thaw, melt
Abteilungskellner *m s.* Oberkellner
abtrocknen *v/***etw** dry up sthg
abtropfen (lassen) *v* (let) drain
Abtropfsieb *n* colander
abwechselnd alternately
abwechslungsreich varied
abziehen *v/***Haut** skin
abziehen *v/***Messer** sharpen *(knife)*
Abzugshaube *f* extractor hood
Acerola *f s.* Barbadoskirsche
Ackersalat *m s.* Feldsalat
adstringierend *s.* beißend
Akzent *m s.* Note
Alge *f* alga *(plural: algae)*
Alkohol *m* alcohol • **ohne Alkohol** non-alcoholic
Alkoholgehalt *m* percentage of alcohol
Alse *f* allis shad *(fresh water fish, alosa alosa)*
alt old
altbacken stale *(bread)*
Alufolie *f (BE)* kitchen foil, tin foil, *(AE)* aluminum foil
Amarant *m* amaranth
Amchur *m* amchoor
Ananas *f* 1. pineapple; 2. *in Aut and Bay: a variety of strawberry*
Anbau *m/***aus biologischem** organically grown
Anbau *m/***aus eigenem** homegrown, from our own gardens
anbraten *v* brown *(meat, etc.)*
anbraten *v/***scharf** brown, sear
anbräunen *v/***goldgelb** brown lightly
anbrennen *v* burn
Anchovis *m* anchovy *(salt water fish, engraulis encrasiocolus)*

anfeuchten v moisten, wet
Anken m (CH) butter
anlaufen lassen v (Aut) steam or roast lightly
anmachen v dress (salad)
anreichern v enrich
anrichten v prepare (food); dress (salad, crab, meat, etc.); serve
Anrichtetisch m sideboard
anrühren v stir, mix
Ansager(in) m(f) person who calls out orders to the kitchen in a restaurant
anschneiden v make the first cut, cut
Anschnitt m first slice (meat); heel (bread, cheese)
anschwitzen v lightly sauté
anspruchsvoll demanding; sophisticated
anzünden v light, set fire to
Aperitif m aperitif
Apfel m apple
Apfelkoch n (Aut) apple purée, apple sauce
Apfelkraut n apple syrup
Apfelkren m (SüdD, Aut) apple horseradish (spicy garnish made with grated apple and horseradish root with stock, vinegar and salt; originally an Austrian speciality)
Apfelmost m cider
Apfelmus n apple purée, apple sauce
Apfelsine f orange
Apfelstrudel m apple strudel
Apfelwein m cider
Apparat m s. Gerät
Appetit m appetite • **Guten Appetit!** Enjoy your meal!
Appetithäppchen n appetizer
appetitlich appetizing • **etw ist appetitlich hergerichtet** sthg looks appetizing
Aprikose f apricot
aprikotieren v glaze with apricot jam
Aranzini mpl (Aut, CH) candied orange peel (singular)
Arbeiten fpl/**vorbereitende** preparations
Arme Ritter mpl French toast (singular)
Aroma n flavour
Art f 1. species; 2. way • **nach Art des Hauses** à la maison
Artischocke f artichoke
Artischockenboden m artichoke base
Aschanti fpl (Aut) peanuts
Äsche f grayling (fresh water fish, thymallus thymallus)

Asche f 1. cinder, embers pl (still glowing); 2. ash, ashes pl (cold)
Aschenbecher m ashtray
Aspik n aspic (meat, fish) • **in Aspik** gellied
Aubergine f (BE) aubergine, (AE) eggplant
aufarbeiten v s. formen
aufbewahren v keep
aufbrechen v gut (game)
aufdressieren v decorate
aufeinanderlegen v stack sthg on top of sthg, place sthg on top of sthg
aufgehen v rise (dough)
aufgießen v pour onto; add water or stock to (roast, etc.)
aufhängen v hang up
aufkochen v boil
aufkochen lassen v bring to the boil
Auflagen fpl/**behördliche** official regulations
Auflauf m soufflé
Auflaufform f soufflé dish
auflösen v/**etw** dissolve sthg
auflösen v/**sich** disintegrate
aufnehmen v s. aufsaugen
Aufnehmer m (floor) cloth
Aufpreis m additional charge, extra charge • **ohne Aufpreis** at no extra charge
aufquellen v swell (pulses); rise (dough)
aufrahmen v cream (add extra cream)
aufsaugen v absorb
aufschlagen v s. schlagen/schaumig
aufschneiden v cut (general); slice (bread, cheese, etc.); carve (roast)
Aufschnitt m slices of cold meats or cheeses, assorted sliced meats or cheeses; formal: charcuterie
Aufschnittware f s. Aufschnitt
aufschreiben v write down, make a note of
aufspießen v skewer
auftauen v thaw
aufwallen v s. aufkochen
aufwändig lavish, extravagant
aufwärmen v s. erhitzen
aufwarten v s. bedienen
ausbeinen v bone
Ausbeinmesser n boning knife
ausbreiten v spread out
Ausgabe f serving
Ausgabebuch n ledger of supplies to the kitchen

ausgeben v serve (food, drink) • **Ich geb'
dir einen aus!** (infrml) I'll buy you a drink!
ausgeglichen balanced, harmonious
ausgeprägt pronounced (taste, smell)
ausgereift mellow (wine)
ausgewogen balanced
ausgezeichnet excellent
Ausguss m sink
ausheben v remove empty or used dishes
after every course
auskosten v (BE) savour, (AE) savor
auskristallisieren v (BE) crystallise, (AE)
crystallize (sugar)
auslassen v melt (butter); render (fat, etc.)
ausleeren v s. leeren
auslegen v/eine Form line a mould
auslösen v s. ausbeinen
ausnehmen v gut (fish, poultry, game)
ausrollen v roll out (dough)
ausschalten v switch off, turn off
ausschenken v serve (drinks)
ausschneiden v cut out
Außengastronomie f outdoor catering
aussieben v s. durchsieben
ausspülen v s. spülen
Ausspülen n s. Spülen
ausstatten v equip, furnish
Ausstattung f equipment, furnishings pl
Ausstecher m, **Ausstechform** f (BE)
(biscuit) cutter, (AE) cookie cutter
Auster f oyster
Austernpilz m oyster mushroom
austrocknen v dry out, dry up
Auswahl f choice, selection
auswählen v choose, select
auswalken v (Aut) roll out (dough)
Auszeichnung f award
Auszubildende(r) f(m) apprentice
Avocado f avocado

B

Babaco f babaco (exotic papaya fruit)
Bachforelle f brown trout (fresh water fish,
salmo trutta)
Backapfel m s. Bratapfel
Backblech n (BE) baking tray, (AE) baking
pan
Backe f s. Wange
backen v bake
Backen n baking

Bäcker baker • **beim Bäcker** at the
baker's
Backerbsen fpl small hard pasta balls
added to soup
Bäckerei f baker's (shop)
Bäckereien fpl (Aut) (BE) biscuits, (AE)
cookies
Backfett n (BE) cooking fat, (AE) shorten-
ing
Backfisch m fried fish
Backform f baking tin
Backform f/flache flat baking tin
Backhendl n fried chicken in bread-
crumbs (Viennese speciality)
Backhitze f s. Backtemperatur
Backhonig m baker's honey
Backmischung f bread mix; cake mix
Backoblaten fpl (baking) wafers
Backobst n dried fruit
Backofen m oven • **in den Backofen
schieben** put in the oven
Backpapier n baking paper
Backpflaume f prune
Backpulver n baking powder
Backröhre f s. Backofen
Backschinken m baked ham
Backteig m dough (for bread or biscuits);
batter (for cake or pancakes)
Backtemperatur f oven temperature
Backwerk n (BE) biscuits, (AE) cookies
Backzeit f baking time
Baderli n (CH) rosehip
bähen v (Aut) roast lightly in the oven
Baiser m (Aut, gelegentlich auch reg. D)
meringue
Baiser m **mit Schlag** meringue with
whipped cream
Ball m ball
Ballaststoffe mpl roughage (singular)
Bällchen n small ball
Balsampflaume f Jamaica plum, Spanish
plum (exotic fruit)
Bambus m bamboo
Bambussprossen fpl bamboo shoots
Banane f banana
Banane f/Rote red banana
Bankett n banquet
Bankettwagen m banquet trolley
Barbadoskirsche f West Indian cherry
Barbe f barbel (fresh water fish, barbus
barbus)
bardieren v wrap in bacon
Bärenkrebs m slipper lobster (crustacean,
scyllarides sp.)

Bargeld *n* cash
Barhocker *m* bar stool
Bärlauch *m* bear's garlic, wild garlic
Bärlauchpaste *f* wild garlic paste
Barriquewein *m* *wine matured in oak casks of about 200 litres; in French: "barrique"*
Barsch *m* 1. perch *(fresh water fish, perca fluviatilis)*; 2. sea bass *(salt water fish, labrax lupus)*
Basilikum *n* basil
Basler Mehlsuppe *f* *dark roux with onions tossed in lard and beef stock*
Bataviasalat *m* Batavia lettuce
Bauch *m* belly
Bauchspeck *m* streaky bacon
Bauernbrot *n* coarse brown bread
Bauernomelett *n* *omelette made with eggs, potatoes, bacon and onions*
Baumnuss *f (Aut, CH)* walnut
Baumtomate *f* tree tomato, tamarillo
Baumwolle *f* cotton
beachten *v* heed, pay attention to • **man beachte ...** please note ..., *(frml)* N.B. ...
beachtlich remarkable
beanstanden *v/etw* complain about sthg
Beanstandung *f* complaint
bearbeiten *v/etw* work on sthg
Becher *m* 1. cup *(small)*; mug *(large)*; 2. goblet *(wine)*; 3. tub *(ice cream)*
Bedarf *m* need, requirement • **bei Bedarf** as needed
bedecken *v* cover
bedienen *v* serve, wait (on)
Bedienung *f* 1. service *(work done for customers)*; 2. waiter, waitress *(member of staff serving at table)*
Bedienungsfeld *n* control panel
Bedienungsgeld *n* service charge • **Bedienungsgeld inbegriffen** service included • **Bedienungsgeld nicht inbegriffen** service not included
Beefsteak *n* steak
Beefsteak *n/deutsches s.* Hackbraten
beeilen *v/sich* hurry
beenden *v* end, finish; conclude
Beere *f* berry
Beerenobst *n* soft fruit
befeuchten *v s.* anfeuchten
begießen *v* water, baste *(meat)*; pour over, pour on
begießen *v/tropfenweise* pour drop by drop
begleiten *v* accompany

begrüßen *v* greet, welcome
Begrüßung *f* greeting, welcoming
behalten *v* keep
Behälter *m* container
behandeln *v* treat
behindert disabled
Behindertentoilette *f* disabled toilette
beidseitig on both sides
Beilage *f (BE)* garnishings *pl*, side dish; *(AE)* fixings *pl*, *(AE)* trimmings *pl* • **mit Beilage** with a side dish
beimengen *v* add, mix in; blend
Beinfleisch *f (Aut)* meat with bones
Beinscheibe *f* slice of meat from the lower leg *(with bone and marrow, used for soups)*
Beiried *n (Aut)* roast beef
Beispiel *n* example
beispielhaft exemplary
beißend astringent
Beistelltisch *m* occasional table, side table
Beitrag *m* contribution
beitragen *v* contribute
Beize *f* marinade *(game)*
beizen *v* marinate *(game)*
bekömmlich (easily) digestible, light
Belegfrüchte *fpl* sugared fruit *(singular)*
beleuchten *v* illuminate, shine a light on
Beleuchtung *f* lighting
beliebt popular
beliefern *v* supply
Belieferung *f* supply
bemerkenswert remarkable
benetzen *v* moisten, sprinkle *(with water, brandy etc.)*
benötigen *v* need, require
beraten *v/jdn* advise sb (on sthg), give sb advice (on sthg)
berechnen *v* calculate
Berechnung *f* calculation
bereitstellen *v* 1. provide; 2. *s.* vorbereiten
Bergamotte *f* bergamot orange
Bergkäse *m* mountain cheese
Berliner Pfannkuchen *m (BE)* jam doughnut, *(AE)* jelly doughnut
Berliner Weiße *f* *top-fermented wheat ale, sometimes served with a splash of raspberry or woodruff syrup; originally from Berlin*
Berner Platte *f* *sauerkraut with added sausage on a thick slice of blood and*

tongue sausage from Bern, served with potatoes
berücksichtigen *v* take into account, take into consideration
beschichtet coated
beschlagen *v* mist up, steam up
beschmutzen *v* get sthg dirty
Beschwerde *f* complaint
beschweren *v/sich* complain
Besen *m* broom, brush
Besenwirtschaft *f s.* Straußwirtschaft
besetzt occupied, taken
Besitzer *m* owner
Besonderheit *f* peculiarity
Bestandteil *m* component, part
Besteck *n (BE)* cutlery, *(AE)* silverware, *(AE)* flatware
Besteckkasten *m (BE)* cutlery box, *(AE)* silverware box, *(AE)* flatware caddy
bestehen *v* **aus** consist of
bestellen *v* order, reserve • **einen Tisch bestellen** book a table, make a reservation
Bestellung *f* order, reservation • **auf Bestellung zubereitet** cooked to order
bestreichen *v/mit etw* spread with sthg
bestreuen *v/mit etw* sprinkle with sthg
Bete *f/Rote (BE)* beetroot, *(AE)* (red) beet
Bett *n* bed
Beuscherl *n* ragout with lung and heart, made with vinegar or white wine (South German speciality)
Beutel *m* bag, sachet
bevorzugen *v* prefer
Bier *n* beer • **ein Bier trinken gehen** have a beer • **lass uns ein Bier trinken gehen** *(BE)* let's go for a pint, *(AE)* let's go for a beer
Biergarten *m* beer garden
Bierhefe *f* brewer's yeast
Bierschinken *m* finely grained sausage with large pieces of ham
Bierstängel *m* savoury bread sticks, generally served with beer
Bilanz *f* balance • **Bilanz ziehen** take stock, balance the books
billig cheap
Binätsch *m (CH)* spinach
Bindemittel *n* thickening agent
binden *v s.* legieren
Bindfaden *m* string • **mit Bindfaden umwickeln** tie with string
Bio... organic ...

biologisch biological *(general)*; organic *(according to certain standards)*
biologisch abbaubar biodegradable
• **biologisch nicht abbaubar** non-biodegradable
Biomarkt *m* organic food market
Birkhuhn *n* black grouse
Birne *f* pear *(fruit)*
Birnengeist *m* pear brandy
Birnenmost *m* perry
Biskotte *f (Aut) (BE)* sponge finger, *(AE)* ladyfinger
Biskuitrolle *f*, **Biskuitroulade** *f (BE)* Swiss roll, *(AE)* jelly roll
Biskuitschöberl *npl (Aut)* small cubes of dough made with whipped egg white, yolk and a little flour, seasoned with nutmeg, used as a garnish for soups
Biskuitteig *m (BE)* sponge mix(ture), *(AE)* pound cake mix
Bissen *m* mouthful
bitter bitter
Bittergurke *f*, **Bittermelone** *f* bitter cucumber, bitter gourd
blanchieren *v* blanch
Blankett *n* white fricassee
Blase *f* 1. bubble *(of water, etc.)*; 2. bladder *(anatomic)*
blasen *v* blow
Blatt *n* 1. leaf *(of plant)*; 2. shoulder *(of animal)*
Blattaspik *n* gelatine
Blätterteig *m* puff pastry
Blätterteiggebäck *n* Danish pastry
Blätterteigpastete *f* vol-au-vent
Blätterteigstück *n s.* Blätterteiggebäck
Blattgemüse *n* greens *pl*, leaf vegetables *pl*
Blattspinat *m* spinach
blau blue
Blaubeere *f s.* Heidelbeere
Blaue Zipfel *mpl* small white sausages marinated in vinegar, poached and served in hot water with onion rings and pepper corns (Franconian speciality)
Bläuel *m s.* Lizzafisch
Blaufelchen *m* particular species of whitefish from the Lake of Constance, coregonus lavaretus
Blaukraut *n (Aut, SüdD)* red cabbage
Blauleng *m* blue ling *(salt water fish, molva sp.)*
Blauschimmel *m (BE)* blue mould, *(AE)* blue mold

Blauschimmelkäse *m* blue cheese
Blechkuchen *m* cake baked on a large oven tray and cut into squares
bleichen *v* blanch
Blockschokolade *f* cooking chocolate
Blume *f* 1. flower *(plant)*; 2. bouquet *(of wine)*; nose *(of wine, brandy, tobacco, etc.)*
Blumenkohl *m* cauliflower
Blumenschmuck *m* floral decoration
Blunze *f*, **Blunzen** *m (Aut, SüdD)* black pudding
Blut *n* blood
Blüte *f* bloom, blossom • **in (voller) Blüte stehen** be in (full) bloom
blutig rare *(meat)*
Blutorange *f* blood orange
Blutwurst *f* black pudding
Bockwurst *f* bockwurst
Boden *m* 1. ground *(outside)*; floor *(inside)*; 2. base *(of cake, pizza)*; bottom *(of pan, etc.)*
Bodenlappen *m* s. Aufnehmer
Bodensatz *m* sediment *(e.g. in a bottle)*
Böhmisches Bierfleisch *n* pieces of pork shoulder, browned and slowly cooked in bitter beer with mixed-grain bread crumbs, seasoned with caraway (originally from Bohemia)
Bohne *f* bean
Bohnen *fpl*/**dicke** broad beans
Bohnen *fpl*/**rote** kidney beans
Bohnenkern *m* bean seed
Bohnenkraut *n* savory
Bölle *f (CH)* onion
Bonbon *n (BE)* boiled sweet, *(AE)* hard candy
Bonito *m* bonito, skipjack tuna *(salt water fish, thymnus pelamis)*
Borretsch *m* borage, starflower
Borste *f* bristle
Bouillon *f* clear soup
Boverli *fpl (CH)* peas
Bowle *f* punch
Brand *m* fire, blaze
Brandmasse *f*, **Brandteig** *m* choux pastry
Brasse *f* bream *(fish)*
Brät *n* s. Füllung
Bratapfel *m* baked apple
braten *v* roast
Braten *n* roasting *(process)*
Braten *m* roast; *(BE)* joint *(leg)*
Bratenkoch *m* rotisseur

Bratenröster *m* s. Bräter
Bratensaft *m* s. Bratensoße
Bratenschmalz *n* mixture of lard, onions, apples and spices, served with brown bread as a snack
Bratensoße *f* 1. juice *(of roast)*; 2. gravy *(sauce)*
Bratenwender *m* spit, roasting spit, turnspit
Bräter *m* roasting dish
bratfertig oven ready
Brathähnchen *n* roast chicken
Brathering *m* fried herring
Brathühnchen *n* roast chicken
Bratkartoffeln *fpl* fried potatoes
Bratling *m (BE)* veggy burger, *(AE)* vegetable patty
Bratpfanne *f* frying pan
Bratspieß *m* skewer, spit
Bratwurst *f* all types of frying sausages
Bratwurst *f*/**grobe** coarsely minced sausage for grilling
Bratwurst *f*/**saure** s. Blaue Zipfel
Bratzeit *f* frying time
brauchen *v* need, require
Brauerei *f* brewery
braun brown
bräunen *v* 1. brown *(general)*; 2. *(BE)* caramelise, *(AE)* caramelize *(sugar)*
Bräunung *f* Färbung
Bräunungsregler *m* browning controller
brechen *v* 1. break *(general)*; 2. fold *(napkins, tablecloth)*
Brei *m* mash, paste, puré
breiig mushy
breit broad, wide
Breite *f* breadth, width
brennen *v* s. rösten
Brenner *m* burner
Brennnessel *f* (stinging) nettle
Brett *n* board
Brezel *f*, **Brezen** *f (Aut, Bay)* pretzel
Brezellauge *f* lye *(caustic sodium hydroxide or potassium hydroxide solution)*
bridieren *v* tie, truss *(poultry)*
Bridiernadel *f* trussing needle
Bries *n* sweetbreads *pl (lamb, veal)*
Brokkoli *mpl* broccoli *(singular)*
Brombeere *f* blackberry
Brombeerlikör *m* blackberry liqueur
Brösemli *npl*, **Bröseli** *npl (CH)* breadcrumbs
Brot *n* bread
Brot *n*/**altes** stale bread

Brot *n*/**ungesäuertes** unleavened bread
Brotaufstrich *m* spread (for bread)
Brötchen *n* bread roll
Brotkorb *m* bread basket
Brotwürfel *mpl* bread cubes
Brotwürfel *mpl*/**geröstete** croutons
Brotzeit *f (Bay)* snack; *(BE)* elevenses, *(AE)* snack break *(as a light meal)*
Brühe *f* stock
Brühe *f*/**körnige** granulated stock
Brühwürstchen *n* small precooked sausage
Brunch *m* brunch
Brunnenkresse *f* watercress
Brust *f* breast
Bruststück *n* brisket
brutto gross
Bruttogewicht *n* gross weight
Buchhaltung *f* accountancy, bookkeeping
Buchtel *f (Aut, Bay)* sweet pastries made with yeast dough often filled with jam
Buchweizen *m* buckwheat
Bücking *m s.* Bückling
Bückling *m* (hot-)smoked herring
Bug *m s.* Schulter
Bügeleisen *n* iron
bügeln *v* iron
Bukett *n* bouquet *(of wine)*; nose *(of wine, brandy, tobacco, etc.)*
Bulgur *m* bulgur
Bulle *m* bull
Bund *m* bunch • **ein Bund ...** a bunch of ...
Bündnerfleisch *n* dried meat (Swiss speciality from the canton Grisons)
Buntfrüchte *fpl* red fruits
Buntmesser *n* fluted knife
Burgundertraube *f* Burgundy grape
Bürste *f* brush
bürsten *v* brush
Bürzel *m* parson's nose
Buschbohnen *fpl (BE)* dwarf beans, *(AE)* bush beans
Büscherl *n (Aut, Bay)* posy
Busserl *n (Aut)* small round sweet biscuit
Butter *f* butter • **mit Butter bestreichen** butter
Butter *f*/**geklärte** clarified butter, ghee *(in Indian cuisine)*
Butter *f*/**zerlassene** melted butter
Butterbohne *f s.* Wachsbohne
Butterdose *f* butter dish
Buttereinfett *n s.* Butterschmalz
Butterfass *n* butter churn

Butterfett *n s.* Butterschmalz
Buttergebäck *n* Danish pastry
Butterkeks *m (BE)* butter biscuit, *(AE)* butter cookie
Buttermakrele *f* escolar *(salt water fish, gempylidae)*
Buttermilch *f* buttermilk
buttern *v* butter *(bread etc.)*
Butterpilz *m* slippery jack *(edible mushroom)*
Butterschmalz *n* clarified butter, ghee *(in Indian cuisine)*
Buttersoße *f*/**weiße** white butter sauce, béchamel sauce

C

Capun *m (CH)* Swiss dish made with chard leaves and bacon cubes bound in a filling of egg and flour (the Grisons)
Carcasse *f s.* Rumpf
Cashewnüsse *fpl* cashew nuts
Cayennepfeffer *m* cayenne pepper
Chabis *m (CH)* cabbage
Champignon *m* mushroom *(esp. those of the ediblo agaric species)*
Chaufroid *n* chaud-froid
Chaufroid-Soße *f* chaud-froid sauce
• **mit Chaufroid-Soße überziehen** cover with chaud-froid sauce
Chef *m* **vom Dienst** duty chef
Chicorée *m* chicory
Chilies *fpl (BE)* chilis, *(BE)* chilies, *(AE)* chillis, *(AE)* chillies
Chilisauce *f* hot pepper sauce
Chinakohl *m* Chinese cabbage, Chinese leaves *pl*
Chinois *n* chinois *(fine mesh conical sieve)*
Cholera *f (CH)* small, savoury cake covered with chopped potatoes, leek and apples, steamed and seasoned (Pays de Vaud)
Cholesterin *n* cholesterol
Chriesi *f (CH)* cherry
Christstollen *m s.* Dresdner Stollen
Chrosle *f (CH)* gooseberry
Chruut *n (CH)* cabbage
Chüngel *n (CH)* rabbit
Clementine *f* clementine
Cocktailtomate *f* cherry tomato
Communard *m s.* Personalkoch

Court-bouillon *n* court-bouillon
Creme *f* cream
Cremespeise *f* whip dessert, whipped dessert
Cremesuppe *f* cream soup
cremig creamy
Curryhuhn *n* curried chicken
Curuba *f* banana passion fruit *(exotic fruit)*

D

Dachboden *m* loft, attic
Dalken *fpl (Aut)* small baked doughnuts
Dampf *m* steam
dämpfen *v* steam
Dampfkartoffeln *fpl* steamed potatoes
Dampfkochtopf *m s.* Schnellkochtopf
Dampfl *m (Aut)* starter made with sugar, flour and yeast which has been dissolved in lightly beaten milk
Dampfnudel *f* steamed yeast dumpling
Damwild *n* fallow deer
Darm *m* intestine(s), bowel(s)
Dattel *f* date *(fruit)*
Datum *n* date *(day, month, year)*
dazugeben *v* add
Decke *f* 1. blanket *(cover)*; 2. ceiling *(of building)*
Deckel *m* lid, cover
decken *v* cover (up) • **den Tisch decken** *(BE)* lay the table, *(AE)* set the table
Defizit *n* deficit
dehnbar elastic, flexible
Deka *n (Aut)* ten grams
dekantieren *v* decant *(wine)*
Dekantierkaraffe *f* decanter
Dekor *m* décor; decoration
delikat delicious; exquisite
Delikatess... delicacy
deshydratieren *v* dehydrate *(withdraw water, desiccate)*
desinfizieren *v* disinfect
Dessert *n s.* Nachtisch
Dessertkarte *f (BE)* dessert menu, *(AE)* dessert list
Dessertlöffel *m* dessert spoon
Dessertteller *m* dessert plate
Dessertwagen *m* dessert trolley
destillieren *v (BE)* distil, *(AE)* distill
deutsches Beefsteak *n s.* Hackbraten
Diät *f* diet • **auf Diät sein** be on a diet

diät..., Diät... diet *(nutritional regime)*
Diätkoch *m* diet chef
dicht dense
dick stout, fat
Dicke *f* thickness
dickflüssig thick
Dickmilch *f s.* Sauermilch
Dicksaft *m* concentrated juice
Dickungsmittel *n* thickening agent
Dienstplan *m* duty rota
Dill *m* dill
Dinkel(weizen) *m* spelt *(wheat)*
Distelöl *n* safflower oil
Döbel *m* European chub *(fresh water fish, leuciscus cephalos)*
Doppelflasche *f* magnum *(1.5 l bottle)*
Doppelrahm *m* double cream
Doppelrahmkäse *m* cream cheese
doppelt double
Dorade *f* **Royale** *s.* Goldbrassen
Dorn *m* thorn
Dornhai *m s.* Katzenhai
Dörrbirne *f* dried pear
Dörrfleisch *n s.* Bündnerfleisch
Dörrobst *n* dried fruit
Dörrpflaume *f s.* Backpflaume
Dorsch *m* young cod *(esp. from the Baltic sea, gadus morhua)*
Dose *f (BE)* tin, *(AE)* can
Dosenöffner *m (BE)* tin opener, *(AE)* can opener
dosieren *v* measure
dosieren *v***/genau** measure exactly
dosieren *v***/ungefähr** measure roughly
Dosierlöffel *m* measuring spoon
Dosierung *f* amount *(general)*
Dotter *m* yolk
Drahtgitter *n* wire rack
Drahtsieb *n* wire sieve
drehen *v* turn
Drehspieß *m* revolving spit
dreieckig three-sided, triangular
Dreifachsteckdose *f* three-way socket, triple socket
Dreifuß *m* trivet
Dresdner Stollen *m* traditional Christmas cake, originally from Dresden, made with raised dough, butter, dried fruit, sweet almonds, comfits, and sometimes marzipan
Dressierbeutel *m* icing bag, piping bag
dressieren *v* 1. decorate *(pastry)*; pipe *(crème)*; 2. dress *(poultry)*; prepare *(roast, joint)*

Dressing *n s.* Salatsoße
dringend urgent, pressing
Druck *m* pressure
drücken *v* press
Druckkochkessel *m* pressure cooker
Duft *m* smell *(general)*; fragrance, scent *(of flower)*; aroma *(of food)*
dunkel dark
Dünkli *npl (CH)* pieces of bread used as a garnish for soups
dünn thin, fine
dünnflüssig thin, runny
Dünnung *f s.* Flanke
Dunst *m* mist, haze, steam • **in Dunst stellen** *(Aut)* heat (up) in a bain-marie
dünsten *v s.* dämpfen
Dunstesse *f*, **Dunsthaube** *f s.* Abzugshaube
durchgebacken *(BE)* cooked through, *(AE)* fully cooked
durchgebraten/gut well-done *(meat)*
durchgegart *s.* durchgebacken
durchkneten *v s.* kneten
durchleuchten *v* candle *(eggs)*
Durchmesser *m* diameter
Durchreiche *f* (serving) hatch
durchreichen *v* pass through
durchrühren *v s.* rühren
Durchschlag *m* colander, strainer
durchschneiden *v* cut
durchseihen *v s.* abseihen
durchsichtig transparent
durchsieben *v* sift
durchtrennbar can be cut through
durchwachsen marbled *(meat)*; streaky *(bacon)*
Durian(frucht) *f* civet cat fruit, dourian *(exotic fruit)*
Durst *m* thirst • **Durst haben** be thirsty
durstig thirsty
durststillend thirst quenching
Dutzend *n* dozen

E

eben flat; level
Eclair *m* cream bun, eclair
Edelstahl *m* stainless steel
Edelstahlkessel *m* 1. stainless steel pot *(for cooking)*; 2. stainless steel kettle *(water heater)*

Egerling *m (Bay) s.* Champignon
Egerling *m*/**Brauner** brown-cap mushroom, chestnut mushroom
Eglifisch *m s.* Barsch
ehrgeizig ambitious
ehrlich honest
Ei *n* egg
Ei *n*/**hart gekochtes** hard-boiled egg
Ei *n*/**verlorenes** poached egg
Ei *n*/**wachsweiches** runny egg
Ei *n*/**weiches** soft-boiled egg
Eichblattsalat *m* oak-leaf lettuce
Eidotter *m(n) s.* Eigelb
Eierbecher *m* egg cup
Eierkocher *m* egg boiler
Eierkuchen *m* omelette made with eggs and flour
Eiersalat *m* egg salad
Eierschneider *m* egg slicer
Eierspeis *f (Aut)* scrambled eggs *pl*
Eierstich *m whipped eggs, cooked in a bain-marie, cut into pieces, added to clear soups*
Eieruhr *f* egg timer
Eigelb *n* egg yolk
Eigengeschmack *m* taste of its own
Eigenschaft *f* characteristic, property, quality
Eile *f* hurry • **Eile mit Weile** less haste, more speed
Eimer *m* bucket
Einbrenn *f (Aut)* dark roux *(cp. Einmach)*
Einbrenne *f* roux
eindicken *v* thicken
einfach simple
einfallsreich imaginative, inventive
einfetten *v* grease
einfrieren *v* freeze *(food)*
Eingang *m* 1. entrance *(door, gate)*; 2. entry *(way in, admission)*
Eingangsbuch *m* receipt book
Eingebung *f* inspiration
eingemacht preserved
Eingemachtes *n* preserves *pl*
eingießen *v* pour in
einheimisch native, local
Einheit *f* unity; whole
einigen *v*/**sich** *s.* einverstanden sein
Einkauf *m* purchase
einkaufen *v* purchase, buy • **einkaufen gehen** do the shopping
einkellern *v (BE)* store in a cellar, *(AE)* store in a basement
einkochen *v s.* 1. eindicken; 2. reduzieren

einladen *v* invite
Einladung *f* invitation
Einlage *f* additions *pl* to a clear soup *(meat, vegetables, etc.)*
einlegen *v s.* marinieren
Einmach *f (Aut)* clear roux
einmachen *v (BE)* preserve, *(BE)* bottle, *(AE)* can
Einmachglas *n* preserving jar
einölen *v* oil *(cooking tray, etc.)*; rub oil into sthg *(food, etc)*
einräumen *v* put sthg away, put sthg on the shelf, put sthg in the cupboard
einreiben *v* rub in
einritzen *v s.* einschneiden
einrollen *v* roll up
einrühren *v s.* beimengen
einsalzen *v s.* pökeln
Einsalzen *n s.* Pökeln
einschalten *v* switch on, turn on
einschätzen *v* evaluate, assess
Einschätzung *f* evaluation, assessment
einschenken *v* pour (a drink into a glass) • **Können Sie bitte einschenken?** Could you pour the drinks, please?
einschlagen *v s.* einwickeln
einschneiden *v* cut into
Einschnitt *m* cut, kerf
einschränken *v* reduce, cut down
Einschränkung *f* restriction, limit • **ohne Einschränkung** limitless, without restrictions
einsetzen *v present and explain a new course to a customer*
einstäuben *v* dust
einstellbar adjustable
eintauchen *v/in etw* immerse in sthg, dip into sthg, submerge in sthg
Eintopf *m* meal-in-one, stew, casserole
einverstanden sein *v* agree • **Bist du damit einverstanden?** Do you agree? • **Einverstanden!** Agreed!
einweichen *v* soak
einwickeln *v* wrap (up)
einzeln individually; separately
Eis *n* ice • **auf Eis** on the rocks
Eisbecher *m* ice-cream tub *(paper)*; ice--cream bowl
Eisbein *n* pickled knuckle of pork
Eis(berg)salat *m* iceberg lettuce
Eisbombe *f* bombe glacée
Eiscafé *n (BE)* ice-cream parlour, *(AE)* ice--cream parlor
Eischnee *m* beaten egg white

Eisdiele *f s.* Eiscafé
Eisenkrauttee *m* vervain tea
eisgekühlt chilled
Eiskaffee *m* iced coffee
eiskalt ice cold
Eiskübel *m* ice bucket
Eismaschine *f* ice-cream maker
Eisschnee *v* crushed ice
Eiswürfel *m* ice cube
Eiweiß *n* 1. egg white; 2. protein
Eiweiß *n/pflanzliches* vegetable protein
Eiweiß *n/tierisches* animal protein
elegant elegant
Elfenbein *n* ivory
elfenbeinfarben *(BE)* ivory coloured, *(AE)* ivory colored
Email *n,* **Emaille** *f* enamel
emailliert *(BE)* enamelled, *(AE)* enameled
Empfang *m* 1. reception *(people)*; 2. receipt *(goods)* • **etw am Empfang abgeben** leave sthg at reception
empfangen *v* 1. greet *(people)*; 2. receive *(goods)*
empfehlen *v* recommend
Empfehlung *f* recommendation • **auf Empfehlung meiner Kollegin** on my colleague's recommendation
empfindlich delicate; sensitive
emulgieren *v* emulsify
Emulsion *f* emulsion
Ende *n* end
Endivie *f* endive
Endstück *n* end piece, crust *(bread)*; heel *(bread, cheese)*
Energieverbrauch *m* energy consumption
energisch energetic; forceful
Engelwurz *f* angelica
entbeinen *v s.* ausbeinen
entdecken *v* discover
Ente *f* duck
enteisen *v* defrost
Entenbrust *f* breast of duck, magret
Entenleber *f* duck liver, duck foie gras
entfalten *v* unfold
entfernen *v* remove, take away
entfetten *v* remove fat from, skim *(milk)*
enthalten *v* contain *(in container)*
enthalten *v/sich* abstain, refrain *(not do)* • **sich einer Sache enthalten** abstain from (doing) sthg, refrain from (doing) sthg
enthärten *v* soften *(water)*
enthäuten *v s.* abhäuten

enthülsen v shell
entkalken v descale; decalcify
entkernen v core
entkorken v uncork
entlüften v s. lüften
Entlüftung f s. Lüftung
entrahmen v skim
entsaften v extract juice (from sthg)
Entsafter m juicer, juice extractor
entsalzen v desalinate
entschalen v peel
entschäumen v remove the froth (from sthg)
entschuldigen v/sich apologize
entschuppen v (de)scale (fish)
Entschuppungsgerät n fish descaler, fish scaler
entschwarten s. abschwarten
entspannen v/sich relax
entsteinen v (BE) stone, (AE) pit, remove the pit of
Entsteiner m pitting device
entstielen v remove the stalk(s) (from sthg)
enttäuschen v disappoint
Enttäuschung f disappointment
entwickeln v develop
Entwicklung f development
entziehen v/Wasser s. deshydratieren
Enzian m gentian
Enziangeist m gentian brandy
Erbsen fpl peas
Erdäpfel mpl (Aut, SüdD) potatoes
Erdbeere f strawberry
Erdbirnen fpl (Aut, SüdD) potatoes
Erdnuss f peanut
Erdnussöl n peanut oil
Erfahrung f experience • **aus (langjähriger) Erfahrung** from (long-standing) experience
Erfolg m success • **Das war ein voller Erfolg!** That was extremely successful!
erfolgreich successful
Erfrischung f refreshment
Erfrischungsraum m refreshment room, snack bar, tea room
Erfrischungstuch n refreshing towel
ergeben v aus/sich result from
Ergebnis n result
ergiebig fertile (soil); rich (harvest); productive (useful) • **diese Pastete ist extrem ergiebig** this paté goes a very long way
erhältlich available
erhitzen v heat up, warm up

erhitzt/im Wasserbad heated in a double boiler, heated in a bain-marie
erkalten (lassen) v s. abkühlen (lassen)
erklären v 1. explain (give explanation); 2. declare (say publicly)
ernähren v nourish
Ernährung f 1. food; 2. nourishment; nutrition
Ernährungs... s. Nahrungs...
erneuern v 1. renew (replace, extend); 2. restore (re-establish)
Erneuerung f 1. renewal (subscription, etc.); 2. restoration (replacement)
Ernte f harvest(ing) (grains); picking (apples, etc.)
Ersatz m substitute
erschwinglich affordable, reasonable; (frml) within one's means
ersetzen v replace
erstklassig first class
erwarten v await
erzeugen v produce
Erzeugnis n product
essen v eat • **zu Abend essen** dine, eat dinner, have dinner; (less formal) have supper, (Northern England and Scotland) have tea • **zu Mittag essen** have lunch, (Northern England and Scotland) have dinner
Essen n s. Mahlzeit
Essgewohnheiten fpl eating habits
Essig m vinegar
Essigessenz f vinegar essence (generally 25 - 40 % acidity; for kitchen use 10 %)
Esskastanie f sweet chestnut
Esskultur f food culture, gastronomic culture
Essstäbchen npl chopsticks
Estragon m tarragon
Euter n udder
exemplarisch s. beispielhaft
experimentieren v experiment
exquisit exquisite
extrahieren v extract
Extrakt m extract

F

Fach *n* shelf *(general)*; pigeonhole *(small, for letters)*
Fachfrau *f*, **Fachmann** *m* expert
fad(e) insipid, tasteless
Faden *m* thread
fadenlos without strings *(beans)*
Fadennudeln *fpl* vermicelli
fähig able, capable
Fähigkeit *f* ability, capability
Falte *f* fold
falten *v* fold
familienfreundlich family friendly • **wir sind familienfreundlich** we welcome families
Farbe *f (BE)* colour, *(AE)* color • **Farbe annehmen** *(BE)* colour, *(AE)* color • **etw nimmt Farbe an** *(BE)* sthg is beginning to colour, *(AE)* sthg is beginning to color
färben *v* dye, *(BE)* colour, *(AE)* color
Farbstoff *m*, **Färbung** *f* 1. dye *(for fabric, clothes)*; 2. *(BE)* food colouring, *(AE)* food coloring *(for food)*
Farce *f s.* Füllung 2.
farcieren *v s.* füllen
Farinzucker *m* soft brown sugar, demerara sugar
Färse *f* heifer
Fasan *m* pheasant
faschieren *v (Aut)* mince • **faschiertes Laibchen** *(Aut)* meat loaf
Faschiertes *n (Aut) (BE)* minced meat, *(AE)* ground meat
Faser *f* fibre
faserig fibrous
Fasole *f (Aut, Bay)* green bean
Fass *n* barrel, cask
Fassbier *n* keg beer, *(BE)* draught beer, *(AE)* draft beer
fasten *v* fast
faulen *v* go bad, go off, rot *(eggs, fruit)*
Fäustling *m* oven mitt
Feder *f* feather
Federwild *n* game birds *pl*
fegen *v s.* kehren
Fehler *m* 1. mistake *(human error)*; 2. defect, fault *(in goods)*
fehlerhaft 1. substandard *(quality)*; 2. faulty, imperfect *(goods)*
feiern *v* celebrate
Feiertag *m* holy day, feast day
Feige *f* fig

Feijoa *f* pineapple guava *(exotic fruit)*
fein *s.* dünn
Feingebäck *n* cakes *pl* and pastries *pl*
Feinkostsalat *m* speciality salad
Feinschmecker(in) *m(f)* gourmet
Feinschneider *m* slicer
Felchen *m s.* Blaufelchen
Feldhase *m* hare
Feldkümmel *m s.* Kümmel
Feldsalat *m* lamb's lettuce, field lettuce
Fenchel *m* fennel
fertig ready, done
fest firm *(consistency)*
Fest *n* celebration, festivity
Festigkeit *f* firmness
festkochend firm-cooking *(potatoes)*
festlegen *v* 1. fix *(time, date)*; 2. lay down *(rules, guidelines)*
fett fat, fatty
Fett *n* fat
Fettabscheider *m* 1. gravy strainer *(for sauce)*; 2. fat separator
fettabweisend greaseproof *(paper)*
fettarm low-fat
Fettfilter *m* fat filter
Fettgehalt *m* fat content
fetthaltig fatty
fettlösend fat-soluble
Fettsäure *f* fatty acid • **gesättigte Fettsäuren** saturated fatty acids • **ungesättigte Fettsäuren** unsaturated fatty acids
feucht damp
Feuchtigkeit *f* humidity
Feuer *n* fire
Feuerbohne *f* runner bean
feuerfest fireproof, fire-resistant, heat-resistant
Feuerlöscher *m* fire extinguisher
Feuermelder *m* fire alarm *(device)*
Feuerwehr *f (BE)* fire brigade, *(AE)* fire department
Filet *n* filet
filetieren *v*, **filieren** *v* fillet
Filiermesser *n* fillet knife
Filterkaffee *m (BE)* filter coffee, *(AE)* drip coffee, *(AE)* drip brew
filtern *v* filter
Filterpapier *n* filter paper
Filtertüte *f* filter
fingerdick as thick as a finger • **fingerdicke Scheiben schneiden** cut (into) half-inch slices
Fingerschale *f* finger bowl

Fisch m fish
Fischbehälter m fish tank
Fischbesteck n (BE) fish cutlery, (AE) fish silverware, (AE) fish flatware
Fischbulette f s. Fischfrikadelle
fischen v fish, go fishing
Fischer m fisherman, angler
Fischerin f fisherwoman
Fischfang m fishing
Fischfarm f fish farm
Fischfond m fish stock
Fischfrikadelle f fishcake, fish cake
Fischgericht n fish dish
Fischhändler m fishmonger • **beim Fischhändler** at the fishmonger's
Fischheber m (BE) fish slice, (AE) fish spatula, (AE) spatula
Fischkalter m (Aut) fish tank
Fischkessel m fish kettle
Fischkoch m, **Fischköchin** f fish chef, poissonnier m, poissonnière f
Fischmarkt m fish market
Fischräucherei f (fish) smokehouse
Fischschuppe f fish scale
Fischstäbchen n (BE) fish finger, (AE) fish stick
Fischsud m fish stock
Fischsuppe f fish soup
Fischzucht f fish-farming, pisciculture
Fisole f (Aut) young green bean pod
flach flat
Flachkasserolle f s. Sauteuse
flachschlagen v flatten
Fladen m flat dough used as a base for savoury toppings
Fladenbrot n flat bread (e.g. pitta, ciabatta)
Flädle npl small pieces of pancake added to broth, "Flädlesuppe" (South German speciality)
Flambierbrenner m s. Flammgerät
flambieren v flambé
Flamme f flame • **auf kleiner Flamme** on a low flame • **auf großer Flamme** on a high flame
Flammgerät n, **Flämmpistole** f lighter
Flanke f flank
Flasche f bottle
Flaschengärung f fermentation in the bottle
Flaschenöffner m bottle opener
Flaschenregal n wine rack
flechten v weave, plait
Fleck m stain (general); blemish (fruit)

fleckig stained (general); blemished (fruit)
Fleisch n meat
Fleischabfälle mpl meat scraps
Fleischbrühe f consommé stock
Fleischer m butcher
Fleischerbeil n meat cleaver
Fleischerei f butcher's (shop)
Fleischheberl n (Aut) small meatball
Fleischkäse m s. Leberkäse
Fleischklopfer m mallet, steak hammer
Fleischmagen m s. Kaumagen
Fleischreste mpl left-over meat (singular)
Fleischsaft m meat juice, (BE) dripping
Fleischtomate f beef tomato
Fleischvogel m s. Roulade
Fleischwolf m mincer
Fleischwurst f sausage made with finely chopped meat, served cold or hot
fließen v flow
Flocke f flake
flockig fluffy
Flomen m s. Schmer
Flosse f fin
Flügel m wing
Flügelspitze f wing tip
Flugente f muscovy duck
Flunder f flounder (salt water fish, platichthys flesus)
flüssig liquid
Flüssigkeit f liquid
Flusskrebs m crayfish (fresh water crustacean, astacus spp.)
Folie f s. Klarsichtfolie
Folienkartoffel f (BE) jacket potato, (AE) baked potato
Fond m fond (concentrated broth made from meat, poultry, fish, crustaceans or vegetables)
Fondantmasse f fondant
Forelle f trout (general term, mostly for lake trout, salmo trutta)
Forellenbarsch m largemouth bass (fresh water fish, micropterus salmoides Lacépède)
Form f form, (BE) mould, (AE) mold • **aus der Form nehmen** (BE) remove from the mould, (AE) remove from the mold • **in eine Form geben** (BE) put in a mould, (AE) put in a mold
Formel f formula
formen v shape, (BE) mould, (AE) mold
Frankfurter Würstchen n frankfurter
Freilandanbau m outdoor cultivation, outdoor farming, garden cultivation

Freilandeier *npl* free-range eggs
Freilandgeflügel *n* free-range poultry
Freilandgemüse *n* garden vegetables *pl*
freilegen *v s.* lösen
Freiluftgastronomie *f s.* Außengastronomie
Frikadelle *f* 1. rissole *(made from meat or poultry)*; meatball; 2. fishball *(made from fish or seafood)*
Frikandeau *n inner part of leg without the knuckle of veal*
Frikassee *n* fricassee
Frikassee *n* **mit weißer Soße** blanquette fricassee
frisch *s.* kühl
Frische *f* freshness
Frischhaltefolie *f (BE)* clingfilm, *(AE)* cellophane wrap
Frischkäse *m* cream cheese
Frischling *m* young wild boar
Frisée *f* curly endive, frisée lettuce
Frittaten *fpl thin strips of pancake used as garnish for soups; "Flädle"*
Fritten *fpl s.* Pommes
Fritteuse *f* deep fat fryer, *(BE)* chip pan
frittieren *v* deep-fry
Frittierkorb *m* frying basket
Frittüre *f* 1. cooking oil *(for deep fryers)*; 2. deep-fried food
Frittürekelle *f* skimmer *(made of wire, used when deep frying)*
Frittürenfett *n* frying fat, cooking oil
Frittüretopf *m s.* Fritteuse
Froschschenkel *m* frog's legs
Froster *m s.* Kühlfach
Frucht *f* fruit
Früchte *fpl*/**glasierte** glazed fruit *(singular)*
Früchte *fpl*/**kandierte** candied fruit, glacé fruit *(singular)*
Früchtebrot *n* fruit loaf *(sweet bread with dried fruits; South German speciality often eaten at Christmas)*
Früchtegelee *n (BE)* fruit jelly, *(AE)* fruit jello, *(AE)* fruit jell-O®
Früchtemus *n*/**gezuckertes** sugared fruit puree, sweet fruit puree
Fruchtfleisch *n* fruit pulp, fruit flesh
fruchtig fruity
Fruchtlikör *m* fruit liqueur
Fruchtmark *n* fruit pulp
Fruchtpresse *f* fruit press, squeezer
Frucht(saft)eis *n* sorbet

Fruchtsaftkonzentrat *n* cordial, *(BE)* squash
Fruchtzucker *m* fructose
Frühgemüse *n* early vegetables *pl*
Frühling *m* spring
Frühlingsrolle *f* spring roll *(Chinese cuisine)*
Frühlingszwiebel *f (BE)* spring onion, *(AE)* scallion
Frühstück *n* breakfast
frühstücken have breakfast • **frühstücken gehen** go for breakfast
Fruktose *f* fructose
Füllcreme *f* cream filling
füllen *v* fill, stuff
Füllmenge *f s.* Inhalt
Füllung *f* 1. filling *(general)*; 2. stuffing *(for meat, vegetables, etc., made with e.g. sausage, chestnuts)*; 3. filling *(for cakes, etc., made with cream or chocolate)*
Fürst-Pückler-Eis *n* Neapolitan ice cream *(ice cream in layers of strawberry, vanilla and chocolate flavour)*

G

Gabel *f* fork
Galantine *f* galantine
Galle *f* bile
Gallenblase *f* gall bladder
Gallerte *f s.* Aspik
gallertig gelatinous
Gämse *f* chamois
Gang *m* course
Gans *f* goose
Gänseleberpastete *f* pâté de foie gras
ganz whole • **im Ganzen** on the whole
gar cooked, done *(meat)*
Garderobe *f* cloakroom
garen *v* roast • **auf kleiner Flamme garen** simmer
Garen *n s.* Braten
gären *v* ferment
Garnele *f* shrimp, prawn
garnieren *v* garnish
Garnierung *f*, **Garnitur** *f* garnish
Gartenbohne *f (BE)* French bean, *(AE)* string bean
Gartengrill *m* barbecue
Gartenkresse *f* garden cress
Gartenkürbis *m (BE)* marrow, *(AE)* squash

Gärung *f* fermentation
garziehen *v s.* pochieren
Gas *n* gas
Gasanzünder *m* gas lighter
Gasflamme *f* gas flame
Gasherd *m* gas cooker
Gast *m* customer, guest
Gästebuch *n* guest book
Gastfreundschaft *f* hospitality
Gasthof *m*, **Gaststätte** *f* restaurant, inn
Gastwirt *m* publican *(of pub or bar)*; restaurant owner; restaurant manager
Gaumen *m* palate
Gebäck *n* cakes *pl*
Gebläse *n* fan
Gedeck *n* place setting
Geduld *f* patience
geduldig patient
geeignet appropriate, right, suitable
Geflügel *n* poultry, fowl • **Geflügel zunähen** *s.* bridieren
Geflügelfleisch *n* poultry
Geflügelschere *f* poultry shears *pl*
Gefrierbrand *m* freezer burn
gefriergetrocknet freeze-dried
Gefrierpunkt *m* freezing point
Gegensatz *m* contrast
Gehacktes *n s.* Hackfleisch
Gehalt *m* content
gehaltvoll nourishing, nutritious; full-bodied *(wine)*
gehäuft heaped
gekocht boiled
gekörnt granulated
Gekröse *f* tripe
gekrümmt *s.* Ring
gelb yellow
Gelbe Rübe *f s.* Möhre
Gelbwurst *f fine grained sausage in a yellow skin*
Geld *n* money
Geldschein *m* banknote
Geldstück *n* coin
Gelee *n s.* Aspik
Geleefrucht *f* fruit jelly
Gelenk *n* joint
gelieren *v* gel
Geliermittel *n* gelling agent
Gelierzucker *m* preserving sugar
gemahlen ground
gemischt mixed
Gemüse *n* vegetable
Gemüsealgen *fpl* vegetable algae
Gemüsebanane *f* plantain

Gemüsebett *n* vegetable bed
Gemüsebrühe *f* vegetable stock, vegetable broth
Gemüsegarten *m* kitchen garden
Gemüsehobel *m* vegetable cutter, vegetable slicer, mandolin
Gemüsekürbis *m* pumpkin
Gemüsemesser *n* vegetable knife
Gemüsezwiebel *f* onion *(general)*; Spanish onion *(mild)*
genau exact, precise; accurate • **genau angeben** be precise, state precisely
Genauigkeit *f* accuracy, precision
genehmigen *v* approve; sanction
Genehmigung *f* approval
genießen *v* enjoy, savour
Genossenschaft *f* cooperative
genügend enough, sufficient
Genugtuung *f* satisfaction
Genuss *m* pleasure, delight • **etw ist ein wahrer Genuss** sthg is a great pleasure, sthg is a sheer delight
genverändert genetically modified, genetically manipulated, GM
gepresst/kalt cold pressed
gerade straight
Gerät *n* appliance, piece of equipment, utensil
geräuchert smoked
geräumig spacious, roomy
Geräusch *n* sound; noise *(loud)*
geräuscharm quiet
Gericht *n* dish
gerinnen *v* coagulate, clot
Gerinnung *f* coagulation, clot
gerippt ribbed *(fruit, vegetables)*
Germ *m(f)* *(Aut, Bay)* (brewer's) yeast
Germknödel *m (Aut) dumplings made from boiled yeast dough, usually filled with plum jam (AE: jelly) sprinkled with poppy seeds and sugar*
gern haben *v* be fond of
geröstet roasted *(coffee, nuts, etc.)*
Gerste *f*, **Gerstel** *n (Aut)* barley
Geruch *m* smell, scent
geruchlos odourless
Geschäftsessen *n* business meal
Geschäftsführer(in) *m(f)* manager
geschickt *(BE)* skilful, *(AE)* skillful
Geschirr *n* crockery • **Geschirr spülen** wash up, *(BE)* do the washing-up, *(AE)* wash the dishes
Geschirraufzug *m* dumb waiter
Geschirrschrank *m* china cupboard

Geschirrspülen *n* washing-up
Geschirrspülmaschine *f* dishwasher
Geschirrspülraum *m* washing-up room
Geschirrtransportwagen *m* dish trolley
Geschirrtuch *n (BE)* tea towel, *(AE)* dish towel
Geschmack *m* taste, *(BE)* flavour, *(AE)* flavor • **mit Geschmack versehen** *(BE)* flavour, *(AE)* flavor
geschmacklich as regards taste
geschmacksneutral *(BE)* flavourless, *(AE)* flavorless
Geschmacksverstärker *m (BE)* flavour enhancer, *(AE)* flavor enhancer
geschmackvoll tasteful, *(infrml)* tasty
geschmeidig smooth, elastic
Geschnetzeltes *n* cut into thin slices *(meat)*
Geschnetzeltes *n/***Züricher** thin strips of veal in a sauce *(speciality of Zurich)*
geschrotet coarsely ground
geschützt protected
geschwefelt *(BE)* sulphurised, *(AE)* sulphurized
gesellig convivial, sociable
Geselligkeit *f* conviviality
Gesetzgebung *f* legislation
gesprenkelt speckled
gespritzt *(Aut, SüdD)* wine or fruit juice mixed with sparkling mineral water
gestreift striped
gesund healthy; wholesome *(food)*
Gesundheit *f* health
Getränk *n* drink; beverage
Getreide *n* grain, corn
Getreideart *f* cereal, kind of grain
Getreideerzeugnisse *npl* cereals
getrennt *s.* einzeln
getrüffelt truffeled
gewährleisten *v* ensure, guarantee
Gewährleistung *f* guarantee
gewellt waved, wavy
Gewicht *n* weight • **nach Gewicht** by weight
Gewichtsklasse *f* size weight class *(eggs, fruit)*
Gewinn *m* profit; winnings *pl*; benefit
gewinnen *v* gain, win
Gewinnspanne *f* profit margin
gewissenhaft conscientious
Gewohnheit *f* habit
gewöhnlich 1. usual *(customary)*; 2. common, ordinary *(not very special)* • **wie gewöhnlich** as (per) usual

Gewürz *n* spice, seasoning
Gewürzgurke *f* pickled gherkin
Gewürznelke *f* clove
Gewürzpflanze *f* herb
Gewürzsalz *n* spiced salt, herbal salt
Gewürzsträußchen *n* herb bouquet, bouquet garni
gießen *v* pour
Gießrand *m* lip of a jug or bowl
giftig poisonous, toxic
Gitter *n* (wire-)mesh
Gitterrost *m* grid, grating
Glanz *m* brightness, shine
glänzen *v* shine
glänzend bright, shiny
Glas *n* glass
Gläserspülmaschine *f* glass-washer
Gläser(trocken)tuch *n* glass cloth
glasieren *v* glaze
Glasieren *n* glazing
Glasnudeln *fpl* Chinese noodles
Glasur *f* glaze
glatt smooth, even
Glattbutt *m* brill *(salt water fish, scophthalmus rhombus)*
Glatthai *m* smooth hound *(salt water fish, mustelus mustelus L.)*
Glattrochen *m* skate *(salt water fish, raja batis)*
gleichförmig *s.* glatt
Glocke *f* bell jar *(for cheese)*
Glühbirne *f* light bulb
Glühplatte *f* hotplate
Glühwein *m* mulled wine, spiced wine
glutenfrei gluten-free
Golatsche *f (Aut)* kind of filled yeast pastry
Gold *n* gold
Goldbarsch *m s.* Rotbarsch
Goldbrassen *m* gilthead (seabream) *(salt water fish, sparus aurata)*
Goldbutt *m s.* Scholle
golden golden
goldgelb golden brown, old gold
Grad *m* degree
Gramm *n* gram(me)
Grammel *f (Aut)* crackling
Granadilla *f* golden passion fruit *(exotic fruit)*
Granatapfel *m* pomegranate
Granulat *n* granules *pl*
granulieren *v* granulate
Grapefruit *f* grapefruit
Gräte *f* fishbone

gratinieren v brown under the grill (with cheese)

grau (BE) grey, (AE) gray

Graubrot n bread made with wheat and rye flour

Graupe f grain of barley with the husk removed

Grenadierfisch m round-nose grenadier (salt water fish, coryphaenoides rupestris gunnerus)

Greyerzer m Gruyère

Griebe f crackling

Griebenschmalz n lard or dripping with crackling

Griebenwurst f type of ordinary sausage, similar to black pudding, with pieces of cooked fat, eaten cold

Grieß m semolina

Grießklößchen n small semolina balls added to clear soups

Grill m grill (indoors); barbecue (outdoors)

grillen v grill

Grillfest n s. Grillparty

Grillgericht n grilled dish

Grillgut n barbecue (meat, sausages, fish, etc.)

Grillparty f barbecue

Grillplatte f mixed grill

grob coarse, rough

Grog m grog

groß 1. big (large); 2. great (considerable); 3. keen (enthusiasm)

Größe f size • **nach Größe** according to size

Großhandel m wholesale (trade)

Großmarkt m wholesale market

grün 1. green (colour); 2. fresh (not preserved, frozen or dried); 3. unripe (fruit)

Grund m bottom

Grundlage f basis, base • **auf der Grundlage von** based on, on the basis of

gründlich thorough

Grundpreis m basic price

Grünkern m unripe spelt grain

Grünkernsuppe f soup made with unripe spelt grain often served with sausages, as a one-course meal

Grünkohl m curly kale, borecole, green cabbage

grünlich greenish

Grütze f groats pl

Grütze f/**rote** compote of various red berries, served as a dessert with cream or vanilla sauce (North German speciality)

G'schwellti pl (CH) potatoes in their skin

Gselcht(e)s n (Aut, Bay) pickled and smoked pork (usually belly of pork)

Guarkernmehl n guar flour, guar gum

Guave f guava (exotic fruit)

Gugelhupf m yeast cake (sometimes with currants, baked in a special round mould; Alsatian speciality)

Guggummere f (CH) cucumber

Gulasch m goulash

Gummeli n (CH) potato

Gummi m rubber

gummiartig rubbery

günstig 1. reasonable (price); 2. suitable (appropriate)

Gurke f cucumber

Gurke f/**saure** (pickled) gherkin

Guss m stream, jet (of water)

Gusseisen n cast iron

Gutedeltraube f grape variety, known in France as "Chasselas", in Switzerland as "Fendant"

Gütesiegel n, **Gütezeichen** n seal of quality

Gutschein m voucher

Gutschrift f credit (note)

GVO mpl s. Organismen/gentechisch veränderte

H

Haarsieb n fine sieve

Haarwild n game animals pl (e.g. wild boar, deer)

Hachse f knuckle

Hackbeil n chopper, cleaver

Hackbeil n/**kleines** small chopper, butcher's cleaver

Hackblock m chopping block, chopping board

Hackbraten m meat loaf

hacken v chop, hack

hacken v/**fein** chop up

hacken v/**klein** chop up

Hackepeter m s. Mett

Hackfleisch n mince

Hacksteak n beefburger, hamburger

Hacksteak n/**rohes** beef tartare

Hafer m oats pl

Haferflocken *fpl* rolled oats
Haferflockenplätzchen *npl* oat cakes
haften *v s.* kleben
Hagelzucker *m* sugar crystals *pl*
Hahn *m* cock
Hahn *m*/**junger** cockerel
Hähnchen *n s.* Hühnchen
Hahnenkamm *m* crest
Haifisch *m* shark *(salt water fish, pleuro-tremata sp.)*
Haifischflossen *fpl* shark fins
Haifischflossensuppe *f* shark fin soup
halal halal *(food prepared according to Islamic religious rules)*
halb half
halbbitter semi-sweet *(general)*; plain *(chocolate)*
halbfett, Halbfett... *(BE)* low-fat, *(AE)* reduced fat; *(AE)* less fat *(formerly: low-fat)*
Halbgefrorenes *n s.* Softeis
halbieren *v* halve, divide in half, divide in two
Hälfte *f* half *(plural: halves)*
Hals *m*, **Halsstück** *n* neck
Halsgrat *m (SüdD)* pork neck
Halstuch *n* scarf; *(BE)* neckerchief, *(AE)* necktie
haltbar non-perishable • **mindestens haltbar bis ...** use by ..., sell by ..., best before ...
haltbar sein *v* keep • **H-Milch ist lange haltbar** UHT milk keeps very well
Haltbarkeit *f* shelf life
Haltbarkeit *f*/**begrenzte** short shelf life
Hamburger *m (BE)* beef burger, *(AE)* hamburger
Hamburger Aalsuppe *f soup made of pieces of cooked eel and pork stock, with vegetables, plums and dried apple rings (speciality of Hamburg)*
Hamburger Rauchfleisch *n smoked and cooked beef (speciality of Hamburg)*
Hammel *m*, **Hammelfleisch** *n* mutton
Hand *f* hand • **eine Handvoll** a handful (of)
Handelsbezeichnung *f*, **Handelsmarke** *f* trade name
Handelsklasse *f* grade
handelsüblich (usual in) commercial practice
Handfeger *m* hand brush
Handgriff *m* handle • **mit ein paar Handgriffen** with a few touches; *(infrml)* in a jiffy

Handlauf *m* handrail
Handmixer *m* hand mixer
Handmühle *f* hand mill
Handschuh *m* glove • **ein Paar Handschuhe** a pair of gloves
Handtuch *n* towel
handverlesen hand picked
Häppchen *n* bit, *(BE)* titbit, *(AE)* tidbit
Happen *m* bite, morsel, mouthful
Härdöpfel *m (CH)* potato
Harfe *f* guitar cutter *(wire cutter or slicer used for cutting soft foods like cheese, paté, chocolate, etc.)*
hart 1. hard *(general)*; 2. tough *(meat)*
hart werden *v* 1. become hard, harden *(general)*; 2. get tough, become tough *(meat)*
Härtegrad *m* degree of hardness
Hartkäse *m* hard cheese *(< 56 % water in the dry matter without fat)*
Hartweizen *m* durum wheat
Hartweizengrieß *m* (durum wheat) semolina
Hartwurst *f* dry sausage, hard sausage
Harz *n* resin
Hase *m s.* Feldhase
Haselnuss *f* hazelnut
haselnussbraun hazel
Haselnussmakrone *f* hazelnut macaroon
Hasenjunges *n (Aut)* rabbit giblets *pl*
Häuptelsalat *m (Aut, SüdD)* lettuce
Hauptgang *m*, **Hauptgericht** *n* main course
hausgebeizt marinated in a homemade sauce
hausgemacht homemade
Hauskaninchen *n* rabbit
Hausmacher... *brand name of a particular meat product*
Hausmannskost *f* home cooking
Haut *f* skin • **Haut abziehen** skin
Haxe *f s.* Hachse
Hebel *m* lever
Hecht *m* pike *(fish)*
Hechtbarsch *m (Aut)* pike perch *(fresh water fish, stizostedion lucioperca L.)*
Hechtdorsch *m s.* Seehecht
Hefe *f* yeast
Hefebrot *n* bread made from yeast dough
Hefegebäck *n pastry made from yeast dough*
Hefeteig *m* yeast dough
Heidelbeere *f (BE)* bilberry, *(AE)* blueberry

Heidschnucke *f type of sheep, common in the north German moorlands*
Heilbutt *m halibut (salt water fish, hippoglossus hippoglossus)*
heiß hot • **heiß machen** *s.* erhitzen • **heiß werden** get hot
heißgeräuchert hot-smoked
Heiti *f (CH) (BE)* bilberry, *(AE)* blueberry
heizen *v* heat, heat up
Heizkessel *m* boiler
Heizkörper *m* radiator, heater, heating element
Heizung *f* heating
helfen *v* help
Henkel *m* handle
Henkeltasse *f* mug
Henne *f s.* Huhn
herabsetzen *v* lower, reduce *(prices, heat, temperature, etc.)*
herausnehmen *v* remove, take away, take out of
herb 1. bitter, sharp *(taste)*; 2. dry *(wine)*
Herbe *f* 1. bitterness *(of taste)*; 2. dryness *(of wine)*
Herbst *m* autumn
Herd *m* range, range cooker *(large)*; *(BE)* cooker, *(BE)* hob, *(AE)* stove
Hering *m* herring *(salt water fish, clupea harengus)*
Hering *m* **nach Matjesart** herring marinated with artificial enzymes, ≤ 12 % fat
Heringshai *m s.* Kalbfisch
Heringssalat *m* salad made of pickled herring, onions, potatoes, mayonnaise, and sometimes beetroot
Herkunft *f* origin • **mediterraner Herkunft** of Mediterranean origin
Herkunftsbezeichnung *f* designation of origin
Herkunftsland *n* country of origin
Herkunftsnachweis *m* proof of origin, certificate of origin
Herrenpilz *m (Aut)* porcini, cep, edible bolete
herrichten *v* get (sthg) ready, prepare (sthg)
herstellen *v* make, produce *(general, foods)*; manufacture *(non-foods)*
Hersteller *m* producer *(general, of foods)*; manufacturer *(of non-foods)*
Herstellung *f* production *(general, of foods)*; manufacturing *(of non-foods)*
Herz *n* heart
Herzkirsche *f* black cherry

Herzmuschel *f* cockle, cockle shell *(shellfish, cardeum aculeatum)*
Heu *n* hay
Heurige *fpl (Aut)* new potatoes
Heuriger *m (Aut)* 1. *wine from the most recent harvest;* 2. *pub or restaurant belonging to a winegrower with a permit to sell his own wines*
Hilfe *f* help • **mit Hilfe von** with the help of
Hilfskoch *m* assistant cook, assistant chef, sous chef, deputy kitchen chef
Himbeere *f* raspberry
Himbeergeist *m* raspberry brandy
Himbeertorte *f* raspberry gateau
Himmel und Erde "Heaven and Earth" *(grilled black pudding served with onions, mashed potatoes and stewed apples; speciality of Rhineland and Westphalia)*
Hirn *n* brain
Hirsch *m* 1. stag, buck, hart *(animal)*; 2. venison *(meat)*
Hirschkalb *n* fawn
Hirschkuh *f* doe, hind
Hirse *f* millet
Hitze *f* heat, flame, fire • **bei schwacher Hitze** on a low flame • **bei starker Hitze** on a high flame
hitzebeständig *s.* feuerfest
Hitzekreislauf *m* heat circulation
H-Milch *f s.* Milch/haltbare
Hobel *m* slicer
hobeln *v* slice
höflich polite, courteous
Höflichkeit *f* politeness, courtesy • **aus Höflichkeit, der Höflichkeit halber** as a courtesy
hohl hollow
Hohlraum *m* cavity, hollow space
Hoki *m* blue grenadier *(salt water fish, generally imported from New Zealand, macruronus novaezelandiae Hector)*
Holder *m (CH, SüdD)* elder
Holdersaft *m* elder flower juice
Holländische Soße Hollandaise sauce
Holunder *m* elder
Holundersaft *m* elder flower juice
Holz *n* wood
Holz... wood ..., wooden
Honig *m* honey • **mit Honig gesüßt** sweetened with honey
Honigkuchen *m* honey cake *(in Germany, a kind of ginger bread with ≥ 50 % added honey)*

Honoratiorenstück *n s.* Tafelspitz
Hopfen *m* hop
Hörnchen *n* horn-shaped bread roll made of yeast pastry, croissant *(flaky pastry)*
Hornhecht *m* garfish, garpike *(salt water fish, belone sp.)*
hübsch nice, pretty
Hüftdeckel *m s.* Tafelspitz
Hüfte *f* 1. haunch *(venison)*; 2. rump *(beef)*; 3. chump *(veal)*; 4. back bacon *(pork)*
Huhn *n* chicken
Hühnchen *n* small chicken
Hühnerbrühe *f* chicken stock, chicken broth
Hühnerjunges *n (Aut)* chicken giblets *pl*
Hühnerklein *n* chicken giblets *pl*
Hülle *f* cover; wrapping
Hülse *f s.* Schote
Hülsenfrüchte *fpl* pulses
Hummer *m* lobster
Hummerkrabbe *f incorrect term used frequently in German cookery, denoting "Langustine", "Kaisergranat" or "Scampi"*
Hummersuppe *f* lobster soup
Hunger *m* hunger
hungrig hungry • **hungrig werden** get hungry
Hut *m* 1. hat; 2. cap *(of mushrooms)*
Hygieneverordnung *f* hygiene regulations *pl*, health regulations *pl*

Innengastronomie *f* indoor catering; indoor gastronomy
Innenwand *f* interior wall
Innereien *fpl* offal *(singular)*
Inspiration *f* inspiration
inspirieren *v* inspire • **sich (von etwas) inspirieren lassen** get inspiration (from sthg)
Instantbrühe *f* instant broth
Instantbrühwürfel *m* stock cube
Instantkaffee *m* instant coffee
Instantmehl *n* instant flour
intuitiv intuitive
Inventar *n* inventory
Inventur *f* stocktaking • **Inventur machen** do the stocktaking
Invertzucker *m* invert(ed) sugar
Invertzuckercreme *f* invert(ed) sugar cream
investieren *v* invest
Investition *f* investment
inzwischen meanwhile, in the meantime
irden *s.* Keramik…
Irrtum *m* error
Islandmuschel *f* hard clam, Ocean quahog *(shellfish, cyprina islandica)*
Isolierkanne *f* thermos® flask, thermos® carafe, *(AE)* thermos®
Italienischer Salat *m* salad with pieces of meat, vegetables, and mayonnaise, sometimes with hard boiled eggs and fruit

I

Imbiss *m* snack
Import *m* import, importation
Importeur(in) *m(f)* importer
importieren *v* import
improvisieren *v* improvise
Induktionsherd *m (BE)* induction cooker, *(BE)* induction hob, *(AE)* induction range, *(AE)* induction cooktop
Induktions(koch)platte *f* induction hotplate
Infrarotlampe *f* infrared lamp
Ingwer *m* ginger
Ingwerbier *n* ginger beer
Ingwergelee *n* ginger jelly
Inhalt *m* 1. contents *pl (things contained)*; 2. volume *(of water)*
innen…, Innen… inside …, inner …

J

Jackfrucht *f* jackfruit
Jagd *f* 1. hunt; 2. hunting • **auf der Jagd** at the hunt • **auf Jagd gehen** go hunting
Jagdwurst *f s.* Schinkenwurst
jagen *v* hunt
Jäger(in) *m(f)* hunter
Jägerschnitzel *n* pork cutlet with mushroom sauce
Jahr *n* year • **ein halbes Jahr** six months • **Jahr für Jahr** year after year • **das ganze Jahr über** all year round
Jahresergebnis *n* annual balance (sheet)
Jahresurlaub *m* annual holiday, *(BE)* annual leave, *(AE)* annual vacation
Jahreszeit *f* season • **von der Jahres-**

zeit abhängig, jahreszeitlich bedingt depending on the season, seasonal
Jahrgang *m* vintage *(wine)* • **ein guter Jahrgang** a fine vintage
Jahrgangsangabe/mit indicating the year of production
Jakobsmuschel *f* (great) scallop *(shellfish, pecten maximus)*
Jamaikakirsche *f s.* Barbadoskirsche
Japanische Birne *f* Nashi pear *(exotic fruit)*
Jause *f (Aut)* snack
jaus(n)en *v (Aut)* have a snack
Jod *n* iodine
jodarm low in iodine
jodhaltig *(BE)* iodised, *(AE)* iodized
Joghurt *m* yoghurt
Johannisbeere *f/***Rote** redcurrant
Johannisbeere *f/***Schwarze** blackcurrant
Johannisbrot *n* carob
jung young
Jungbulle *m* bullock
Jungente *f* duckling
Junghahn *m* broiler
Jungrind *n s.* Färse
Jungschwein *n* piglet, suckling pig
Jus *m s.* Fleischsaft

K

Kabel *n* flex, wire
Kabeljau *m* cod *(salt water fish, gadus morhua)*
Kaffee *m* coffee • **Kaffee trinken** have a coffee • **einen Kaffee trinken gehen** go for a coffee
Kaffee *m/***frischer** freshly brewed coffee
Kaffee *m/***koffeinfreier** decaffeinated coffee • **einen koffeinfreien Kaffee, bitte** a decaff, please
Kaffeefilter *m* coffee filter
Kaffeekanne *f* coffee pot
Kaffeelöffel *m* coffee spoon
Kaffeemaschine *f* coffee machine, coffee maker
Kaffeemühle *f* coffee grinder
Kaffeepulver *n* ground coffee
Kaffeesahne *f* cream
Kaffeesatz *m* coffee grounds
Kaiserfleisch *n* 1. *lean smoked bacon*

cooked in a mould; 2. Aut: smoked belly of pork
Kaisergranat *m* Norway lobster, langustine, scampi *pl (crustacean, nephrops norvegicus)*
Kaiserkirschen *fpl tinned red cherries in their own juice*
Kaiserschmarrn *m pieces of pancake made with eggs (yolks in the dough and whipped egg whites added separately) served with raisins, icing sugar and jam (Austrian speciality)*
Kaiserschoten *fpl s.* Zuckerschoten
Kaisersemmel *f (Aut) round bread roll made from white flour, with a star-shaped pattern on top*
Kakao *m* cocoa
kakaohaltig containing cocoa
Kaki(frucht) *f* Japanese persimmon, kaki, date plum, sharon fruit
Kaktusfeige *f* prickly pear *(exotic fruit)*
Kalamar *m s.* Kalmar
Kalb *n* calf
Kalbfisch *m* piked dogfish
Kalbfleisch *n* veal
Kalbsbrust *f* breast of veal, brisket of veal
Kalbsbrust *f/***gefüllte** stuffed breast of veal
Kalbsgekröse *n* veal tripe
Kalbskäse *m* veal terrine *(fine veal paste baked in a mould)*
Kalbskeule *f* leg of veal
Kalbskopf *m* calf's head *(often served as breaded slices in Germany)*
Kalbsleberwurst *f* veal liver sausage
Kalbsmedaillon *n* veal medallion
Kalbsnierenbraten *m rolled and roast loin of veal with kidney*
Kalbsnuss *f* flank of veal
Kaldaunen *fpl* tripe *(singular)*
Kalk *m* lime
kalkig hard *(water)*
Kalmar *m* squid *(cephalopod, loligo vulgaris)*
Kalorien *fpl* calories
kalorienarm low in calories
kalt cold • **kalt stellen** chill, keep cold
kalte Platte *f* cold dish consisting of various types of sliced ham and sausages as well as other types of cold meat
Kältemaschine *f* refrigeration machine
kaltgepresst cold pressed • **kaltgepresstes Olivenöl** virgin olive oil
kaltgeräuchert cold-smoked

Kaltschale f cold sweet soup made of fruit
Kamille f camomile
Kamin m chimney, fireplace
Kamm m neck (meat)
Kammmuschel f s. Meermandel
Kamtschatkakrabbe f giant crab, Alaska crab (huge salt water crustacean, paralithodes sp. or macrocheina Kaempferi)
kandieren v (BE) crystallise, (AE) crystallize
Kandiszucker m rock candy
Kanditen fpl (Aut) candied fruit, glacé fruit (singular); (BE) crystallised fruit, (AE) crystallized fruit (singular)
Kaninchen n rabbit
Kaninchenfrikassee n rabbit fricassee
Kännchen n 1. jug (milk); 2. pot (coffee)
kannelieren v peel vegetables in a decorative style
Kantine f canteen
Kapaun m capon
Kapern fpl capers
Kapsel f cap, top (bottle)
Kapuzinerkresse f nasturtium
Karaffe f carafe • **eine halbe Karaffe** half a carafe • **eine halbe Karaffe Wein** a half carafe of wine
Karambole f carambola, star fruit (exotic fruit)
Karamell n caramel
karamellisieren v s. bräunen
Karausche f crucian carp (fresh water fish, carassius carassius L.)
Karbonade f chop, cutlet (pork)
Karfiol m (Aut) cauliflower
Karierholz n s. Rolle
Karlsbader Oblaten fpl Bohemian wafers (large thin wafers with a sugar filling)
Karotin n carotene, carotin (food colour, E 160 a)
Karotte f s. Möhre
Karpfen m carp (fresh water fish, cyprinus carpio spp.)
Karpfen m/**gefüllter** carp stuffed with various other fish, served with beetroot and sweet potato salad (Yiddish dish)
Kartoffel f potato
Kartoffelbrei m mashed potatoes pl
Kartoffelkroketten fpl potato croquettes
Kartoffeln fpl/**festkochende** firm-cooking potatoes
Kartoffelpuffer m potato fritter (small fried potato cakes, made of grated raw potatoes)

Kartoffelpüree n, **Kartoffelstock** m (CH) mashed potatoes pl
Karton m cardboard box, carton
Käse m cheese
Käsegebäck n cheese savouries pl
Käsekuchen m cheesecake
Käseplatte f cheese board, cheese platter
Käsereibe f cheese grater
Käse(sahne)torte f cheesecake (with cream filling)
Kasseler Kamm m pickled and smoked neck of pork, with or without bone
Kasseler Rippchen n, **Kasseler Rippenspeer** m cured pork rib (pickled and smoked)
Kasserolle f s. Schmortopf
Kastanie f chestnut
Kastanie f/**kandierte** candied chestnut, (BE) crystallised chestnut, (AE) crystallized chestnut
Kästchen n small box
Kasten m crate (of beer)
Katenschinken m smoked country ham (speciality of Schleswig-Holstein) served cold
Katzenhai m dogfish (salt water fish, squalus acanthias)
Katzenzunge f chocolate langue-de-chat
kauen v chew
Kauf m s. Einkauf
kaufen v s. einkaufen
Kaulbarsch m ruffe (fresh water or brackish water fish, gymnocephalus cernua L.)
kaum scarcely, hardly
Kaumagen m gizzard
Kaviar m caviar
kehren v sweep
Keil m, **keilförmiges Stück** n wedge (general); slice, piece (of cake, cheese)
Keim m, **Keimling** m germ
keimfrei sterile
Keks m (BE) biscuit, (AE) cookie
Kelchglas n goblet
Keller m cellar
Kellermeister m cellarman, head of wine cellar
Kellerverwalter m wine cellar administrator
Kellner m waiter
Kellnerin f waitress
Kennzeichnungspflicht f obligation to label (products), requirement to label (products)

kennzeichnungspflichtig be under the obligation to label and declare • **Zusätze sind kennzeichnungspflichtig** additives must be clearly labelled
Keramik... earthenware ...
Kerbe f kerf
Kerbel m chervil, French parsley, (AE) gourmet's parsley
Kern m 1. stone, pip (of cherry, plum, peach); 2. pip (of apples); 3. seed (of grapes and small fruit)
kernig s. fest
Kernobst n pome, pomaceous fruit
Kernschinken m raw ham (from the central part of the leg)
Kerntemperatur f core temperature
Kerze f candle
Kerzenhalter m candleholder
Kerzenleuchter m 1. candlestick (for one candle); 2. chandelier (for several candles or lightbulbs, also mounted on ceiling)
Kessel m 1. basin (for washing or rinsing); 2. kettle (for hot water)
Kesselfleisch n s. Wellfleisch
Ketakaviar m salmon caviar (from dog salmon)
Ketalachs m dog salmon (salt water fish, oncorhynches Keta)
Kette f chain (restaurants, hotels)
Keule f leg (beef, poultry, mutton, lamb etc.)
Kichererbsen fpl chickpeas
Kido f (Aut) quince (fish)
Kiemen fpl gills
Kindersitz m 1. child's seat (in car); 2. high chair (at home or in restaurant)
Kinderteller m children's menu, children's portion
Kipferl n (Aut) croissant
Kippbratpfanne f tilting frying pan
kippen v tip over, tilt
Kippkochkessel m tilting (steam) kettle
Kirsche f cherry
Kirschtomate f cherry tomato
Kirschwasser n kirsch, cherry schnapps
Kissen n cushion
Kiste f box (general); case (of wine)
Kiwano f horned cucumber, horned melon
klar clear
klären v clarify
Klären n, **Klärung** f clarification
Klarsichtfolie f (BE) cling film, (AE) cellophane wrap • **in Klarsichtfolie einhül-**

len, mit Klarsichtfolie abdecken (BE) wrap in cling film, (AE) wrap in cellophane
Klarsichtpackung f blister pack
Klasse f category, grade
klassifizieren v classify
Klassifizierung f classification
klassisch classic
kleben v adhere, stick • **nicht klebend** non-stick
klebrig sticky
Klee m clover
Kleeblatt n leaf of clover
Kleeblatt n/**vierblättriges** four-leaf clover
Kleiderbügel m coat hanger
Kleie f bran
klein 1. small (of size); 2. little (of age)
Kleingebäck n small cakes pl, small pastries pl, petits fours pl
Klementine f clementine
Kletzenbrot n (Aut, Bay) fruit loaf (usually with dried pears)
Kliesche f dab (salt water fish, limanda limanda)
Klima n climate
Klimaanlage f air conditioning
Klimabedingungen fpl climatic conditions
Klimaschrank m wine storage cabinet
klimatisiert air-conditioned
Klinge f blade
Klippfisch m s. Stockfisch
Klops m meatball
Kloß m dumpling
Klößchen n small dumpling
Klümpchen n small lump
Klumpen m chunk, lump
klumpig chunky, lumpy
knabbern v nibble
Knäckebrot f crispbread
knacken v crack (nuts)
knackig crunchy
Knackwurst f sausage with a tight skin which makes a cracking sound when bitten
Kneipe f (fam.) bar, (BE) pub, (AE) saloon bar
kneten v knead
Knoblauch m garlic
Knoblauchbutter f garlic butter
Knoblauchpresse f garlic press
Knoblauchzehe f clove of garlic
Knochen m bone • **Knochen lösen** s. ausbeinen

Knochenmark *n* bone marrow
Knochensäge *f* bone saw
Knochenschinken *m* ham on the bone
knochig bony
Knödel *m s.* Kloß
Knolle *f* tuber
Knollensellerie *m* celeriac
Knorpel *m* cartilage, gristle
knorpelig gristly
Knurrhahn *m* gurnard *(salt water fish, trigla sp.)*
knusprig crispy, crunchy
Koch *m* cook, chef
Kochbanane *f s.* Gemüsebanane
Kochbeutel... *m* boil-in-bag • **Reis im Kochbeutel** boil-in-the-bag rice
köcheln *v* simmer
kochen *v* 1. cook *(general)*; 2. boil *(at the highest temperature)*
Kochen *n* 1. cooking *(general)*; 2. boiling *(at the highest temperature)* • **zum Kochen bringen** bring to the boil
kochfertig ready to cook
Kochfläche *f s.* Kochplatte
Kochfleisch *n s.* Siedfleisch
Kochgeschirr *n* cookware
Kochkessel *m* kettle
Kochkunst *f* 1. cookery *(craft of cooking)*; 2. cooking *(activity of cooking)*; 3. cuisine *(different types of food)*
Kochlöffel *m* wooden spoon
Kochmütze *f* cook's hat
Kochplatte *f* hotplate
Kochschinken *m* cooked ham
Kochschokolade *f* cooking chocolate
Kochschrank *m* large slow cooker
Kochspeck *m* bacon
Kochtopf *m* saucepan
Kochzeit *f* cooking time
koffeinfrei decaffeinated • **einen koffeinfreien Kaffee, bitte** a decaff, please
Kohl *m* cabbage
Köhl *m (Aut, SüdD)* savoy cabbage
Kohlehydrate *npl* carbohydrates
Kohlensäure *f* carbon dioxide • **mit Kohlensäure** sparkling *(mineral water)* • **ohne Kohlensäure** still *(mineral water)*
Köhler *m*, **Kohlfisch** *m s.* Pollack
Kohlrabi *m* kohlrabi
Kohlroulade *f* stuffed cabbage leaves *pl*
Kohlrübe *f (BE)* swede, *(AE)* yellow turnip, rutabaga

Kokosfett *n* coconut oil
Kokosmakrone *f* macaroon
Kokosnuss *f* coconut
Kolatsche *f (Aut) s.* Golatsche
Kölsch *n* top-fermented lager beer, specialty from Cologne
Kommentar *m* comment • **kein Kommentar** no comment
kompakt compact, solid
Kompott *n* compote
Kompromiss *m* compromise • **einen Kompromiss schließen** reach a compromise
Kondensmilch *f* condensed milk, evaporated milk
Kondenswasser *n* condensation
Konditor(in) *m(f)* pastry chef, pâtissier
Konditoreiware *f* (little) pastries *pl*, patisseries
Konfekt *m (BE)* sweets *pl*, *(BE)* confectionary, *(AE)* candy
Konfitüre *f (BE)* jam, *(AE)* jelly
Konfitüretopf *m (BE)* jam pot, *(AE)* jelly pot
Königinpastete *f* vol-au-vent with chicken, sweetbreads and mushrooms
Königsberger Klops *m* small meat balls with capers, boiled and served in a white caper sauce (originally, speciality of Königsberg/Kaliningrad)
Königskrabbe *f s.* Kamtschatkakrabbe
Konkurrenz *f* 1. competition *(competing businesses)*; 2. rivalry *(aggressive competitiveness)* • **die Konkurrenz ist hart** the competition is tough
konservieren *v* conserve, preserve
Konservierungsmittel *n* preservative
Konsistenz *f* consistency
kontinuierlich continuous
Kontrast *m* contrast
kontrollieren *v* 1. check, verify *(ensure compliance)*; 2. control *(be in command)*
Kontrolllampe *f* pilot light, indicator light
Konzentrat *n* concentrate
Kopf *m* head
Kopfsalat *m* lettuce
Kopfschwarte *f* scalp
Korb *m* basket
Koriander *m (BE)* coriander, *(AE)* cilantro
Korianderpaste *f (BE)* coriander paste, *(AE)* cilantro paste
Korinthen *fpl* currants
Korken *m* cork • **dieser Wein**

schmeckt nach Korken this wine is corked
Korkenzieher m corkscrew
Korn m schnapps
Korn n corn, grain
Körnchen fpl granules
Körnd(e)ln npl (Aut, Bay) grain (singular)
körnig granulated • **körnig machen** grind, granulate
Kornschnaps m schnapps
koscher kosher (food prepared according to the rules of Judaism)
Kost f fare
Kost f/einfache home cooking, country fare
kostbar precious, valuable
kosten v 1. cost (price); 2. taste, sample (food, etc.)
Kosten pl costs, expenses
köstlich delicious
Köstlichkeit f delicacy
kostspielig costly, expensive
Kotelett n chop, cutlet
Kotelettstrang m s. Karbonade
Krabbe f (BE) prawn, (AE) shrimp
Krabbenchips pl prawn crackers
Krabbencocktail m prawn cocktail
krachig crispy (vegetables)
Kraftbrühe f beef stock, beef bouillon
kräftig 1. sharp, strong (e.g. cheese, horseradish); 2. keen (e.g. mustard)
Krakauer (Wurst) f sausage made of coarsely minced meat, smoked twice and cooked (Polish speciality)
Krake f common octopus (cephalopode, octopus vulgaris)
Kranz m ring
Krapfen m doughnut
Krapferln mpl (Aut) thick round biscuits (AE: cookies)
kratzen v scrape, scratch
Kraut n 1. herb; 2. (SüdD, Aut) cabbage
Kräutel m (Aut, Bay) chervil
Kräuterbutter f herb butter
Kräuterkäse m herb cheese
Kräuterquark m quark mixed with herbs
Kräutersträußchen n bouquet of herbs
Kräutertee m (BE) herbal tea, (AE) herb tea
kreativ creative
Krebs m 1. crayfish (various fresh water crustaceans); 2. crab (various salt water crustaceans)
Krebsschere f crab claw

Krebstiere npl crustacean (formerly called "Krustentiere" in German)
Kreditkarte f credit card
Krem s. Creme
kremig s. cremig
Kren m s. Meerrettich
Kresse f cress
Kretzer m s. Barsch 1.
Kreuzkümmel m cumin
Kringel m round shape, swirl
Kristall m crystal; crystalware
kristallisieren v (BE) crystallise, (AE) crystallize
Kristallzucker m refined sugar crystals
Kriterium n criterion (plural: criteria)
Krokant m chopped nuts, almonds, etc. which have been caramelised
Kroketten fpl croquettes
Krone f 1. crown (general); 2. head (beer)
Kronkorken m crown cap
kross s. knusprig
Krug m 1. jug (for water); 2. mug (large cup); 3. tankard (beer)
Krume f (bread) crumb
Krümel m crumb
krümelig crumbly
krümeln v crumble, make crumbs
Krümelschublade f crumb tray (for toaster)
Kruspelspitz m (Aut) rib of beef
Kruste f crust
Krustentiere n s. Krebstiere
Kübel m (BE) bucket, (AE) pail
Küche f 1. kitchen (place of work); 2. cuisine (gastronomic quality and orientation) • **eine sehr gute Küche** a very good cuisine
Küche f/chinesische Chinese cuisine, Chinese cooking
Küche f/saisonbedingte seasonal cuisine
Kuchen m cake
Küchenbesteck n (BE) kitchen cutlery, (AE) silverware, (AE) flatware
Kuchenboden m cake base
Küchenbrigade f kitchen brigade, kitchen staff
Küchenchef m (head) chef, chef de cuisine
Kuchenform f cake tin
Kuchengabel f pastry fork
Küchengarn n twine
Küchengehilfe m kitchen assistant, kitchen ancillary

Küchengerät

Küchengerät *n* small kitchen appliance *(e.g. toaster, blender)*
Küchengeschirr *n* kitchen utensils *pl*
Kuchenheber *m* s. Kuchenschaufel
Küchenkraut *n* herb
Küchenkrepp *n*, **Küchenpapier** *n (BE)* kitchen towel, *(AE)* paper towel
Küchenpersonal *n* s. Küchenbrigade
Kuchenschaufel *f* cake slice
Küchenwaage *f* kitchen scales *pl*
Küchenwecker *m* kitchen timer
Kugel *f* ball
Kugelschneider *m* glass cutter
Kuh *f* cow
kühl cool
kühlen *v* chill
kühlen *v/sehr stark* refrigerate
Kühlfach *n* freezer (compartment) *(up to -6 °C)*
Kühlkette *f* cold chain (distribution)
Kühlraum *m* cold room, cold store
Kühlschrank *m* refrigerator, *(infrml)* fridge
Kühltasche *f* cool bag
Kühltheke *f* chill(ed) cabinet
Kühltruhe *f (BE)* deep freeze(r), chest freezer, *(AE)* deep-freeze, freezer chest
Kühlung *f*, **Kühlverfahren** *n* refrigeration
Kühlvitrine *f* chill cabinet
Küken *n* chick
Kukuruz *m (Aut) (BE)* maize, *(AE)* corn
kulinarisch culinary
Kümmel *m* caraway seed
Kümmelschnaps *m* schnapps *(flavoured with caraway seeds)*
Kumquat *f* s. Zwergpomeranze
Kunde *m* customer, client • **der Kunde ist König** the customer is always right
Kundendienst *m* customer service *(general)*; after-sale service
Kundschaft *f* customers *pl*
Kunsthonig *m* s. Invertzuckercreme
künstlich artificial
Kunststoff *m* synthetic material, man--made material; plastics *pl*
Kupfer *n* copper
Kurbel *f* crank
Kürbis *m* pumpkin
Kürbiskerne *mpl* pumpkin seeds
Kürbiskernöl *n* pumpkin seed oil
Kurkuma *m* turmeric
kurz short, brief
kürzen *v* make shorter *(general)*; shorten *(cooking time)*

Kuttelfleck *m* s. Gekröse
Kuttelkraut *n (Aut)* thyme
Kutteln *fpl (Aut, SüdD)* s. Kaldaunen
Kuvertüre *f* chocolate coating, *(BE)* chocolate icing, *(AE)* chocolate frosting

L

Lab *n* rennin, rennet
Lachs *m* salmon
Lachsforelle *f* sea trout, salmon trout
Lachsschinken *m* leg of pork, rolled, smoked, cured
Lager *n (BE)* store, store room, *(AE)* storage room • **auf Lager** in store
Lagerbestand *m* stock
lagern *v* stock
Lagertemperatur *f* stock temperature
Lagerung *f* storage
Laib *m* 1. loaf *(bread)*; 2. whole cheese
Laibchen *n/faschiertes (Aut)* meat loaf
Lake *f* brine
laktosefrei lactose-free, dairy-free, non--dairy
Lamm *n* lamb
Lammkeule *f* leg of lamb
Lammrücken *m* saddle of lamb
Lampe *f* lamp
Lampenschirm *m* lamp shade
Lamprette *f* lamprey *(fresh water fish, lampetra fluviatilis)*
Land *n* 1. country *(geographical area)*; 2. property *(area owned)*
Land(gast)haus *n* country inn
ländlich (einfach) rustic
Landwein *m (BE)* vin ordinaire, table wine
Landwirtschaft *f* agriculture
landwirtschaftlich agricultural
lang long
Länge *f* length • **der Länge nach** lengthways
Langkornreis *m* long grain rice
länglich oblong
Langschwanzseehecht *m* blue grenadier, hoki *(salt water fish, macruronus spp.)*
Languste *f* langouste, spiny lobster *(salt water crustacean, palinurus vulgaris)*
Langustine *f* langoustine, rock lobster, Dublin Bay prawn *(salt water crustacean, nephrops norvegicus)*

Lattenrost *m* duckboards *pl (on the floor or ground)*; (bed) slats *pl*
Lattich *m s.* Kopfsalat
Laube *f*, **Laubengang** *m (BE)* arbour, *(AE)* arbor
Lauch *m* leek
Lauchzwiebel *f (BE)* spring onion, *(AE)* scallion
lauwarm lukewarm, tepid
Lavendel *m* lavender
lebend, lebendig living, alive
Lebendbecken *n* display tank for live fish *(in a restaurant)*
Lebenshaltungskosten *pl* cost of living *(singular)*
Lebensmittel *n* food
Lebensmittelfarbe *f (BE)* food colouring, *(AE)* food coloring
Leber *f* liver
Leber *f*/**saure** *calf or beef liver, cooked in a vinegar sauce*
Lebercreme *f* smooth liver paste
Leberkäse *m* meat loaf or patémade from mixed ground meats
Leberklößchensuppe *f* soup with small liver dumplings
Leberknödel *m* meat ball made of calf's liver or beef liver
Leberpastete *f* liver pâté
Leberwurst *f* liver paste sausage
Leberwurst *f*/**grobe** *liver sausage made from coarsely ground liver*
Lebkuchen *m* type of soft gingerbread, eaten around Christmas
lecker delicious, *(infrml)* tasty
Leder *m* leather
leer empty
leeren *v* empty
legen *v* lay
legen *v*/**aufeinander** pile (up)
legieren *v* thicken
Lehre *f*, **Lehrzeit** *f* apprenticeship
Lehrling *m*, **Lehrmädchen** *f* apprentice
leicht 1. easy *(not difficult)*; 2. light *(weight)* • **leichter machen** 1. make sth easier *(less difficult)*; 2. make sth lighter *(weight)*
Leichtsinn *m* foolishness, thoughtlessness
leichtsinnig foolish, careless
Leinsamen *m* linseed
Lende *f*, **Lendenbraten** *m*, **Lendenstück** *n* (piece of) loin

Lengfisch *m* ling *(salt water fish, molva molva)*
Licht *n* light
lichtempfindlich sensitive to light
lichtgeschützt light-protected • **"lichtgeschützt aufbewahren"** "keep out of direct (sun)light"
liebenswürdig charming, kind
Liebstöckel *n(m)* lovage
Lieferant(in) *m(f)* supplier
lieferbar available
liefern *v* deliver
Lieferwagen *m (BE)* delivery van, *(AE)* delivery truck
Likör *m* liqueur
likörartig liqueur like *(wine)*
lila, lilafarben purple
Limette *f* sweet lime
Limone *f* lime
Limonenöl *n* lime oil
Lindenblütentee *m* lime blossom tea, linden blossom tea
Linsen *fpl* lentils
Lippfisch *m* wrasse *(salt water fish, labrus maculata)*
Liter *m (BE)* litre, *(AE)* liter
Litschi *f* lychee, litchi
Lizzafisch *m* blaine, glaucus *(salt water fish, lichia qlauca L.)*
loben *v* acclaim, praise
Loch *n* hole *(general)*; cavity *(e.g. in chicken, tooth)*
locker fluffy, light *(pastry)*
lockern *v* lighten *(consistency)*
Löffel *m* spoon • **ein Löffel voll** a spoonful
Löffelbiskuit *n (BE)* sponge finger, *(AE)* lady finger
Löffelhalter *m* spoon holder
löffeln *v*, **löffelweise begießen** *v* spoon (over)
lohnend profitable
Longan(frucht) *f* longan fruit *(exotic fruit)*
Lorbeer *m* laurel
lose loose *(not wrapped)*
lösen *v* separate, remove
lösen *v*/**Knochen** *s.* ausbeinen
lösen *v*/**sich** come undone, come off
löslich soluble
Lösung *f* solution
Lösungsmittel *n* solvent
Löwenzahn *m* dandelion
Luft *f* air
Luftbefeuchter *m* humidifier

Luftblase *f* air bubble
luftdicht airtight
lüften *v* air
Lüfter *m* fan
Luftfeuchtigkeit *f* (atmospheric) humidity
luftgetrocknet air-dried
luftig 1. breezy *(air)*; 2. light *(pastry)*
Lüftung *f* ventilation
Lulo *f* lulo fruit, naranjilla *(exotic fruit)*
Lummer *f* roast loin *(pork)*; sirloin *(beef)*
Lummerkotelett *n* loin cutlet
Lumpfisch *m* lump(-sucker) *(salt water fish, cycloperus lumpus L.)*
Lumpfischrogen *m* lump roe *(substitute for caviar, coloured black with cuttlefish ink, coloured red with cochineal)*
Lunge *f* lung
Lungenbraten *m (Aut)* fillet of beef, sirloin, roast loin
Lüngerl *n* lung ragoût seasoned with vinegar *(Bavarian speciality)*
Lust auf etw haben *v* fancy sthg, feel like sthg • **Lust haben, etwas zu tun** fancy doing sthg, feel like doing sthg
Lyoner Wurst *f s.* Fleischwurst

M

Macadamianuss *n* Macadamia nut
Magen *m* stomach
mager lean *(meat)*; low-fat *(yoghurt, etc.)*
Magermilch *f* skimmed milk, low-fat milk
Magermilchpulver *n* low-fat milk powder
Maggikraut *n s.* Liebstöckel
mahlen *v* grind
Mahlzeit *f* meal • **Mahlzeit!** Enjoy your meal!, Enjoy!
Maibowle *f* punch made with white wine or sparkling wine and flavoured with herbs
Maifisch *m s.* Alse
Mais *m (BE)* maize, *(AE)* corn
Maiskolben *m* corn on the cob
Maismehl *n (BE)* cornflour, *(AE)* cornstarch
Maître d'Hôtel maître d'hôtel
Majoran *m* marjoram
Makrele *f* mackerel *(salt water fish, scomber scombrus)*
Makrelenhecht *m/atlantischer* Atlantic saury *(salt water fish, scombresox saurus Walb.)*

makrobiotisch macrobiotic
Makrone *f* macaroon
Malz *n* malt
Malzextrakt *m* malt extract
Malzzucker *m* malt sugar
Mandarine *f* mandarin
Mandelcreme *f* almond cream *(cake filling)*
Mandeln *fpl* almonds
Mandelöl *n* almond oil
Mandoline *f s.* Gemüsehobel
Mangofrucht *f* mango
Mangold *m* Swiss chard
Mangopulver *n* mango powder, amchoor powder
Mangostane *f*, **Mangostanfrucht** *f* mangosteen *(exotic fruit)*
Maniok *m* cassava
Manschette *f* cuff
MAP-verpackt modified atmosphere packaged, M.A.P.
Maracuja *f* passion fruit *(exotic fruit)*
Marille *f (Aut)* apricot
Marinade *f* marinade
marinieren *v* marinate *(meat, fish, etc.)*; pickle *(onions, cucumber, eggs, etc.)*
Mark *n s.* Knochenmark
Marke *f/eingetragene* registered trademark *(designated like this: ®)*
Markenname *m* brand name
Markenzeichen *n* trademark
Markklößchen *n* bone marrow dumpling
Markknochen *m* marrowbone
Markt *m* market
marktfrisch market fresh
Marktpreis *m* market price
Marlin *m* billfish, marlin *(salt water fish, various species of istiphoridae)*
Marmelade *f* marmalade *(made of citrus fruits)*
Marmor *m* marble • **aus Marmor** made of marble, marble …
marmoriert *s.* durchwachsen
Marmorkuchen *m* marble cake
Marone *f* sweet chestnut
Maronenpilz *m*, **Maronenröhrling** *m* chestnut boletus *(edible mushroom)*
Marzipan *n* marzipan
Marzipanrohmasse *f* raw marzipan, basic almond paste
Marzipanteig *m* pastry dough with marzipan
Masche *f* hole
Maschine *f* machine

maschinengeschält machine-peeled
Maß n measure • **nach Maß** to measure
Maßnahme f measure
mästen v fatten
Masthuhn n fattened chicken
Matjeshering m cured herring (marinated with natural enzymes, ≥ 12 % fat)
Matjessalat m s. Heringssalat
matschig mushy
matt dull
Matze f matzo (unleavened bread or dumpling, often kosher)
Maul n mouth, maw (of an animal)
Maulbeere f mulberry
Maultasche f large ravioli stuffed with meat, spinach, onions and herbs (South German speciality)
Maultier n mule
Meer n sea
Meeraal m conger (eel)
Meeräsche f (BE) grey mullet, (AE) gray mullet (salt water fish, various species of mugilidae)
Meerbarbe f/**Rote** s. Rotbarbe
Meerdattel f date mussel (shellfish, lithophage lithophaga L.)
Meeresfisch m salt water fish
Meeresfrüchte fpl seafood (singular)
Meereskrebs m s. Taschenkrebs
Meerforelle f s. Lachsforelle
Meerkohl m sea kale
Meerlattich m/**Grüner** green laver, sea lettuce (algae, ulva lactuga L.)
Meermandel f dog cockle, bittersweet (shellfish, pectunculus glycymeris)
Meerrettich m horseradish
Meersalat m s. Meerlattich/Grüner
Meersalz n sea salt
Meertrübli npl (CH) redcurrants
Mehl n flour • **mit Mehl bestreuen** sprinkle with flour • **mit Mehl stauben** (Aut) dust with flour
Mehlbutter f beurre manié, kneaded butter
mehlig floury, mealy (taste of apple, potato, etc.)
Mehlschwitze f s. Einbrenne
Mehlspeise f (Aut) all kinds of sweets or desserts, including those without flour
Mehrfachsteckdose f multiple socket
Mehrweg... reusable ...
Mehrwegflasche f returnable bottle
Mehrwertsteuer f (Abk.: MwSt.) value added tax, VAT • **einschließlich MwSt.**

including VAT • **MwSt. nicht inbegriffen** excluding VAT
Melange f (Aut) large milky coffee (esp. in Vienna)
Melanzane f (Aut) (BE) aubergine, (AE) eggplant
Melde f garden orache
Melone f melon
Melonenkürbis m (BE) marrow, (AE) squash
Menge f quantity
Menü menu
Meringe f meringue
Merkblatt n leaflet; instructions pl
Merkmal n characteristic, feature
Merlan m s. Wittling
Messbecher m measuring cup
messen v measure
Messer n knife
Messerblock m knife block
Messerhalter m (magnetic) knife holder (wall-mounted)
Messerschärfer m knife sharpener
Messerscheide f razor clam (shellfish, cyrtodaria siliqua)
Messerschleifer m s. Schleifmaschine
Messerspitze f tip of a knife • **eine Messerspitze voll** a pinch of
Messglas n measuring glass
Messing n brass • **aus Messing** made of brass
Messlöffel m measuring spoons pl
Metall n metal
metallisch metal, metallic (sound)
Mett n minced pork with onions, salt and spices, eaten raw
Mettwurst f minced pork sausage with onion, salt and spices, eaten raw as a spread
Metzger m s. Fleischer
Metzgerei f s. Fleischerei
MHD s. Mindesthaltbarkeitsdatum
Miesmuscheln fpl mussels (shellfish, mytilidae sp.)
Miete f (BE) rent, (AE) rental
mieten v rent
Mikrowellenherd m microwave (oven)
Milch f milk
Milch f/**haltbare** long-life milk, UHT milk
Milcheis n dairy ice cream
milchig milky
Milchkaffee m milky coffee, white coffee
Milchlamm n young lamb (20 to 45 days old)

Milchmixgetränk *n* flavoured milk drink, milkshake

Milchner *m* 1. milt *(semen of male fish)*; 2. milter *(a male fish, mature and ready to breed)*

Milchprodukt *n* milk product, dairy product

Milchpulver *n* milk powder

Milchreis *m* rice pudding

Milchsäure *f* lactic acid

Milchzucker *m* lactose

mild 1. mild *(seasoning)*; 2. mellow *(wine)*

mildern *v* dilute *(in order to make milder)*

Milz *f* spleen

Milzwurst *f* smooth paste sausage, made with large pieces of spleen, usually served hot and cut into breaded slices *(Bavarian speciality)*

Mindesthaltbarkeitsdatum *n (Abk.: MHD)* best-before date, sell-by date

mineralisch mineral

Mineralwasser *n* mineral water

Minze *f* mint

Mirabelle *f* mirabelle

mischen *v* mix, blend

Mischgemüse *n* mixed vegetables *pl*

Mischung *f* mixture, blend

Mispel(frucht) *f* medlar (fruit)

Misserfolg *m* failure

Missverständnis *n* misunderstanding

Mitarbeiter *m* colleague *(personal)*; employee *(corporate)*

Mittagessen *n* lunch • **zu Mittag essen** have lunch; have dinner *(Scotland and Northern England)*

Mitte *f* middle, *(BE)* centre, *(AE)* center

mittel..., Mittel... 1. middle *(dimension, quality)*; 2. central *(middle position)*

mittelmäßig mediocre

Mixbecher *m* shaker

mixen *v* mix

Mixer *m* blender, mixer

Model *m (BE)* mould, *(AE)* mold

Modell *n* model

modellieren *v* model

modern modern

modernisieren *v (BE)* modernise, *(AE)* modernize

mögen *v s.* gern haben

Mohn *m* poppy

Mohnbrötchen *n* poppy seed bread roll

Mohnkuchen *m* poppy seed cake

Möhre *f*, **Mohrrübe** *f* carrot

Mohrenkopf *m* type of marsh-mallow with chocolate coating

Mokka *m* mocha

Mokkakuchen *m* coffee cake

Molke *f* whey

Molkenpulver *n* whey powder

Molkerei *f* dairy

Morchel *f* morel

Mörser *m* mortar

Most *m* fruit wine *(usually apple or pear)*

moussieren *v s.* perlen

Muffelwild *n*, **Mufflon** *n* moufflon

Mühle *f* mill

Mulde *f* hollow, well

Müllbeutel *m (BE)* bin bag, bin liner, *(AE)* garbage bag, *(AE)* trash bag

Mülleimer *m*, **Mülltonne** *f (BE)* (dust) bin, *(AE)* garbage pail, *(AE)* trash can

Münchener Weißwurst *f* poached veal sausage, served in very hot water *(Munich speciality)*

Mund *m* mouth • **einen Mund voll** a mouthful

mundgerecht bite sized

Mungbohnen *fpl* green grams, golden grams, mung beans

mürb soft *(dough, pastry)*; tender *(meat, egg)*

Murbeere *f (Tirol)* blackberry

Mürbeteig *m* short-crust pastry

Mure *f (Tirol)* blackberry

Mus *n* mush

Muschel *f* mussel *(in German, general word for shellfish)*

Muskatnuss *f* nutmeg

Muskat(nuss)blüte *f* mace

Muskatnussreibe *f* nutmeg grater

Muskel *m* muscle

Muster *n* pattern

Mutzen *fpl* deep-fried German biscuit: speciality at carnival time in the Rhineland

MwSt. *s.* Mehrwertsteuer

N

nach und nach progressively, step by step

nachahmen *v* imitate

Nachahmung *f* imitation

nacheinander one after the other

Nachfrage *f* demand

Nachgeschmack *m* aftertaste
nachgießen *v* pour some more
nachlässig careless, negligent
Nachlässigkeit *f* carelessness, negligence
nachlegen *v* put some more
nachschenken *v (BE)* top sb up, top up sb's glass, *(AE)* give sb a refill
Nachspeise *f*, **Nachtisch** *m* dessert, *(BE)* pudding
Nachspeisenbüffet *n*, **Nachtischbüffet** *n* dessert buffet
Nacht *f* night • **bei Nacht** at night
Nacken *m s.* Hals
Nadel *f* needle
Nagelholz *n s.* Hamburger Rauchfleisch
nähren *v* nourish
Nahrungs... food ... *(e.g. food supply)*
Nahrungsmittel *n s.* Lebensmittel
Nahrungsmittelunverträglichkeit *f* food intolerance
Nährwert *m* nutritional value
Napf *m s.* Schüssel
Napfkuchen *m (BE)* sponge cake, *(AE)* pound cake
nappieren *v* coat
naschhaft sein *v* be fond of sweet things, *(infrml)* have a sweet tooth
Nashibirne *f* Nashi pear
Natur *f* nature
natürlich natural
naturrein natural, pure
naturtrüb (naturally) cloudy
Nektarine *f* nectarine
Nest *n* nest
Nettogewicht *n* net weight
Netzfett *n* caul fat
Netzmelone *f* cantaloupe, netted melon
neugierig curious
Neunauge *n s.* Lamprette
neutral neutral
neutralisieren *v (BE)* neutralise, *(AE)* neutralize
Neuzüchtung f new variety
Nichtraucherbereich *m* non-smoking area
niedrig low • **niedriger stellen** *s.* senken
Niere *f* kidney
Nierenfett *n s.* Schmer
Niete *f* rivet *(small bolt)*
Nitritsalz *n*, **Nitritpökelsalz** *n* mixture of nitrite with common salt
Nockerl *n (Aut, Bay)* dumpling
Notausgang *m* emergency exit

Note *f* note *(fragrance)*
notieren *v* write down, make a note of
nötig, notwendig necessary • **falls nötig, falls notwendig** if necessary, if needed
Notwendigkeit *f* necessity • **bei Notwendigkeit** as necessity dictates
nüchtern sober
Nudel *f* pasta *(Italian)*; noodle *(Chinese)*
Nudelauflauf *m* tagliatelle with diced ham, spices and beaten eggs, baked as a soufflé
Nudelholz *n s.* Rollholz
Nudelmaschine *f* pasta maker
Nudeln *fpl s.* Teigwaren
Nudelsalat *m* pasta salad *(Italian style)*; noodle salad *(Chinese style)*
Nudelwalker *m (Aut) s.* Rollholz
Nürnberger Rostbratwurst *f* coarsely ground, salted and spiced pork sausage for grilling (Franconian speciality)
Nuss *f* nut
Nussbeugerl *n (Aut)* horn-shaped bread-roll filled with nut fondant
Nussecke *f* triangular walnut or hazelnut pastry
Nussknacker *m* nutcracker
Nüsslisalat *m (CH)* lamb's lettuce, field lettuce
Nussöl nut oil
Nussschinken *m* salted and smoked part of pork leg
Nutzinhalt m storage volume
Nutzlast *f* payload

O

Oberfläche *f* surface
obergärig top-fermented *(beer)*
Oberkellner *m* head waiter
Obers *m (Aut)* fresh sweetened cream
Oberschale *f* topside *(veal, beef)*
Oberskren *m (Aut)* creamed horseradish
Obst *n* fruit
Obstkuchen *m* pie
Obstler *m* white brandy *(fruit schnapps)* made of various fruits (usually apples, pears, plums)
Obstsalat *m* fruit salad
Ochse *m* ox *(plural: oxen)*

Ochsengaumen *m*, **Ochsenmaul** *n*
ox-muzzle
Ochsenmaulsalat *m* ox-muzzle salad
Ochsenschlepp *m (Aut) s.* Ochsen-
schwanz
Ochsenschwanz *m* oxtail
Ochsenschwanzsuppe *f* oxtail soup
Ofenthermometer *n* oven thermometer
öffnen *v* open • **die ganze Nacht ge-
öffnet** open all night, open 24 hours
Öffnung *f* opening
Öffnungszeiten *fpl* opening times
Ohr *n* ear
öko..., **ökologisch** eco ..., ecological
Okra(schote) *f (BE)* ladyfinger, okra, *(AE)*
okra
Öl *n* oil
Öle *npl*/**ätherische** essential oils
ölig oily
Olive *f* olive
Olivenöl *n* olive oil
Olivenöl *n*/**extra natives** extra virgin olive
oil *(< 1 % acidity)*
Olivenöl *n*/**natives** virgin olive oil *(< 2 %
acidity)*
Omega 3, Omega 6 *unsaturated fatty
acids pl*
Omelett *n*, **Omelette** *f* omelette
opulent sumptuous
Orange *f* orange
Orangeat *n* candied orange peel
Orangenblüte *f* orange flower, orange
blossom
Orangenschale *f* orange peel *(whole
peel)*; orange zest *(grated peel)*
Oregano *m s.* Majoran
Organismen *mpl*/**gentechisch veränderte** *(Abk.: GVO)* genetically modified
organisms, GMO
original original
örtlich local

P

Paar *n* pair
paar/ein a few
Pächter(in) *m(f)* tenant
Palatschinken *m* rolled pancake, filled
with jam or ice cream and covered with
chocolate
Palmenherz *n* heart of palm

Palm(en)öl *n* palm oil
Pampelmuse *f* grapefruit
Panade *f* breadcrumb coating
Pangasius *m* river catfish, yellowtail cat-
fish *(fresh water fish, pangasius hypo-
phtalmus)*
panieren *v* bread
Paniermaschine *f* breading machine
Paniermehl *n* breadcrumbs *pl*
Pansen *m* paunch, rumen
Panzer *m* shell *(of crustaceans)*
Papaya *f* papaya *(exotic fruit)*
Papierbecher *m* paper cup *(for drinks)*;
tub *(for ice cream)*
Papierfilter *m s.* Filtertüte
Papierserviette *f (BE)* paper napkin, *(BE)*
paper serviette, *(AE)* paper napkin
Paprika *m* 1. paprika *(spice)*; 2. pepper
(vegetable)
Paprikaschnitzel *n s.* Zigeunerschnitzel
Paprikaschote *f* pepper pod
Paradeis(er) *m (Aut)* tomato
Parboiled-Reis *m* parboiled rice, converted rice *(raw rice treated under pressure with water and steam, to preserve
vitamins during the peeling and polishing
process)*
parieren *v* prepare for cooking *(meat, fish,
poultry)*
Pariser Rolle *f* pork belly, salted, rolled
and wrapped in pig's omentum
Pariser Zunge *f salted and cooked
tongue of beef*
passen *v* fit *(general)* • **das passt zusammen** that matches, that goes together
passend appropriate *(suitable)*; matching
(harmonious)
Passe(-plats) *m* serving hatch
passieren *v* strain *(through a sieve)*
Passieren *n* straining
Passiersieb *n s.* Chinois
Passiertuch *n s.* Siebtuch
Passionsfrucht *f* passion fruit
Paste *f* paste
Pasternak *m* parsnip
Pastete *f* pâté *(cold)*; *(BE)* potted meat,
(AE) canned paté
Pastetenform *f* pie dish
pasteurisieren *v (BE)* pasteurise, *(AE)*
pasteurize
Pasteurisierung *f (BE)* pasteurisation,
(AE) pasteurization
Pastinake *f* parsnip

pauschal global, wholesale • **pauschal vergüten** pay a flat rate (for sthg) • **pauschal festsetzen** set a flat rate (for sthg)
Pauschalpreis m all-inclusive price, flat rate
Pekannuss f pecan (nut)
Pektin n pectin
Pellkartoffeln fpl potatoes boiled in their skin
Pepino f pepino, pear melon, sweet cucumber
perforieren v perforate
Pergamentpapier n grease proof paper
perlen v fizz • **das perlt** it's fizzy
Perlhuhn n guinea fowl
perlmutterartig, perlmutterfarbig mother-of-pearl
Perlwein m lightly sparkling wine
Perlzwiebel f pearl onion, cocktail onion
Persipan n persipan paste (similar to marzipan, made with apricot kernels or peach kernels)
Personalkoch m communard (cook who prepares the meals of kitchen and restaurant staff)
Peterli m, **Peterling** m (CH, SüdD) parsley
Petermännchen n weever, weaverfish (salt water fish, various species of trachinidae)
Petersfisch m John dory (salt water fish, zeus faber)
Petersilie f parsley • **mit Petersilie bedeckt** sprinkled with parsley • **mit Petersilie zubereitet** prepared with parsley
Pfälzer Saumagen m pork belly stuffed with minced pork, lard, diced potatoes, leeks, carrots, herbs and cooked in a bain-marie (speciality of Rhineland-Pfalz)
Pfännchen n small saucepan
Pfanne f pan • **eine Pfanne voll** a panful (the amount contained in a pan)
Pfannkuchen m pancake
Pfannkuchen m/**Berliner** (BE) jam doughnut, (AE) jelly doughnut
Pfeffer m pepper
Pfefferkuchen m s. Lebkuchen
Pfefferminze f peppermint
Pfefferminztee m (pepper)mint tea
Pfeffermühle f pepper mill
pfeffern v season with pepper, pepper

Pfeffernuss f (BE) ginger nut, (AE) ginger snap
Pfefferschote f/**milde** sweet pepper
Pfefferschoten f chillies
Pfefferstreuer m (BE) pepper pot, (AE) pepper shaker
Pferd n, **Pferdefleisch** n horse meat
Pfifferling m chanterelle
Pfirsich m peach
Pflanze f plant
pflanzlich vegetable
Pflaume f plum
Pflege f attention (consideration); care (treatment)
pflegeleicht easy-care, low-maintenance
pflegen v care for, look after
pflücken v pick
Pfund n pound
Phantasiebezeichnung f fancy name
Physalis f, **Physaliskirsche** f Cape gooseberry
Pichelsteiner Topf m casserole made with chopped beef, mutton and pork layered with onions and various condiments, cooked with a little water on a low flame
Piesl m (Tirol) Swiss chard
pikant spicy
Pilz m mushroom (generic name for all types of mushrooms)
Pimpernell m salad burnet
Pinienkerne mpl pine nuts
Pinsel m brush
Pinzette f tweezers pl
Pipette f pipette
Pistazie f pistachio
Pitahaya f pitaya, pitahaya (exotic fruit)
platt flat
Platte f dish
Platte f/**kalte** cold dish consisting of various types of sliced ham and sausages as well as other types of cold meat
Plattiermesser n meat chopper, also used to flatten slices of raw meat
plattklopfen v flatten
Plätzchen n (BE) biscuit, (AE) cookie
platzen v burst (bag, soft materials); crack (hard materials)
Platzgedeck n (place) setting
platzieren v place, seat, position
Platzierung f placing, positioning; placement
Plockwurst f raw sausage made with finely minced beef and pork

Plötze *f* roach *(fresh water fish, rutilus rutilus)*
Plunderteig *m* flaky dough
pochieren *v* poach
Pokal *m* goblet
Pökelbrust *f* salted and cooked breast of beef
Pökelfleisch *f* salted meat, pickled meat
Pökellake *f s.* Salzlake
pökeln *v* pickle, cure
Pökeln *n* pickling, curing
Pökelrippchen *n s.* Kasseler Rippchen
Pollack *m* coalfish, pollack, saithe *(salt water fish, polachius sp.)*
Pomeranze *f* Seville orange, bitter orange
Pommes *fpl*, **Pommes frites** *fpl (BE)* chips, *(AE)* (French) fries
Pommes-frites-Schneider *m* potato chipper
Pore *f* pore
porös porous, spongy
Porree *m s.* Lauch
Portion *f* portion
portionieren *v* divide into portions, (ap)portion
Portionsfisch *f* portion fish
Portulak *m* common purslane
Porzellan *n* porcelain • **aus Porzellan** made of porcelain
Potential *n*, **Potenzial** *n* potential
potenziell potential
Pottasche *f* potash *(leavening agent)*
Poularde *f* poularde
Powidl *n (Aut)* (thick) stewed plums *pl*
prägeln *v (Aut)* fry (in the pan)
Prager Schinken *m* cooked ham in a bread crust
Praline *f* chocolate, *(AE)* chocolate candy
Praliné *n (Aut) s.* Praline
Prämie *f* premium
präm(i)ieren *v* give an award
Preis *m* price • **alles im Preis inbegriffen** all included, all-inclusive
Preisaufschlag *m* supplement
Preiselbeere *f* cranberry, (mountain) cowberry, lingonberry
Preis-Leistungsverhältnis value for money
Preisliste *f* price list
Preisnachlass *m* discount, price reduction
Preisspanne *f* price margin
preiswert good value
Presse *f* press

pressen *v* press, squeeze
Presskopf *m*, **Presssack** *m s.* Schweinskopfsülze
Prise *f* pinch • **eine Prise Salz** a pinch of salt
probieren *v s.* kosten 2.
Probiermenü *n* taster menu
Pudding *m* custard *(thickened custard-based dessert with various flavours)*
Puderzucker *m* icing sugar
Puffreis *m* puffed rice
Pulver *n* powder
Pummerlsalat *m (Aut)* iceberg lettuce
Pumpe *f* pump
pumpen *v* pump
pünktlich punctual
Punschring *m* savarin
pur pure *(general)*; neat *(without ice: whisky, etc.)*
Püree *n* purée, *(infrml)* mash
pürieren *v* purée, mash
Pute *f* hen turkey
Puter *m s.* Truthahn
putzen *v* clean • **gründlich putzen** scrub

Q

Quadrat *n* square
quadratisch square
quadrieren *v* divide into squares
Qualität *f* quality
Qualitätsanspruch *m* required standard
Qualitätswein *m* **bestimmter Anbaugebiete** *(Abk.: Q.b.A.)* quality wine produced in legally defined geographic areas
Quark *m* quark, curd cheese
Quarkspeise *f* sweetened quark used as a dessert
Quelle *f* spring, source
quellen (lassen) *v* (let) soak
Queller *m* glasswort
Quellwasser *n* spring water
Quendel *m* wild thyme
Querrippen *fpl s.* Spannrippen
Quinoa *n* quinoa
Quirl *m s.* Schlagbesen
Quitte *f* quince

R

Rabatt m discount, price reduction
Radicchio(salat) m radicchio (salad)
Radieschen n red radish *(small)*
raffeln v *(CH, SüdD)* rasp, grate
Raffinade f refined sugar
Raffinesse f refinement, finesse
raffiniert 1. refined *(e.g. sugar)*; 2. sophisticated *(e.g. recipe)*
Ragout n ragout
Ragout fin n *poultry and veal ragout for small vol-au-vents, seasoned with lemon*
Rahm m cream • **Rahm abschöpfen** skim
Rahmschnitzel n *thin slice of veal or pork in a cream sauce*
Rand m edge
Rande f *(CH) (BE)* beetroot, *(AE)* beet
Rang m row
ranzig rancid
Raps m rapeseed
Rapsöl n rapeseed oil
Raspel f rasp, grater
raspeln v rasp, grate
ratsam advisable
rau rough
Rauch m smoke
rauchen v smoke
Raucherbereich m smoking area, smoking zone
Räucherfisch m smoked fish
Räucherkäse m smoked cheese
räuchern v smoke
Räuchern n smoking
Räucherschinken m smoked ham
Räucherspeck m smoked bacon
Räuchertofu m smoked tofu
Rauchfleisch n smoked salted pork
Rauchmelder m smoke detector
rauchtrocknen v smoke dry *(fish, sausages)*
Rauke f rucola, rocket
Raum m 1. room *(in building)*; 2. space *(general)*
Raumtemperatur f room, ambient temperature
Raute f lozenge *(also shape)*
Rebhuhn n partridge
Rebsorte f grape variety
Rechaud m hotplate; chafing dish
Rechnung f 1. invoice; 2. *(BE)* bill, *(AE)* check *(in a restaurant)*; 3. account *(hotel stay)* • **die Rechnung begleichen** settle the account; *(BE)* pay the bill, *(AE)* pay the check *(in a restaurant)*
Rechteck n rectangle
rechteckig rectangular
rechtfertigen v justify • **sich für etwas rechtfertigen** justify oneself for sthg
Rechtfertigung f justification
reduzieren v reduce *(heat, sauce, etc.)*; lower *(heat)*
Reformhaus n health food shop
Regal n shelf
Regel f rule • **gemäß der Regel** according to the rules
regelmäßig regular
Regelmäßigkeit f regularity
Regelung f/**gesetzliche** regulations pl
Regen m rain
Regenbogenforelle f rainbow trout *(fresh water fish, salmo guardneri irideus)*
regenerieren v regenerate *(heat up and dress precooked meals)*
Regimier m s. Diätkoch
Reh n, **Rehfleisch** n 1. roe deer *(animal, one of the species of deer)*; 2. venison *(meat, of any species of deer)*
Rehbock m roebuck
Reherl n *(Bay, Aut)* chanterelle
Reibe f s. Raspel
Reibekuchen mpl potato fritters
Reibemühle f grating mill
reiben v s. raspeln
Reiberdatschi m *(Aut, Bay)* s. Reibekuchen
reich, reichhaltig rich
reichlich ample, plentiful, abundant • **wir haben reichlich für alle** there's plenty for everyone
Reichtum m wealth
reif ripe *(fruit, etc.)*; mature *(wine; person)*
Reife f ripeness *(fruit)*; maturity *(wine; person)*
reifen v ripen
reifen lassen v mature, maturate
Reifung f 1. ripeness, maturity *(state of being ripe)*; 2. ripening, maturing *(process)*
Reihe f line
rein pure
Rein f, **Reinde(r)l** n *(Aut)* small flat saucepan
Reineclaude f s. Reneklode
reinigen v clean
Reinigung f 1. cleaning *(process of any*

kind of cleaning); 2. (dry) cleaner's • **in [bei] der Reinigung** at the dry cleaner's
Reinigungstuch *f* finger wipe *(for your fingers)*; hot towel
Reis *m* rice
Reisbrei *m s.* Milchreis
Reiskocher *m* rice cooker
Reismehl *n* rice flour
Reklamation *f* complaint
Reneklode *f* greengage
Renke *f general term for various species of coregone whitefish in the Bavarian alpine lakes, such as Starnberger Renke, Chiemseerenke, etc.*
Renommee *n (frml)* high repute, high standing
renommiert *(frml)* of high repute, of high standing • **ein hochrenommiertes Restaurant** a restaurant of the highest standing
renovieren *v* renovate *(substantial work done to building)*; redecorate *(wallpapering, painting, etc.)*
Renovierung *f* renovation *(substantial work)*; redecoration *(wallpapering, painting, etc.)*
rentabel profitable
Rentabilität *f* profitability
reservieren *v* reserve, book (a table)
Reservierung *f* reservation, booking
respektieren *v* respect
Restaurant *n* restaurant
Reste *mpl* leftovers
Restwärme *f* residual heat
resultieren (aus) *v s.* ergeben aus/sich
Rettich *m* radish
Rezept *n* recipe
Rhabarber *m* rhubarb
Ribisel *n (Aut)* redcurrants *pl*
Richtlinie *f* guideline
riechen *v* smell • **nach etwas riechen** smell of sthg
Riegel *m* bar *(chocolate)*
Rillen *fpl* furrows • **mit Rillen verzieren** make a grooved or furrowed pattern
Rillenwalze *f* fluted rolling pin
Rind *n* cow; bovine *(species)*
Rinde *f* 1. rind *(of fruit or meat)*; 2. crust *(of bread, etc.; cp. Kruste)*
Rinderfilet *n* fillet of beef
Rinderkeule *f a part of the hind quarter of beef, without the shank and striploin*
Rinderkotelett *n* rib of beef
Rinderlende *f* sirloin, beef tenderloin

Rinderroulade *f* beef olive
Rinderschmorbraten *m* beef pot roast
Rindfleisch *n* beef
Rindfleischsalat *m* beef salad
Rindswurst *f* beef sausage
Ring *m* ring • **im Ring** ringshaped • **Wurst im Ring** ringshaped sausage, ring Bologna
Ringeltaube *f* wood pigeon
Ringlotte *f (Aut)* greengage
Rippchen *n* pork ribs *(with or without bones, salted and cooked)*
Rippe *f s.* Kotelett
Risiko *n* risk • **auf eigenes Risiko** at one's own risk
Roastbeef *n* roast beef
Rochen *m* ray *(various types of salt water fish, rajidae sp.)*
Rochenflosse *f* ray fin
Rogen *m* roe *(of fish)*
Roggen *m* rye
roh raw, uncooked
Rohkost *f* raw fruit and vegetables *pl*
Rohkostplatte *f*, **Rohkostteller** *m* plate of raw vegetables
Rohmarzipan *n s.* Marzipanrohmasse
Rohmaterial *n* raw materials *pl*
Rohmilch *f (BE)* unpasteurised milk, *(AE)* unpasteurized milk
Rohr *n* pipe
Röhre *f* oven
Röhrlsalat *m (Aut)* dandelion salad
Rohrzucker *m* cane sugar
Rohschinken *m* raw ham *(salted and smoked)*
Rohstoff *m* raw material
Rohwurst *f* raw sausage
Rohzucker *m* unrefined sugar; raw beet sugar, raw cane sugar
Rokambole *f* rocambole *(type of garlic)*
Rollbraten *m* boned and rolled roast of beef or pork
Rolldeckel *m* roller top lid
Rolle *f* roll
rollen *v* roll
Rollgerste *f (Aut)* barley
Rollholz *n* rolling pin
Rollmops *m* rollmops, pickled herring
Rollschinken *m* salted and smoked raw ham, rolled up and tied
Römerbraten *m* coarsely minced meat, baked in an earthenware pot
Römertopf *m* earthenware pot *(for use in oven)*

Röschen *n* 1. floret *(of broccoli, etc.)*; 2. sprout *(new growth)*
Rosenkohl *m* Brussels sprouts *pl*
Rosenwasser *n* rose water
Rosine *f s.* Sultanine
Rosmarin *m* rosemary
Rost *m* 1. rust *(corrosion)*; 2. grating, grille
rösten *v* 1. roast, grill *(meat)*; 2. roast *(coffee)*; 3. toast *(bread)*; 4. fry *(potatoes)*
rostfrei stainless
Rösti *npl* sautéed potato patties *(originally a speciality from Bern)*
Röstkartoffel *f s.* Bratkartoffeln
Röstzwiebeln *fpl* fried onions *(generally sold freeze-dried)*
rot red
Rotbarbe *f* red mullet *(salt water fish, mullus barbatus L.)*
Rotbarsch *m* rose fish, red fish, ocean perch *(salt water fish, sebastes spp.)*
Rotbrassen *m* red sea bream; pandora *(salt water fish, pagrus vulgaris or pagellus erythrinus)*
Rote Bete *m (BE)* beetroot, *(AE)* beet
Rote Rübe *f (SüdD) s.* Rote Bete
Roter Schnapper(fisch) *m*, **Rotkarpfen** *m* red snapper *(salt water fish, lutjanus sp.)*
Rotkohl *m* red cabbage
rötlich reddish
Rotwurst *f/***Thüringer** *large black pudding (blood sausage) sometimes smoked, with pieces of ham and/or tongue, spiced with marjoram and cloves (Thuringian speciality)*
Rotzunge *f* lemon sole, witch flounder *(salt water fish, pleuronectes microcephalus L.)*
Roulade *f* roulade
Rouladennadel *f*, **Rouladenspieß** *m* roulade skewer
Rübe *f* 1. beet *(various kinds)*; 2. turnip *(white-fleshed root vegetable)*
Rübe *f/***Gelbe** *s.* Möhre
Rübe *f/***Rote** *s.* Rote Bete
Rübenkraut *n* sugar beet syrup
Rübenzucker *m* beet sugar
Rücken *m* 1. back *(general)*; 2. chine *(of beef)*; saddle *(of mutton)*; haunch *(of venison)*
Rückenspeck *m* back fat without rind
Rückstand *m* residue
Rückverfolgbarkeit *f* traceability
Rüebkohl *m (CH)* kohlrabi

Rüebli *n (CH)* carrot
Rüeblitorte *f (CH)* carrot cake
Ruf *m* reputation
Rügenwalder® *f raw sausage made of finely minced meat, with honey and spices, used as a spread (North German speciality)*
Ruhe *f* tranquility
ruhen lassen *v* let (sthg) stand, let (sthg) rest
Ruhetag *m* 1. day off (work); 2. *day of the week when a restaurant or shop is closed* • **Donnerstag Ruhetag** closed on Thursdays
Rührei *n* scrambled eggs *pl*
rühren *v* stir
Rühren *n* stirring • **unter ständigem Rühren** stirring continuously
Rührstab *m*, **Rührgerät** *n* hand blender
Rührteig *m (BE)* sponge (cake) mixture, *(AE)* pound cake mix
Rum *m* rum
Rumpf *m* trunk *(anatomic)*
Rumtopf *m* variety of fruits preserved in rum and sugar

S

rund round
rupfen *v* pluck *(poultry)*
rutschen *v* slide, slip
rutschfest non-slip
Saal *m* room *(smaller)*; hall *(larger)*
Säckchen *n* small bag
Safran *m* saffron
safrangelb saffron yellow
Saft *m* juice
saftig juicy
Saftpresse *f* juicer
Saftrinne *m* juice groove *(on chopping board)*
Säge *f* saw
Sägebarsch *m* dusky perch, rock cod *(salt water fish; various species of serranidae)*
Sägegarnele *f* common prawn *(crustacean, palaemon serratus)*
Sägemesser *n* serrated knife
sägen *v* saw
Sago *m* sago
Sahne *f* cream

Sahne *f*/**fettarme** single cream
Sahnetörtchen *n* cream tart
Sahnetorte *f* (cream) gateau, cream cake
sahnig *s.* cremig, kremig
Saibling *m* Arctic char(r) *(fresh water fish, salvelinus alpinus)*
Salamander *m* salamander
Salat *m* 1. lettuce *(vegetable)*; 2. salad *(dish)* • **Salat anmachen** dress salad
Salatbesteck *n* salad servers *pl*
Salatbett *n* bed of lettuce
Salatbüffet *n* salad buffet
Salatschleuder *f* salad spinner
Salatschüssel *f* salad bowl
Salatsoße *f* salad dressing, salad sauce
Salbei *m* sage
Salm *m s.* Lachs
Salpeter *m (BE)* salpetre, *(AE)* saltpeter, *(BE)* nitre, *(AE)* niter
Salz *m* salt
salzarm low-salt
Salzbutter *f* salted butter
salzen *v* salt, season with salt
salzig salty *(tasting of salt)*; savoury *(not sweet)*
Salzkartoffel *f* boiled potato
Salzkruste *f* salt crust
Salzlake *f* brine, salt solution, pickle
salzlos without salt
Salzmandeln *fpl* salted almonds
Salzsäure *f* hydrochloric acid
Salzstange *m* pretzel stick
Salzstreuer *m* salt shaker
Salzwiesenlamm *n* lamb which has grazed on fields which are regularly flooded by sea water (Salzwiesen)
Samen *m* seed
sämig thick, creamy
sammeln *v* collect, gather
samtig velvety
Samtkrabbe *f* velvet crab *(salt water crustacean, portunus puber L.)*
Sand *m* sand
Sanddorn *m* sea buckthorn
Sandkuchen *m* Madeira cake, sand cake
Sanduhr *f* hour glass
Sandzucker *m (BE)* caster sugar, *(BE)* castor sugar, *(AE)* superfine sugar
sanieren *v* renovate, regenerate
Sanierung *f* renovation, regeneration
Sardelle *f s.* Anchovis
Sardine *f* sardine, pilchard *(salt water fish, clupea pilchardis)*
satt replete • **Sind Sie satt geworden?**

Have you had enough to eat? • **Ich bin satt!** *(infrml)* I am full (up)!
Sattel *m* saddle *(veal, mutton)*
sättigen *v* satisfy • **das sättigt** this is very filling
sauber clean
Sauberkeit *f* cleanliness
sauer sour, acid • **sauer werden** go sour
Sauerampfer *m* sorrel
Sauerbraten *m* roast beef marinated in vinegar and spices
Sauerkirsche *f* sour cherry
Sauerkraut *n* sauerkraut, pickled cabbage
säuerlich sour, acidic
Sauermilch *f* sour milk
Sauerteig *m* sour dough
saugen *v* suck
saugfähig absorbent
Säure *f* acid
säurebeständig acid-resistant
Säuregrad *m* (degree of) acidity
Sautätsch *m (CH) s.* Löwenzahn
Sauteuse *f* sauteuse pan *(used for sautéing or braising)*
sautieren *v* sauté
Scampi *mpl s.* Kaisergranat
schaben *v* scrape
Schaber *m* scraper
Schablone *f* template *(tool)*; pattern *(design)*
Schabziger *m (CH)* fresh cheese with herbs
Schachtel *f* box
schächten *v* butcher according to kosher or halal law
schaden *v* damage, harm
Schaden *m* damage, harm • **Schaden anrichten** cause damage, do harm
schädlich damaging, harmful
Schaf *f* sheep *(animal)*; lamb *(meat)*
Schafegerling *m* horse mushroom *(edible mushroom, agaricus arvensis)*
Schafkäse *m* sheep's milk cheese
Schälchen *n* small bowl, small dish
Schale *f* 1. bowl, dish; 2. peel *(vegetables, all fruits including citrus)*; zest *(grated outer layer of citrus fruits)*; skin *(almonds, tomatoes)*; shell *(eggs)*
schälen *v* 1. peel *(fruit, vegetables, eggs)*; 2. skin *(almonds, tomatoes)*; 3. zest *(grate outer layer of citrus fruits)*; 4. shell *(eggs)*
Schalentier *n* shellfish
Schälmesser *n* peeling knife

Schalotte f, **Schalottenzwiebel** f shallot
Schälrippen fpl belly ribs *(generally salted and smoked)*; spare ribs *(generally marinated and barbecued)*
Schankgenehmigung f licence *(of restaurant, pub, etc.)*
scharf 1. hot, spicy *(food)*; 2. sharp *(knife)*
schärfen v sharpen *(knife)*
Schatten m 1. shadow *(of sb or sthg)*; 2. shade *(not in the sun)*
Schattenmorellen fpl morello cherries, sour cherries
schattig shady
schätzen v 1. estimate, guess *(calculate approximately)*; 2. appreciate *(think highly of sb or sthg)*
Schätzung f (e)valuation • **meiner Schätzung nach** in my estimation
Schaufel f shovel *(big)*; trowel *(small)*
Schäufele n *(SüdD)* cured shoulder of pork
Schaum m 1. foam *(general)*; 2. froth *(of milk, etc.)*; 3. lather *(of soap)*; 4. scum *(of waste product)*; 5. head *(of beer)*
schäumen v 1. foam *(general)*; 2. froth *(milk, etc.)*; 3. lather *(soap)*
schaumig frothy • **schaumig schlagen** whisk until frothy, beat into a foam
Schaumkelle f, **Schaumlöffel** m skimmer
Schaummasse f 1. beaten eggwhites; 2. meringue
Schaumwein m sparkling wine *(with a higher intensity of carbon dioxide)*
Scheck m *(BE)* cheque, *(AE)* check • **einen Scheck auf Herrn Schmidt ausstellen** write a cheque made payable to Mr Schmidt • **ein geplatzter Scheck** a bounced cheque
Scheckbuch n *(BE)* chequebook, *(AE)* checkbook
Scheckkarte f *(BE)* cheque card, *(AE)* check card
Scheibchen n small slice
Scheibchen n/**rundes** round slice
Scheibe f slice • **in Scheiben schneiden** cut into slices
Scheiterhaufen m bread pudding with apples, almonds and raisins
Schellfisch m haddock *(salt water fish, melanogrammus aeglefinus)*
Schellfischfilet n/**geräuchertes** smoked fillet of haddock
Schenkel m s. Keule

Schere f scissors pl, a pair of scissors
Scheuermittel n, **Scheuerpulver** n scouring agent
Schicht f layer
schieben v push, slide
Schiebetüre f sliding door(s pl)
Schiffchen n pastry, small tarts, canapés and slices of fruit in the shape of a small boat
Schillerlocke f 1. cream horn *(flaky pastry filled with crème Chantilly)*; 2. strip of hot-smoked dogfish
Schimmel m *(BE)* mould, *(AE)* mold
Schimmelkäse m blue cheese
schimmeln v *(BE)* go mouldy, *(AE)* go moldy
Schinken m ham
Schinken m/**gekochter** s. Kochschinken
Schinkeneisbein n pickled knuckle of pork
Schinkenform m ham mould, ham former
Schinkenmesser n ham knife
Schinkenplockwurst f/**dicke** large sausage made of coarsely chopped smoked ham, eaten cold
Schinkenspeck m bacon *(pickled and smoked)*
Schinkensülze f jellied diced ham, diced ham in aspic
Schinkenwurst f ham sausage
schlachten v slaughter
Schlachthof m *(BE)* abattoir, *(AE)* slaughterhouse
Schlachtplatte f assorted cooked meats, sausages, sauerkraut and potatoes; in South Germany, liver dumplings are also included
Schlackwurst f s. Zervelatwurst
Schlag m s. Stoß
Schlagbesen m whisk, hand beater
schlagen v hit, beat, strike
schlagen v/**flach** flatten
schlagen v/**schaumig** whisk until frothy, beat into a foam
Schlagkessel m mixing bowl
Schlagobers m *(Aut)* (whipped) cream
Schlagsahne f (whipped) cream
Schlangenlauch m s. Rokambole
schlecht bad
Schlegel m s. Keule
Schleie f tench *(fresh water fish, tinca tinca L.)*
Schleife f bow, ribbon
schleifen v s. schärfen

Schleifmaschine *m* grinder, grinding machine

Schleuder *f* 1. spinner *(general)*; 2. centrifuge *(industrial)*

schleudern *v* 1. spin *(general)*; 2. centrifuge *(industrial)*

schlicht simple, plain

schließen *v* close, shut

Schloss *n* lock

Schluck *m* drink, drop

schlürfen *v* slurp

Schlutzkrapfen *mpl (Tirol, Bay)* large semicircular pastry pockets filled with spinach, also called "German spinach pockets" or "Italian ravioli"

schmackhaft tasty • **jdm etwas schmackhaft machen** whet sb's appetite

Schmalz *n s.* Schweineschmalz

schmälzen *v* cover with boiling, salted lard and chopped onions

Schmalzfleisch *n* minced pork belly fat, rendered down, generally with 30 % of lean meat; "rillettes"

Schmand *m,* **Schmant** *m* sour cream

Schmankerl *n (Aut, Bay)* delicacy, choice morsel of food, *(BE)* titbit, *(AE)* tidbit

schmecken *v* **(nach)** taste (of) • **Schmeckt es Ihnen?** Are you enjoying the food?

schmelzen *v* melt

Schmelzkäse *m* cheese spread, processed cheese

Schmelzpunkt *m* melting point

Schmer *m* lard

Schmorbraten *m* braised beef

schmoren *v* braise, stew

schmorfertig *s.* bratfertig

Schmortopf *m* casserole

Schmuck *m* decoration

schmücken *v* decorate

Schmutz *m* dirt *(general)*; grime *(ingrained)*; mud *(soil)*

schmutzig dirty *(general)*; grimy *(e.g. cooker)*; muddy *(e.g. road)*

schmutzlösend detergent

Schnabel *m* beak

Schnapperfisch *m***/Roter** red snapper *(salt water fish, lutjanus sp.)*

Schnaps *m* schnapps, spirit

Schnecke *f* 1. snail *(animal)*; 2. escargot *(cooked)*

Schneckenbutter *f* escargot butter, snail butter

Schneckennudel *f* small pastry with currants *(similar to Danish pastry and Chelsea bun)*

Schneckenzange *f* snail tongs *pl*

Schnee *m* snow

Schneebesen *m* whisk

Schneide *f* edge, blade

Schneidebrett *n* chopping board

Schneidemaschine *f* cutting machine, slicing machine

schneiden *v* cut • **in Scheiben schneiden** cut into slices

schnell fast, quick

Schnellgastronomie *f* fast-food catering, fast-food gastronomy

Schnellimbiss *m* 1. quick snack *(e.g. sausage and chips)*; 2. snack bar, small fast-food outlet

Schnellkochtopf *m* pressure cooker, pressure steamer

Schnepfe *f* snipe, woodcock

schnetzeln *v* shred

Schnitt *m s.* Zuschnitt

Schnitte *f s.* Scheibe

schnittfest firm

Schnittlauch *m* chives *pl*

Schnitzel *n* cutlet, escalope, schnitzel

Schnitzel *n* **nach Wiener Art** breaded escalope of pork or turkey, prepared like a "Wiener Schnitzel"

schnuppern *v* sniff

schockfrosten *v* shock-freeze, blast-freeze

schockkühlen *v* shock-chill, blast-chill

Schokolade *f* chocolate

Schokolade..., schokoladehaltig chocolate ..., contains chocolate

Schokolade(n)streusel *mpl* chocolate sprinkles

Scholle *f* plaice *(salt water fish, pleuronectes platessa)*

Scholle *f* **nach Finkenwerder Art** breaded plaice, fried with diced bacon *(North German speciality)*

Schopf *m (Aut) s.* Hals, Halsstück

schöpfen *v* ladle, serve with a ladle

Schöpfkelle *f,* **Schöpflöffel** *m* ladle

Schöps(enfleisch) *m (Aut, reg.)* mutton

Schote *f* pod, husk

schräg sloping, slanting

Schrot *m(n)* whole meal

schroten *v* grind

schrubben *v* scrub

Schublade *f* drawer

Schulter *f* shoulder *(also of meat)*
Schupfnudel *f* finger-shaped dumpling made of flour, pureed potatoes and eggs, boiled in salted water
Schuppen *fpl* scales
Schuppenannone *f* sugar apple *(exotic fruit)*
Schürze *f* apron
Schüssel *f* bowl, dish *(general)*; basin *(for mixing or washing)*
schütteln *v* shake
Schutz *m* protection
Schutzatmosphäre *f* controlled atmosphere
schützen *v* protect
Schutzhülle *f* protective cover
Schwamm *m* sponge
Schwammerl *m(n) (Bay, Aut)* mushroom
Schwanz *m* tail
Schwarte *f* rind
Schwartenmagen *m s.* Schweinskopfsülze
schwarz black
Schwarzbarsch *m* black bass *(fresh water fish, micropterus dolomien)*
Schwarzbeere *f (SüdD, Aut) (BE)* bilberry, *(AE)* blueberry
Schwarzbrot *n* whole meal bread, brown bread
Schwarzwälder Kirschtorte Black Forest gateau
Schwarzwälder Schinken *m* Black Forest ham *(pickled, dried and strongly smoked ham; Black Forest speciality)*
Schwarzwurzel *f* (black) salsify
Schwefel *m (BE)* sulphur, *(AE)* sulfur
schwefeln *v (BE)* sulphurize, *(AE)* sulfurize
Schwein *n* pig *(animal)*; pork *(meat)*
Schweine... pork ...
Schweinebauch *m* belly of pork, pork belly
Schweinefilet *n* fillet of pork, pork fillet, pork loin
Schweinefleisch *n* pork
Schweinehachse *f* knuckle of pork, pork knuckle
Schweinelende *f* pork tenderloin
Schweinerippchen *n* cured pork chop
Schweinerollbraten *m* roast collar of pork
Schweinerüssel *m* pig's snout
Schweineschmalz *n* lard, *(BE)* dripping
Schweineschulter *f* shoulder of pork, pork shoulder

Schweins... pork ...
Schweinsfüße *mpl* pig's trotters, crubeens *(Irish speciality)*
Schweinskopfsülze *f (BE)* brawn, *(AE)* head cheese
Schweinsohr *n*, **Schweinsöhrchen** *n* pig's ear, papillon *(small sweet pastry, made of puff pastry, sometimes part covered in chocolate)*
Schweizer Käse *m* Swiss cheese *(generally for Emmenthal and Gruyère)*
Schwelbrand *m* smouldering fire
schwenken *v* toss *(in hot fat or oil)*
Schwenker *m (fam.)* balloon glass
schwer heavy
Schwertfisch *m* swordfish *(salt water fish, xiphias gladius)*
schwierig difficult, hard
schwimmen *v* swim
Schwimmkrabbe *f* velvet swimming crab *(small salt water crab)*
schwingen *v (CH)* beat, whip *(with a whisk: eggs, cream)*
Schwund *m* decrease, shrinkage
See *f s.* Meer
See *m* lake
Seeaal *m* 1. conger eel *(salt water fish, conger conger)*; 2. dogfish *(commercial name for sciliorhinus canicula)*
Seebarsch *m* sea bass *(salt water fish, dicentrardus labrax or labrax lupus)*
Seehase *m s.* Lumpfisch
Seehecht *m* hake *(salt water fish, merluccius merluccius)*
Seeigel *m* sea urchin *(various species of echinoidea regularia)*
Seekohl *m s.* Meerkohl
Seekuckuck *m* gurnard *(salt water fish, trigla cuculus)*
Seelachs *m* pollock, pollack, saithe, coalfish, coley *(various species of salt water fish, polachius sp.)*
Seespinne *f* spider crab *(salt water crustacean, maia squinada)*
Seeteufel *m* monkfish, angler *(salt water fish, lophius piscatorius)*
Seewolf *m s.* Steinbeißer 2.
Seezunge *f* sole *(salt water fish, solea solea)*
Sehne *f* tendon
Seife *f* soap
Seifenhalter *m* soap dish
Seifenspender *m* soap dispenser
Seiher *m s.* Durchschlag

Seite f side
seitlich lateral, side ...
Sekt m sparkling wine (German variety)
Sektkühler m champagne bucket
Selbstbedienung f self service
Selbstkostenpreis m cost price • **zum Selbstkostenpreis** at cost price
selbstreinigend self-cleaning (oven); self--purifying (filter, river)
selbstständig independent
selchen v (Aut, Bay) s. räuchern
Selchfleisch n s. Rauchfleisch
Sellerie m celery
Sellerieknolle f celeriac
Selleriesalz celery salt
Seminarraum m meeting room
Semmel f s. Brötchen
Semmelbrösel mpl s. Paniermehl
Semmelknödel m bread dumpling (large bread ball steeped in milk with added flour, eggs and spices, boiled in salted water)
Senf m mustard • **mit Senf versetzt** mixed with mustard
Senfbehälter m mustard pot
Senfkörner npl mustard seeds
Seniorenteller m half portion (smaller and cheaper portion of a dish, offered to elderly customers)
senken v lower, reduce
senkrecht vertical, perpendicular
Sepia f cuttlefish (cephalopods, sepiidae spp.)
Service m service
Service n dinner service, set
Servierbesteck n (BE) serving cutlery, (AE) serving flatware
Servierbrett n (serving) tray
servieren v serve
Servierplatte f serving dish
Serviertisch m serving table
Servierwagen m (serving) trolley
Serviette f serviette, napkin
Sesam m sesame (seed)
Sessel m armchair
Sharon(frucht) sharon fruit, kaki
Sherry m sherry
sicher sure, certain • **auf Nummer sicher gehen** play it safe
Sicherheit f safety
Sicherheitsanweisungen fpl safety instructions
Sicherheitsschalter m safety switch
Sicherheitsventil n safety valve

Sicherheitsvorschriften fpl s. Sicherheitsanweisungen
sichtbar visible
Sieb n sieve
sieben v s. durchsieben
Siebgerät n/kleines sifter
Siebkelle f slotted ladle
Sieblöffel m slotted spoon
Siebtuch n straining cloth, muslin
sieden v boil, simmer
Sieden n boiling, simmering • **zum Sieden bringen** bring to the boil
Siedepunkt m boiling point
Siedewürstchen n s. Brühwürstchen
Siedfleisch n piece of boiled beef for bouillon
Signalkrebs m American fresh water grayfish (pacifastacus leniusculus Dana)
Silber n silver (metal)
Silberbesteck n (BE) silver cutlery, (AE) sterling silver silverware, (AE) silver flatware
Silbergeschirr n silver, silver crockery
Silberzwiebel f pearl onion
Silikon n silicone
Silikonpinsel m silicone brush
sinnlich sensual, sensuous
Siphon m siphon
Sirup m syrup; (BE) treacle (particular kind)
Sirupwaage f syrup density meter
Sitz m seat
Softeis n soft ice
Sojabohnen fpl (BE) soya beans, (AE) soy beans
Soja(bohnen)sprossen fpl (soy)bean sprouts
Sojamilch f (BE) soya milk, (AE) soy milk
Sojasoße f soy sauce
Sol-Ei n pickled egg (Berlin speciality)
Sommelier m wine waiter
Sommer m summer
Sonnenblumenkerne mpl sunflower seeds
Sonnenblumenöl n sunflower oil
Sonnenschirm m parasol
Sorbett n (BE) sorbet, (AE) sherbet, (AE) sherbert
Sorgfalt f care, diligence
sorgfältig careful, diligent
Sorte f kind, type (general); variety (of grape, etc.)
sortieren v sort
Soße f sauce
Soßenkoch m sauce cook

Soßenschüssel *f* sauce boat, gravy boat
Spachtel *m s.* Spatel
Spaghettikürbis *m (BE)* spaghetti marrow, *(AE)* vegetable spaghetti
Spalte *f* cleft
spalten *v* split
Spalter *m* cleaver
Spanferkel *n* suck(l)ing pig
spannen *v* stretch, strain
Spannrippen *fpl* fore ribs, flat ribs
Spannung *f* 1. tension *(general and technical)*; 2. voltage *(electric)*
sparen *v* save
Spargel *m* asparagus
Spargelbohne *f (Aut)* wax bean *(type of yellow bean)*
Spargelspitzen *fpl* asparagus tips
sparsam economical *(cost-effective)*; thrifty *(careful with money)*
Sparschäler *m* swivel-bladed peeler
Spaß *m* fun • **das macht Spaß** this is fun
Spatel *m* spatula
Spätzle *npl* egg pasta made of flour, eggs and water, of various small shapes, boiled in salted water; South German speciality
Speck *m* type of streaky bacon or bacon fat • **mit Speck umwickeln** *s.* bardieren
Speck *m*/**durchwachsener** streaky bacon
Speckkuchen *m* bacon quiche *(creamy savoury tart)*
Speckmöckli *m(pl) (CH)* diced bacon *(singular)*
Speckscheibe *f* rasher of bacon
Speckseite *f s.* Rückenspeck
Speckwürfel *m(pl)* diced bacon
Speicher *m* 1. loft, *(BE)* attic, *(AE)* garret; 2. storehouse *(depot)*; 3. memory *(computer)*
Speise *f s.* Gericht
Speiseaufzug *m* dumb waiter, service lift
Speisekammer *f s.* Vorratsraum
Speisekarte *f* menu
Speisenaufzug *m s.* Speiseaufzug
Speisenwärmer *m s.* Speisewärmer
Speiseplan *m* weekly menu *(e.g. for canteens, hospitals)*
Speisesaal *m* dining hall, dining room
Speisesalz *n* table salt
Speisewärmer *m* hotplate
Spekulatius *m* thin ginger biscuit, often eaten at Christmas time
Sperre *f* locking device

sperren *v* lock
Spezialität *f* speciality
spicken *v* lard
Spicknadel *f* larding needle
Spickrohr *n* larding tube
Spiegelei *n* fried egg
Spiegelkarpfen *m* mirror carp
Spieß *m* spit *(grill)*; skewer *(for meat)*
Spinat *m* spinach
Spinatauflauf *m*, **Spinatpudding** *m* spinach soufflé *(served with a white sauce)*
Spitze *f* peak, point, top
spitzig peaky
Spitzkohl *m* pointed cabbage, sweetheart cabbage
sprenkeln *v* dot, sprinkle
Springform *f (BE)* springform baking pan, *(AE)* spring mold baking tin
Spritzbeutel *m* icing bag, piping bag
spritzen *v* splash, spray
Spritzer *m* speckle *(small quantity)*
Spritztüte *f* icing bag, piping bag
Sprosse *f* sprout, shoot
Sprossenkohl *m*, **Sprosserl** *m (Aut)* Brussels sprouts *pl*
Sprotte *f* sprat, whitebait *(salt water fish, clupea spratus)*
sprudelig fizzy, bubbly; *(frml)* effervescent
sprudeln *v* fizz
Sprudel(wasser) *m(n) (BE)* sparkling water, *(AE)* soda water, *(AE)* seltzer
Sprühdose *f* spray can
sprühen *v* spray
Sprung *m* crack *(in a glass, in a dish)*
Sprutte *f* bob-tailed cuttlefish *(sepia rondeleti)*
Spülbecken *n* sink
spülen *v* 1. *(BE)* do the dishes, *(AE)* wash the dishes; wash up *(dishes)*; 2. rinse *(with water only)*; 3. flush *(toilet)* • **Geschirr spülen** wash up, *(BE)* do the washing-up, *(AE)* wash the dishes
Spülen *n* 1. washing-up *(dishes)*; 2. rinsing *(with water only)*; 3. flushing *(toilet)*
Spüllappen *m* dish cloth
Stäbchen *n* small stick; chopstick • **mit Stäbchen essen** eat with chopsticks
Stachel *m* thorn, spike
Stachelbeere *f* gooseberry
Stachys *f* betony, hedge nettle *(exotic fruit)*
Stahl *m* steel
Stahlwolle *f* steel wool
Stammgericht *n* standard dish • **das ist**

mein Stammgericht this is my favourite dish
Stammtisch *m* table reserved for regular customers
Stampfer *m s.* Stößel
Stängchen *n s.* Stäbchen
Stangenbrot *n* French bread, French loaf *(plural: loaves)*
Stangensellerie *m* celery
Stanitzel *n (Aut)* 1. paper bag; 2. ice-cream cone
Stapel *m* pile, stack *(plates, serviettes etc.)*
stapeln *v* pile up, stack
stark 1. strong *(general, also: smell, taste, etc.)*; 2. keen *(sharp)*
Stärke *f* starch
stärken *v* starch
Staubsauger *m (BE)* hoover, *(AE)* vacuum cleaner
Staubzucker *m s.* Puderzucker
Staudensellerie *m* celery
stechen *v* prick
Steckdose *f* socket
Steckrübe *f s.* Kohlrübe
steif stiff
Stein *m* stone
Steinbeißer *m* 1. loach *(fresh water fish, solea vulgaris)*; 2. Atlantic wolfish *(salt water fish, anarrhichas lupus)*
Steinbutt *m* turbot *(salt water fish, bothus maximus)*
Steingarnele *f (BE)* glass prawn, *(AE)* glass shrimp *(salt water crustacean, palaemon elegans)*
Steingut *n* stoneware
Steinobst *n* stone fruit
Steinpilz *m* cep, edible bolete
Steinsalz *n* rock salt
stellen *v/kalt* put in the fridge; chill *(wine, etc.)*
stellen *v/niedriger s.* senken
Sternanis *m* star aniseed
Sternekoch *m* Michelin-starred chef
Sternfrucht *f* star fruit *(exotic fruit)*
Sterntülle *f* star-shaped nozzle
Sterz *m (Aut)* thick maize and semolina mash
Steuer *f* duty, tax
Stichthermometer *m* thermometer sonde
Stiel *m* 1. handle *(of pan, broom, etc.)*; 2. stalk, stem *(of plant, glass, etc.)*
Stielglas *n* stemmed glass
Stieltopf *m* saucepan with a handle

Stier *m* bull
Stil *m* style • **im großen Stil** in style
Stille *f* tranquillity
Stinkfrucht *f s.* Durian(frucht)
Stint *m* smelt, sparling *(salt water fish, osmerus eperlanus L.)*
Stockfisch *m* dried cod
Stopfleber *f* foie gras *(fat duck or goose liver)*
Stopfleberpastete *f* liver pâté *(duck, goose)*
Stopptaste *f* stop button
Stör *m* sturgeon *(migratory fish, acipenser sturio; fresh water fish acipenser boeri)*
stören *v* disturb
Stoß *m* push, shove
Stößel *m* pestle
Strandkrabbe *f* green crab, shore crab *(salt water crustacean, carcinus maenas)*
Strandschnecke *f* periwinkle, winkle *(shellfish, littorina littorea)*
Strauchtomate *f* vine-ripened tomato, tomato on the vine
Strauß *m* 1. bunch *(of flowers)*; 2. ostrich *(bird)*
Straußwirtschaft *f* licence granted to wine growers for a limited period of time each year to serve their own wines on the premises, as well as regional dishes
streichen *v* 1. spread *(butter, jam etc.)*; 2. paint *(with colour)*
streichfähig spreadable
Streichholz *n* match
Streifen *m* strip, ribbon • **in Streifen schneiden** cut into strips
Streifenbarbe *f* striped mullet *(salt water fish, mullus surmuletus)*
Streudose *f* sifter *(for sugar)*; flour dredger *(for flour)*; salt dredger *(for salt)*
streuen *v* sprinkle *(non-liquid material)*
Streusel *mpl (BE)* crumble, *(AE)* crumb (mix)
Streuzucker *m s.* Sandzucker
Strichkode *m* bar code
Striezel *m (Aut)* sweet plait-shaped bread
Strohhalm *m s.* Trinkhalm
Strom *m/(elektrischer)* electricity; (electric) current
Stromausfall *m* power failure
Strudel *m* strudel *(very thin pastry sheets with a sweet or savoury filling, rolled up and baked (Austrian and South German speciality))*
Strunk *m* stalk

Stubenküken *n* corn-fed chick *(< 650 grs without head, legs, giblets and trimmings)*
Stück *n* piece • **ein Stück Kuchen** a piece of cake
Stuhl *m* chair
Sturm *m (Aut) new fermenting wine; known by various other regional names*
Sturzcreme *f s.* Pudding
stürzen *v (BE)* remove from the mould, *(AE)* remove from the mold
Styropor® *n* polystyrene®
subtil subtle
Sud *m* stock • **im Sud gekocht** boiled in stock
Sultanine *f* sultana
Sülze *f s.* Aspik
sülzig gelatinous
Summe *f* sum
Suppe *f* soup
Suppenfleisch *n* 1. meat for making soup; 2. boiled beef
Suppenschüssel *f* soup tureen
Suppenteller *m* soup plate
Surhachse *f*, **Surhaxe** *f s.* Eisbein
süß sweet
Süßbrot *n type of bread from Vienna*
Süßigkeit *f (BE)* sweet, *(AE)* candy
Süßkartoffel *f* sweet potato
süßsauer sweet and sour
Süßspeice *f* owcct, dessert
Süßstoff *m* sweetener
Suurchabis *m (CH)* sauerkraut

T

Tablett *n* tray
tadellos perfect, flawless
Tafel *f (frml)* table • **die Tafel aufheben** formally end the meal
Tafelapfel *m* apple
Tafelgeschirr *n* dinner set; tableware *(includes cutlery and glassware)*
Tafelglas *n* sheet glass
Tafelobst *n* (dessert) fruit
Tafelspitz *m part of thick cut flank of beef; in Austria and Germany generally served boiled with horseradish*
Tafeltraube *f* grape
Tagesgericht *n* dish of the day
Tageskarte *f* menu of the day
Tagesmenü *n* (set) menu of the day

Tageszeit *f/***zu jeder** at all hours of the day
Talent *n* talent
talentiert gifted, talented
Talg *m* suet
Tamarillo *f s.* Baumtomate
Tamarinde *f* tamarind
Tangerine *f* tangerine
Tank *m* tank
Tapioka *n* tapioca
Tarama *n* tarama *(cod roe mixed with grated boiled potatoes, sometimes coloured with beetroot juice)*
Tartar *n* steak tartare *(minced raw beef, max. 6 % fat; in Germany generally served with minced onions, spices, capers and egg yolk)*
Taschenkrebs *m* edible crab, puncher *(crustacean, cancer pagurus)*
Taschenmessermuschel *f* jackknife clam, bean razor clam *(shellfish, pharus legumen)*
Tasse *f* cup • **eine Tasse Tee** a cup of tea, *(BE, infrml)* a cuppa
Taste *f* button *(electrical switch of appliance)*; key *(of telephone key pad, computer keyboard)*
Tastsinn *m* sense of touch
Taube *f* pigeon
tauglich suitable
täuschen *v* 1. be mistaken *(not intentional)*; 2. deceive *(intentional)*; *(infrml)* fool *(intentional)*
Täuschung *f* 1. error, mistake *(not intentional)*; 2. deception *(intentional)*
Tauwasser *n* melting water *(in double boiler)*
Tauwasserablauf *m* melting water groove
T-Bone-Steak *m* T-bone steak
Teamarbeit *f* teamwork
Tee *m* tea
Teelöffel *m* teaspoon
Teesieb *n* tea strainer
Teewurst *f finely minced raw sausage, spiced and used as a spread, similar to "Rügenwalder"*
Teig *m* dough
Teig *m/***ausgerollter** rolled pastry
Teigausstecher *m s.* Ausstechform
Teighülle *f* pastry case
Teighülle *f/***gefüllte** filled pastry case
teigig doughy
Teigmantel *m* pastry wrap • **im Teigmantel** wrapped in pastry

Teigschaber *m* baking spatula
Teigwaren *fpl* pasta *(singular)*
Teil *m* part • **zum Teil** partly
teilbar divisible
teilen *v* divide
Teller *m* plate
Tellergericht *n* one-course meal
Tellersülze *f small plate of meat and vegetables in aspic*
Tellerwärmer *m* plate warmer, hotplate
Temperatur *f* temperature
Temperaturregler *m* thermostat
Temperatursensor *m* heat detector
temperiert be at the right temperature *(wine)*
Teppich *m* carpet
Termin *m* 1. date *(general)*; 2. deadline *(for submission)*
Terrine *f* 1. tureen *(serving bowl)*; 2. terrine *(prepared dish)*
teuer expensive, *(BE)* dear
Theke *f* bar *(in pub or café)*; counter *(in shop)*
Thermometer *m* thermometer
Thermoskanne *f* thermos flask, thermos®
Thunfisch *m* tuna *(salt water fish, various species of thunnus)*
Thüringer Rotwurst *f large black pudding (blood sausage) sometimes smoked, with pieces of ham and/or tongue, spiced with marjoram and cloves (Thuringian speciality)*
Thymian *m* thyme
Thymian *m/wilder* serpolet *(wild thyme)*
tief deep
Tiefe *f* depth
tiefgefrieren *v* deep-freeze
Tiefkühlfach *n* freezer compartment
Tiefkühlkost *f* frozen food
Tiefkühltruhe *f (BE)* deep freeze(r), chest freezer, *(AE)* deep freeze, freezer chest
Tiegel *m s.* Kasserolle
Tier *n* animal
Tilapia *m* tilapia *(salt and brackish water fish, oreochromis sp.)*
Tinte *f* ink
Tintenfisch *m* cephalopod *(general)*
Tisch *m* table • **den Tisch decken** *(BE)* lay the table, *(AE)* set the table • **einen Tisch bestellen** order a table, reserve a table, book a table
Tischdecke *f* tablecloth
Tischdekoration *f* table decoration

Tischgesellschaft *f* dinner party
Tischkarte *f* place card
Tischläufer *m* table runner
Tischordnung *f* seating plan
Tischwäsche *f* table linen
Tischwein *m* table wine
Toastbrot *n* sliced bread for toasting
• **Zwei Scheiben Toastbrot, bitte!** Two slices of toast, please!
toasten *v* toast
Toaster *m* toaster
Tofu *m* tofu, bean curd
Toilette(n) *f(pl)* toilet(s *pl*); *(BE)* lavatory, *(BE, infrml)* loo; *(AE)* restroom, *(AE)* bathroom
Tomate *f* tomato
Tomatenmark *n* tomato puré
Tomatenpaste *f* tomato paste *(thickened to a sixth of its volume)*
Tomatensoße *f* tomato sauce
Topf *m* pot, saucepan
Topfen *m (Aut, Bay)* quark, curd cheese
Topfennockerl *m (Aut, Bay)* dumplings *made from quark, eggs and a little flour, sprinkled with sugar and cinnamon, served as a dessert*
Topflappen *m* pot holder
Topinambur *m* Jerusalem artichoke, sunroot
Törtchen *n* tartlet, small tart
Torte *f* gateau, cake
Tortelett *n* tartlet, small tart
Tortenbiskuit *n* sponge cake *(often with fruit or cream on top)*
Tortenförmchen *n* tartlet tin, *(BE)* mini tart mould, *(AE)* mini tart mold
Tortenheber *m* cake slice
Tortenteiler *m* cake divider
tourieren *v* turn, fold in *(butter or fat into dough, e.g. for flaky pastry)*
Touristenmenü *n* tourist menu, set meal for tourists
Tradition *f* tradition
traditionell traditional
Trainingsrestaurant *n s.* Übungsrestaurant
Tran *m* train oil, whale oil
Tranchierbesteck *n* carving set
Tranchierbrett *n* carving board
tranchieren *v* carve *(meat)*
Tranchiergabel *f* carving fork
Tranchiermesser *n* carving knife
tränken *v/mit etw* soak with sthg
transparent transparent

Transport *m* transport
Transporteur *m (BE)* haulier, *(AE)* hauler
Traube *f* grape
Traubenkernöl *n* grape seed oil
Traubensaft *m* grape juice
Traubenzucker *m* dextrose; glucose
treiben *v s.* aufgehen
trennen *v* separate, divide
Trennung *f* separation, division
Tresterbranntwein *m* marc spirit
Trichter *m* funnel
Trick *m* trick
Trieb *m* shoot *(plant)*
Trinkalkohol *m* alcohol, schnapps
trinken *v* drink • **Lass uns einen trinken gehen!** Let's go for a drink!
Trinkgeld *n* tip • **Wie viel Trinkgeld gibt man hier?** How much do you tip here?
Trinkhalm *m* (drinking) straw
trocken dry *(for Austrian and German wines, "trocken" means a sugar content of < 9 grs/l, i.e. wine entirely fermented; for German sparkling wines, "trocken" means 17-35 grs/l of sugar)*
Trockenei *n* dried egg
Trockeneis *n* dry ice
Trockenerbsen *fpl* dried peas
Trockenfrüchte *fpl*, **Trockenobst** *n* dried fruit *(singular)*
Trockengewioht *n* dry weight
Trockenhefe *f* dried yeast
Trockenmasse *f* dry matter • **... % Fett i. Tr.** fat content ...% dry weight
Trockenschrank *m* 1. drying oven *(industrial)*; 2. drying cabinet *(for clothes)*
trocknen *v* dry
Trockner *m* drier
tropfen *v* drip • **dieser Hahn tropft** this tap is dripping
Tropfen *m* drop
trüb cloudy
Trüffel *m* truffle
Truthahn *m* turkey *(cock)*
Truthenne *f s.* Pute
Tuch *n* cloth, sheet
Tülle *f* 1. pipe *(piping bag)*; 2. spout *(coffee pot)*
Tunke *f* sauce *(general)*; gravy *(prepared from stock)*; dip *(for dipping)*
tunken *v* dip, dunk
tüpfeln *v s.* sprenkeln

U

überbacken *v s.* gratinieren
überflüssig superfluous
Übergießen *n* pouring
übergießen *v/mit etw* pour sthg over sthg
überhitzen *v* overheat
Überhitzung *f* overheating
überkrusten *v s.* gratinieren
überlasten *v* overload
überlaufen *v* boil over
überraschen *v* surprise
Überraschung *f* surprise
Überraschungseffekt *m* surprise effect
überstreuen *v/mit etw s.* bestreuen/mit etw
überwachen *v* supervise
überzeugen *v* convince, persuade
überziehen *v/mit etw* coat with sthg, cover with sthg
übrig lassen *v* leave • **Sie haben viel übrig gelassen, hat es nicht geschmeckt?** You left a lot on your plate, didn't you like it? • **nichts wurde übrig gelassen** nothing was left over
Übungsrestaurant *m* practice restaurant
umdrehen *v* turn, turn over
Umfang *m* 1. circumference *(technical)*; 2. size, extent *(general)*
umfangreich spacious *(of room, etc.)*; wide *(experience, etc.)*; extensive *(menu, etc.)*
umfüllen *v* transfer *(into another bottle or container)*
umhüllen *v s.* überziehen/mit etw
umkippen *v* 1. fall over, turn over; 2. go off *(wine)*
Umlufthitze *f* recirculated heat *(of fan ovens)*
ummanteln *v/mit etw s.* überziehen/mit etw
umorientieren *v/sich* reorientate oneself
umrahmen *v*, **umranden** *v* frame, surround
umrühren *v* stir
Umsatz *m* turnover
umsichtig thoughtful, circumspect
umweltfreundlich ecological; ecologically
umwickeln *v* wrap (round)
umwickeln *v/mit Bindfaden* tie with string

umwickeln v/mit Speck(scheiben) s.
bardieren
unabhängig s. selbstständig
unausgewogen unbalanced
undurchlässig impermeable
unerlässlich indispensable
unerwünscht undesirable, unwelcome
Unfall m accident
ungefähr approximately
ungenießbar inedible *(food)*; undrinkable
(drink); unpalatable *(taste)*
ungeschickt careless, clumsy
ungespritzt untreated *(fruits, vegetables)*;
unwaxed *(citrus fruit)*
ungewöhnlich, ungewohnt unusual
Unkosten pl expenses
unsachgemäß improper
untergärig bottom-fermented *(beer)*
Untersatz m mat, coaster *(for glasses)*
Unterschale f s. Frikandeau
unterscheiden v distinguish
Unterscheidung f, **Unterschied** m difference; distinction
Untertasse f saucer
unterziehen v s. beimengen
unverbindlich not binding
unverdaulich indigestible
unverdünnt undiluted *(technical)*; neat
(spirits)
unvermutet unexpected
unvollkommen imperfect
unzerbrechlich unbreakable
üppig ample

V

vakuumverpackt vacuum-packed
Vanillecreme f/(leichte) custard, vanilla
sauce
Vanillestange f vanilla pod
Vanillezucker m vanilla sugar
Variante f variant
variieren v vary
vegan vegan
Veganer(in) m(f) vegan
Vegetarier(in) m(f) vegetarian • **Sind Sie
Vegetarier?** Are you a vegetarian?
vegetarisch vegetarian
Veilchenblüte f violet *(flower)*
Venusmuschel f/**Braune** brown venus
mussel *(shellfish, pitaria chione)*

Venusmuschel f/**Warzige** warty venus
mussel *(shellfish, venus verrucosa)*
verändern v change
Veränderung f change
Veranstaltung f event *(general)*; function
(official); *(frml)* reception; *(infrml)* party
verantwortlich responsible
Verantwortung f responsibility
verarbeiten v process, treat • **verarbeitet in Großbritannien** processed in
Great Britain
verbergen v hide, conceal
verbessern v improve, enhance
Verbesserung f improvement, enhancement
verbinden v combine
Verbrauch m consumption
verbrauchen v use *(general)*; consume
(food, drink, fuel, etc.)
Verbraucherschutz m consumer protection
verbrennen v burn
Verbrennung f 1. burn *(injury)*; 2. burning
(of rubbish, etc.)
verdampfen v s. verdunsten
verdauen v digest
verdaulich digestible • **schwer verdaulich** indigestible
Verdauung f digestion
verderben v spoil, go off
verderblich perishable
verdienen v earn
Verdienst m 1. earning, income; 2. profit
verdorben spoilt, gone off
verdünnen v dilute, thin (down)
verdunsten v evaporate
Verdunstung f evaporation
veredeln v refine
Veredelung f refinement
vereinbaren v agree (on) *(price, date)*
vereist frozen over, iced over, iced up
Verfalldatum n *(BE)* expiry date, date of
expiry, *(AE)* expiration date
verfaulen v rot, go off
verfeinern v refine
Verfeinerung f refinement
verfügbar available
Verfügung stellen v/**zur** provide
verführen v tempt
verführerisch tempting
Vergleich m comparison
vergleichen v compare
verhandeln v negotiate
Verkauf m sale; selling *(act)*

verkaufen v sell
verkochen v overcook
verkohlen v char
verkosten v s. kosten 2.
Verkostung f tasting
verkünsteln v overdo (sthg)
verlängern v 1. prolong, extend (duration); 2. extend (dimension)
Verlängerung f 1. extension (duration); 2. extension (dimension)
Verlängerungskabel n extension cable (electric wire)
verlesen v 1. s. sortieren; 2. clean (salad)
verletzen v injure
Verletzung f injury
verlieren v lose
Verlust m loss
vermeiden v avoid
vermengen v blend
vermindern v decrease, reduce (amounts, etc.) • **um die Hälfte vermindern** reduce by half
vermindern v/**sich** diminish
vermischen v s. mischen
vernünftig reasonable (acceptable, balanced); rational (in one's thinking)
verpacken v pack, wrap (up)
Verpackung f 1. packing (process); 2. packaging (wrapping)
vorquirlen v whisk
verrühren v mix
versalzen v oversalt, put too much salt in [on] sthg
versäumen v overlook (doing sthg), miss (doing sthg); neglect (to do sthg) • **eine versäumte Gelegenheit** a missed opportunity
verschieden different, various
verschütten v spill (accidentally)
verschwenden v waste
Verschwendung f wastefulness, waste • **so eine Verschwendung** what a waste
Versicherung f insurance
versiegeln v seal
versorgen v 1. look after (care for); 2. supply (provide)
Versorgung f supply
Verspätung haben v be late, be delayed
verspritzen v s. spritzen
verstellbar adjustable
verstellen v adjust
verstopfen v block

Verstoß m violation (breach); offence (wrongdoing, criminal)
Versuch m 1. attempt (effort); 2. experiment (test)
versuchen v attempt, try
verteilen v distribute
Vertrag m (frml) contract; agreement
verträglich digestible, easy to digest; wholesome (healthy)
Verträglichkeit f digestibility
vertrauen v/**jdm** trust (sb), have confidence (in sb)
vertreten v/**jdn** replace (sb), stand in (for sb)
Vertretung f replacement
verunreinigen v s. beschmutzen
vervollständigen v complete; round off
verwelkt wilted (flower, lettuce, etc.); withered (vine, branch, etc.)
verwenden v use, make use (of)
Verwendung f use, application
verwöhnen v/**jdn** spoil someone; be good to someone • **Sie verwöhnen mich!** You're spoiling me!
Verzehr m consumption
verzehren v consume
verzichten v do without; abstain (from sthg), abstain (from doing sthg)
verzieren v decorate (general, also: cake); garnish (dish with e.g. a little salad)
Verzierung f decoration; garnish
verzinkt (BE) galvanised, (AE) galvanized
viel much • **viel Glück!** good luck! • **viel Spaß!** enjoy yourself [yourselves]!
viele many
Vielfalt f variety
vielseitig varied
Viertel n quarter
vierteln v quarter, divide into four parts
Viktoria(see)barsch m Nile perch (fresh water fish, lates niloticus)
Vogel m bird
Vogerlsalat m (Aut) lamb's lettuce
voll 1. full (general); 2. full (up) (infrml: had enough to eat)
voll saugen v/**sich mit etw** absorb sthg, soak up sthg
Vollkornbrot n wholemeal bread
Vollkornmehl n wholemeal flour
Vollkornschrot m coarsely-ground grain
Vollmilch f full-cream milk
Volumen n volume, capacity
Vorauswahl m preliminary selection, preselection

vorbereiten v prepare
Vorbereitung f preparation
vorbestellen v order in advance
Vorbestellung f advance order
vorbildlich s. beispielhaft
Vorderschinken m gammon
vorgebacken prebaked
vorgekocht precooked
Vorgeschmack m foretaste
vorheizen v preheat
vorhersehbar foreseeable • **das war vorhersehbar** I could see this coming
Vorlegebesteck n (BE) serving cutlery, (AE) serving silverware, (AE) serving flatware
vorlegen v serve food at the table
Vorliebe f predilection, special liking
Vorratsraum m 1. storeroom (general, also for food); 2. pantry, larder, (BE) scullery (for food)
Vorschlag m proposal, suggestion
vorschlagen v propose, suggest
vorschreiben v (frml) stipulate; lay down
Vorschrift f regulation, rule
Vorsicht f caution; (frml) prudence
vorsichtig careful, cautious; (frml) prudent
Vorspeise f starter, hors d'œuvre
Vorspeisenbüffet n starter buffet, hors d'oeuvre buffet, (AE) smorgasbord
Vorteil m advantage
vorzüglich s. köstlich

W

Waage f scales pl
waagerecht horizontal
Wacholder m juniper
Wacholderbeere f juniper berry
Wacholdergeist m juniper brandy
Wacholderperle f juniper berry
Wachsbohne f wax bean
Wachtel f quail
Wade f calf (plural: calves)
Waffel f waffle, wafer (with ice cream)
Wäffelchen n small wafer
Waffeleisen n waffle iron, waffle maker
Wagen m trolley
Wahl f choice • **nach Wahl** of (one's) choice • **Hier können Sie essen nach Wahl** Here you can have what you'd like
wählen v choose

wahlweise alternatively
Wald m wood(s), forest
Walderdbeere f wild strawberry
Waldfrüchte fpl forest berries
Waldmeister m woodruff
Waldmeisterbowle f woodruff punch (drink flavoured with woodruff leaves)
Waldpilze mpl forest mushrooms
Waller m s. Wels
Walnuss f walnut
Walnusshälfte f s. Walnusskern
Walnusskern m walnut kernel
Walze f s. Rolle
Wamme f s. Bauch
Wammerl n (Aut, Bay) pork belly
Wanderfisch m migratory fish
Wandschirm m screen
Wandschrank m wall cupboard, built-in cupboard
Wange f cheek
Ware f 1. article, product (individual item); 2. goods pl, merchandise (entire stock)
Warenprobe f (trade) sample
Warenzeichen n/**eingetragenes** registered trademark, ™
warm warm • **etw warm halten, etw warm stellen** keep sthg warm
Wärme m warmth
Wärmeschrank m heating cabinet
Wärmewagen m heated trolley
Warmhaltekanne f s. Thermoskanne
Warmhalteplatte f hotplate, plate warmer
Wärmtisch m hot food counter, hot food table
Warmwasserbereiter m water heater
Warmwasserspeicher m hot water tank
warten v 1. wait (for sb or sthg); 2. service (car, machine, etc.)
Wartezeit f waiting time, waiting period
Wartung f servicing
waschbar washable • **bei 60 °C waschbar** can be washed at 60 °C
Waschbecken n washbasin
Wäschekammer f linen room
waschen v wash • **sich waschen** have a wash
Wäscherei f laundry, (BE) laund(e)rette, (AE) laundromat
Wäschetrockner m drier
Wasser n water
Wasserbad n double boiler, bain-marie • **im Wasserbad erhitzt** heated in a double boiler, heated in a bain-marie

Wasserbadkasserolle *f* double boiler,
  bain-marie
Wasserhahn *m* (water) tap
wässerig watery
Wasserkocher *m* (electric) kettle
wasserlöslich water-soluble
Wassermelone *f* water melon
wässern *v* soak
Wässern *n* soaking
wechseln *v* change
wechselnd changing, alternating
weggießen *v* pour (away), discard
Weggli *n (CH)* bread roll
wegnehmen *v s.* entfernen
wegwerfen *v* throw away
weich soft, tender *(meat, egg)* • **weich-
  kochende Kartoffeln** soft-cooking potatoes • **weich gekocht** soft(-boiled)
  (egg)
weich werden *v* 1. become soft *(general)*;
  2. become tender *(meat)*
Weichkäse *m* soft cheese
weichkochend soft-cooking *(potatoes)*
Weichselkirschen *f (BE)* morello cherries,
  (AE) pin cherries
Weichtier *n* mollusc
Weihnachtsstollen *m s.* Dresdner Stollen
Wein *m* wine
Wein *m/***ein preisgekrönter** an award-
  -winning wine *(ein Wein, der viele Aus-
  zeichnungen erhalten hat)*
Wein *m/***offener** *(BE)* draught wine, *(AE)*
  draft wine
Weinbeerl *n (Aut, Bay)* raisin, grape
Weinblätter *npl* vine leaves, wine leaves
Weinbrand *m* brandy
Weinbrandbutter *f* brandy butter
Weinessig *m* wine vinegar
Weingärtner *m* wine grower
Weingelee *n* wine jelly
Weinhändler *m* wine dealer, vintner
Weinhefe *f* wine yeast
Weinhefegeist *m* wine yeast brandy
Weinkarte *f* wine list
Weinkeller *m* wine cellar
Weinkellerei *f* winery
Weinkellner *m s.* Sommelier
Weinkühler *m* wine cooler
Weinlaube *f* wine arbour
Weinlese *f* grape harvest
Weinprobe *f* wine tasting
Weinraute *f* rue
Weinschaumcreme *f* sabayon
Wein(stein)säure *f* tartaric acid

Weinstock *m* vine
Weintraube *f* grape
weiß white
Weißbier *n* top-fermented wheat beer
Weißblech *n* tin plate
Weißfisch *m* whitefish *(general)*
Weißkohl *m* white cabbage
Weißwurst *f* veal sausage
Weizen *m* wheat
Weizenkeime *mpl* wheat germ
Weizenkeimöl *n* wheat germ oil
Weizenmehl *n* wheat(en) flour
Weizenschrot *m* wheatmeal, cracked
  wheat
Weller *m* catfish *(fresh or brackish water
  fish, siluris glanis)*
Wellfleisch *n* belly of pork, boiled imme-
  diately after slaughter
Wellhornschnecke *f* whelk *(sea mollusc,
  various species of buccinidae)*
Wels *m s.* Weller
wenden *v* turn (over)
Werbung *f* publicity *(general)*; advertising
  (commercial)
Werktag *m* work(ing) day
Wert *m* value • **großen Wert haben** be
  of high value
wertvoll valuable
Wetter *n* weather
Wetzstahl *m (knife) sharpening steel,*
  honing rod
Wetzstein *m* whetstone
widerstandsfähig resistant
widerstehen *v* resist
widerwärtig disgusting
wiederverwenden *v* reuse
wiederverwerten *v* recycle
Wiegemesser *n* Mezzaluna (food) chopper, chopping knife
wiegen *v* weigh
Wiegen *n* weighing
Wiener Schnitzel *n* wiener schnitzel *(thin
  veal cutlet coated with breadcrumbs,
  sprinkled with lemon juice and baked;
  originally a Viennese speciality)*
Wiener Würstchen *n* hot dog, wiener,
  (AE) wienie, *(AE)* weenie *(small sausage of
  finely ground pork and beef, lightly
  smoked)*
Wild *n,* **Wildbret** *n* game, venison
Wildente *f* wild duck
Wildkeule *f* haunch of venison
Wildkräuter *npl* wild herbs
Wildpfeffer *m,* **Wildragout** *n* game stew

Wildschwein *n* wild boar
Windbeutel *m (BE)* profiterole, *(AE)* cream puff
Windbeutel *m*/**gefüllter** *(BE)* profiterole, *(AE)* cream puff •
Winter *m* winter • **im Winter** in winter
Winterendivie *f* winter endive
Winzer *m* wine grower
wirken *v* knead *(dough, etc.)*
wirksam effective
Wirkung *f* effect
Wirsing *m* savoy cabbage
Wirz *m (CH)* savoy cabbage
Wittling *f* whiting *(salt water fish, merlangius merlangus)*
Wochenmarkt *m* weekly market
Wohl *n*, **Wohlbefinden** *n* well-being
• **Zum Wohl!** Cheers! • **Auf Ihr Wohl!** To your good health!
Wok *m* wok
wolfen *v* chop, mince
Wolfsbarsch *m* s. Seebarsch
Wollwurst *f* white sausage without skin
Wrackbarsch *m* stone bass, wreck fish *(salt water fish, polyprion cernium)*
wunderbar wonderful, marvellous
Wunsch *m* wish; *(frml)* request
wünschen *v* wish, want *(general)*; desire *(passionately)*
wünschenswert desirable • **nicht wünschenswert** undesirable
Würfel *m* cube • **in Würfel schneiden** cut into cubes
würfeln *v* dice, cut into cubes
Würfelzucker *m* sugar cubes *pl*, cube sugar
Wurm *m* 1. worm *(general)*; 2. maggot *(fly larva)*
wurmig worm-eaten
Wurst *f* sausage
Würstchen *n* small sausage
Würstchen *n*/**Frankfurter** frankfurter
Würstchen *n*/**Wiener** hotdog, wiener, *(AE)* wienie, *(AE)* weenie *(small sausage of finely ground pork and beef, lightly smoked)*
Wurstdarm *m*, **Wursthaut** *f* sausage case, sausage skin
Wurstfüllung *f*, **Wurstmasse** *f* sausage stuffing
Wurstsalat *m* sausage salad
Wurstwaren *fpl* cold meats; charcuterie *(singular)*
Würze *f* s. Gewürz

Wurzel *f* root
Wurzelgemüse *n* root vegetables *pl*
würzen *v* season
Würzen *n* seasoning
würziger machen *v* add spices
Wybeeri *f (CH)* grape

Y

Yam(swurzel) yam

Z

Zackenbarsch *m* s. Sägebarsch
zäh tough, chewy
zähflüssig viscous
zahlen *v* pay • **bar zahlen** pay cash
zählen *v* count
Zähler *m* meter
Zahlung *f* payment
Zahnbrassen *m* common dentex, (four) toothed sparus *(salt water fish, dentex dentex L.)*
Zahnstocher *m* toothpick
Zander *m* pike perch *(fresh water fish, stizostedion lucioperca)*
Zange *f* 1. pliers *pl (tool)*; 2. tongs *pl (for sugar lumps, etc.)*
zapfen *v* draw *(beer)* • **ein Bier zapfen** *(BE)* pull a pint
zappeln *v* flap
zart tender
Zehe *f* clove *(of garlic)*
Zeit *f* time
Zeitschaltuhr *f* time switch
Zeller *m (Aut)* celeriac, celery
Zelt *n* tent *(for camping, etc.)*; marquee *(for parties or functions)*
Zentralheizung *f* central heating
Zentrifuge *f* centrifuge
zerbrechen *v* break
zerbrechlich fragile
zerbröseln *v* crumble
zerdrücken *v* squash *(accidentally)*; mash *(potatoes, etc.)*
zerfallen *v* disintegrate
zerfasern *v* fray
zerkleinern *v* chop

zerkocht mushy
zerlassen v melt
Zerlegbrett n carving plank
zerlegen v carve up *(roast)*; cut up *(joint)*
zermahlen v grind
zerreiben v crush
zerreißen v tear up
zerschneiden v s. aufschneiden
zersetzen v/sich decompose
zerstampfen v grind, pound
Zerstäuber m spray
zerstoßen v crush, pound *(in a mortar)*
zerstückeln v, **zerteilen** v cut up
Zervelatwurst f cervelat, servelat
Zettel m note, notice
Zicklein n goat kid, kid goat
Ziege f goat
ziegelrot brick-red
Ziegenkäse m goat's cheese
Ziegenkitz n goat kid, kid goat
Zieger m *(CH)* quark
ziehen v draw *(sthg)*; pull *(at sthg)*
ziehen lassen v let brew *(tea)*
Ziemer m saddle of venison
Zierde f ornament, decoration
Zigeunerbraten m roast beef in a sauce
    with paprika, tomatoes and onions
Zigeunerschnitzel n veal or pork cutlet in
    a sauce with paprika, tomatoes and
    onions
Zimmer n room
Zimmernummer f room number
Zimt m cinnamon
Zimtblüte f cinnamon flower
Zimtstange f cinnamon stick
ziselieren v engrave
Ziseliermesser n engraving knife
Zitronat n candied lemon peel
Zitronatzitrone f citron, cedrat
Zitrone f lemon
Zitronengras n, **Zitronenkraut** n lemon
    grass
Zitronenmelisse f lemon balm
Zitronenpresse f lemon squeezer
Zitronensaft m lemon juice
Zitronenschaber m lemon grater
Zitronenschale f 1. lemon peel; 2. lemon
    zest *(grated outer layer)*
Zitrusfrüchte fpl citrus fruits
Zopf m plait
Zubehör n accessories pl; attachments pl;
    equipment
zubereiten v cook, prepare
Zubereitung f preparation

Zucchini fpl *(generally with the Italian
    plural) (BE)* courgette, *(AE)* zucchini
    (squash)
Zucht f, **Züchtung** f breeding *(of animals)*;
    cultivation *(of plants)*; growing *(of plants)*
züchten v grow *(plants)*; breed *(animals)*
Zucker m sugar
Zuckerapfel m s. Schuppenannone
Zuckerdose f *(BE)* sugar basin, *(AE)* sugar
    bowl
Zuckererbsen fpl sugar snap peas,
    mangetout peas
Zuckerguss m *(BE)* icing (sugar), *(AE)*
    frosting
Zuckerhut m sugarloaf
Zuckerkulör f caramel *(sugar-based food
    colour, E150, not sweetening)*
Zuckerl n *(Aut)* sweet, *(AE)* candy
Zuckermais m sweetcorn
zuckern v sweeten
Zuckerrohr n sugar cane
Zuckerrübe f sugar beet
Zuckerschoten f s. Zuckererbsen
Zuckerstreuer m sugar sprinkler
zudecken v cover (up)
zudrehen v turn off
Zufahrtsstraße f access road
zufrieden content(ed)
Zufriedenheit f satisfaction
Zufuhr f, **Zuführung** f supply *(provision)*;
    supplying *(process)*
zuführen v supply
zulassen v *(BE)* authorise, *(AE)* authorize
Zulassung f *(BE)* authorisation, *(AE)* au-
    thorization
zunähen v s. bridieren
zunähen v/Geflügel s. bridieren
zunehmen v gain weight *(for humans and
    animals)*; put on weight *(for humans)*
Zunge f tongue
Zungensülze f diced tongue in aspic
Zungenwurst f tongue sausage *(made of
    black pudding with pieces of ham and
    tongue)*
zuputzen v *(Aut)* s. zurechtmachen
zurechtmachen v prepare *(for roasting or
    cooking)*
Züricher Geschnetzeltes n thin strips of
    veal in a sauce *(speciality of Zurich)*
zurückgeben v give back, return
zusammenarbeiten v cooperate, work
    together
zusammenbinden v tie up
zusammendrücken v press together

zusammenfalten *v* fold up
zusammenrollen *v* roll up
zusammensetzen *v* be composed of, be made of • **etw ist aus ... zusammengesetzt** sthg is made up of ...
Zusammensetzung *f* composition *(general)*; ingredients *pl (for food or drink)*
zusammenstellen *v* arrange, assort, put together • **richtig zusammenstellen** match
Zusammenstellung *f* compilation • **die Zusammenstellung war schwierig** putting it together was tricky
zusätzlich supplementary, additional
Zusatz(stoff) *m* additive
zuschneiden *v* cut to size, cut out
Zuschnitt *m* cut
zusetzen *v s.* dazugeben
zuständig responsible
zustimmen *v* approve
Zustimmung *f* approval, agreement
Zutaten *pl* ingredients
zuverlässig reliable, trustworthy
zuvorkommend courteous, obliging
Zwang *m* obligation

zweifelhaft doubtful
Zweig *m* branch
Zweigchen *n* sprig
Zwergdorsch *m* poor cod *(salt water fish, gadus minutus)*
Zwergpomeranze *f* kumquat, cumquat
Zwetsch(g)e *f* plum
Zwieback *m* rusk, *(AE)* zwieback
Zwiebel *f* onion
Zwiebelfleisch *n* slices of lightly smoked pork loin marinated with onions
Zwiebelkuchen *m* onion tart, onion quiche
Zwiebelmus *n* onion compote, mashed onions *pl*
Zwiebelsuppe *f* onion soup
Zwiebelwurst *f* onion sausage *(coarsely ground raw sausage, spiced with onion, used as a spread)*
zwingend necessary; mandatory *(legal term)*
Zwischengericht *n* entremet(s)
Zwischenhandel *m* intermediate trade
Zwischenraum *m* space, gap

Anhänge

Inhalte

1. Original-Speisekarten aus Irland und Deutschland mit ihren Übersetzungen

Die folgenden Auszüge aus Speisekarten in deutscher und englischer Sprache, die bewusst von kleineren Gastronomiebetrieben in Süddeutschland und in Irland erbeten wurden, sollen zeigen, wie Küchenchefs heute, ohne zu zögern, in küchentechnischer wie in sprachlicher Hinsicht ihre 'Anleihen' in den Küchen anderer Länder und vor allem auch in regionalen Küchentraditionen machen. Die englischsprachige Karte zeigt außerdem, wie viele Speisenangebote (in fast allen Ländern) sich heute schon vielfach am Bewusstsein der Kundschaft für die Notwendigkeit gesunder Ernährung orientieren.

With the kind permission of Michelle and Bert Egan

Shelby's Brasserie
73 Main Street, Bray,
County Wicklow, Ireland

Original

Sampler Menu

Starters   € 6.00

Leek and Potato Soup (G) (D) with a pear crème fraiche.

Fresh Seafood Chowder served with Shelby's brown soda bread.

Goat's Cheese Tartlet (V) (D) served with a roast pepper jam.

Crispy Duck Leg & Mango Salad (G) (D) with sweet chilli and sesame aioli.

Mains   € 13.00

Vegetable and Nut Roast (V) served with a red onion jam.

Smoked Chicken & Chorizo Tagliatelle in a creamy tomato sauce.

Prime Irish Sirloin Steak (G) (D) with peppercorn sauce.

8oz € 15.95
10oz € 18.95

Fresh Fillet of Hake (G) (D) served with baby potatoes, spinach and pea béchamel sauce.   € 18.95

Choice of Side Orders   € 2.50

Desserts

Pineapple Cheesecake with vanilla anglaise.   € 6.00

Lemon Tart served with a mixed berry compote.   € 6.00

Warm Chocolate Fondant served with homemade Vanilla ice cream. (Please allow 10 minutes cooking time. It's worth the wait!)   € 7.95

Selection of Cheese (G) served with crackers & fruit.   € 8.50

D Denotes where a dish can be made dairy free. Please ask.
V Denotes where a dish can be made vegetarian. Please ask.
G Denotes where a dish can be made gluten free. Please ask.

Mit freundlicher Genehmigung von Michelle und Bert Egan

Shelby's Brasserie
73 Main Street, Bray,
County Wicklow, Ireland

Übersetzung

Probiermenü

Vorspeisen   € 6.00

Gelauchte Kartoffelsuppe (G) (D) mit Birnen in Crème fraiche.

Frischer Fisch- und Muscheleintopf mit Shelbys hausgemachtem Sodabrot.

Ziegenkäsetortelett (V) (D) auf geröstetem Paprikakompott.

Knusprige Entenkeule mit Mangosalat (G) (D) mit süßem Chilli- und Sesamaioli.

Hauptgerichte   € 13.00

Gemüse-Nussbraten (V) auf Rotzwiebelkompott.

Tagliatelle mit geräuchertem Huhn und Chorizo in Tomaten- und Sahnesoße.

Erstklassiges irisches Sirloin Steak (G) (D) mit Pfeffersoße.   225 gr € 15.95
                                                              285 gr € 18.95

Frisches Seehechtfilet (G) (D) auf Frühkartöffelchen, Spinat, und
Erbsenbéchamelsoße.   € 18.95

Verschiedene Beilagen   € 2.50

Nachspeisen

Ananaskäsekuchen mit Vanillesoße.   € 6.00

Zitronentörtchen mit Beerenkompott.   € 6.00

Warmes Schokoladenfondant mit hausgemachtem
Vanilleeis.
(Die 10 Minuten Wartezeit sind es allemal wert!)   € 7.95

Käseplatte (G) mit Kräckern und Obst.   € 8.50

D Auf Anfrage kann diese Speise laktosefrei zubereitet werden.
V Auf Anfrage kann diese Speise vegetarisch zubereitet werden.
G Auf Anfrage kann diese Speise glutenfrei zubereitet werden.

Mit freundlicher Genehmigung von

Landhaus Post
D-72435 Albstadt-Burgfelden

Tageskarte

1. Menu

Kraftbrühe mit Klößchen *oder* Melone mit Schinken
Wildschweinschäufele mit Spätzle, Salate
Früchtebecher   € 15,80

2. Menu

Vorspeise
Kalbsschnitzel mit frischen Steinpilzen, Pommes dauphine
Dessert   € 16,90

Linsen mit Saiten und Spätzle	€ 8,80
Kutteln in Rotwein mit Bratkartoffeln	€ 8,80
Hausg. Maultaschen in der Brühe, geschmelzt oder geröstet mit Ei	€ 8,80
Leberle sauer mit Bratkartoffeln	€ 11,20
Wildschweingulasch mit Spätzle, Salate	€ 11,40
Kalbskopf „tortue", mit Kartöffele, Salate	€ 11,40
Schweinekotelett paniert oder natur mit Blumenkohl, Kartöffele	€ 11,60
Schweinebraten mit Apfelrotkraut, Semmelknödel	€ 12,20
Ochsenzunge in Rotwein mit feinen Erbsen, Pommes dauphine	€ 12,20
Knuspriges Spanferkel mit Apfelrotkraut, Semmelknödel	€ 12,40
Rehragout (ohne Bein), Spätzle, Salate	€ 12,40
Kalbsrahmbraten mit Spätzle, Salate	€ 12,40
Frische Pfifferlinge mit Semmelknödel	€ 12,40
Jägerbraten mit feinem Gemüse, Pommes frites	€ 12,40
Schwäbische Bratenplatte mit Spätzle, Salate	€ 12,50
Leberschnitte „Berliner Art" mit Sahne-Püree, Salate	€ 12,60
Bunte Gemüseplatte mit Kartöffele	€ 14,10
Rehbraten „Försterin" mit Pfifferlingen, Spätzle, Salate	€ 15,90
Kleines Rinderfilet mit verschiedenem Gemüse	€ 16,20
Rehfilet in Wildrahmsauce mit Pfifferlingen, Spätzle, Salate	€ 19,20

Die Preise sind inklusive Service, Bedienungsgeld und gesetzlicher Mehrwertsteuer

With the kind permission of:

Landhaus Post
D-72435 Albstadt-Burgfelden

Übersetzung

Today's menu

Menu 1

Beef stock with dumplings *or* Melon with ham
Pickled shoulder of wild boar, with home-made traditional
Swabian noodles and various salads
Fruit sundae   € 15,80

Menu 2

Starter
Veal cutlet with fresh cep mushrooms and dauphine potatoes
Dessert   € 16,90

Lentils with frankfurters and home-made Swabian noodles	€ 8,80
Tripe in red wine with fried potatoes	€ 8,80
Home-made meat ravioli in stock, sauteed in butter or topped with an egg	€ 8,80
Sliced beef liver in sour sauce with fried potatoes	€ 11,20
Wild boar goulash with fried potatoes and various salads	€ 11,40
Calve's head "tortue", with potatoes and various salads	€ 11,40
Pork chop with or without breadcrumbs, with cauliflower and potatoes	€ 11,60
Roast pork, red cabbage with apple slices and bread dumplings	€ 12,20
Ox tongue in red wine with tender peas and dauphine potatoes	€ 12,20
Crispy suckling pig, red cabbage with apple slices and bread dumplings	€ 12,40
Ragout of boneless venison, home-made Swabian noodles and various salads	€ 12,40
Creamed roast veal with home-made Swabian noodles and various salads	€ 12,40
Fresh chanterelle mushrooms with bread dumplings	€ 12,40
Huntsman's roast with young vegetables and chips	€ 12,40
Swabian roast meat platter with home-made Swabian noodles and salads	€ 12,50
Slice of liver "Berlin style" with creamy mash and various salads	€ 12,60
Mixed vegetable platter with potatoes	€ 14,10
Roast venison "Försterin" with chanterelle mushrooms, home-made Swabian noodles and various salads	€ 15,90
Small fillet of beef with mixed vegetables	€ 16,20
Fillet of venison in creamy game sauce with chanterelle mushrooms, home-made Swabian noodles and various salads	€ 19,20

Prices include service, service charge and VAT

2. Britische und deutsche Rezepte

Traditional Scottish Shortbread

This recipe is easy to make and tastes delicious! The shortbread pieces are best served with a nice cup of coffee or tea.

Ingredients

- 8 oz plain flour
- pinch of salt
- 4 oz cornflour
- 4 oz castor sugar
- 8 oz butter or soft margarine

1. Preheat oven to 350 °F.
2. Lightly grease and flour a small (8 in square) baking tin.
3. Sift flour, salt and cornflour into bowl.
4. Soften butter and mix into the ingredients.
5. Add sugar and <u>knead well</u>.
6. Press dough into tin and fork neatly all over the top.
7. Bake in a slow oven (250-300 °F) for between 50 and 60 minutes. The shortbread should not get brown.
8. Cut into finger-sized pieces while still warm.
9. Sprinkle with icing sugar, if desired.
10. When nearly cool, lift out carefully.
11. When cool, store in an airtight container. Enjoy!

Traditionelles schottisches Shortbread

Sehr einfach zuzubereiten und schmeckt köstlich! Am besten serviert man zu den
Shortbreadstückchen eine gute Tasse Kaffee oder Tee.

Zutaten

- 225 g Mehl Typ 405
- 1 Prise Salz
- 115 g Speisestärke
- 115 g Sandzucker
- 225 g Butter oder weiche Margarine

1. Den Backofen auf 180 °C vorheizen.
2. Ein kleines, rechteckiges Backblech von ca. 20 x 25 cm leicht einfetten
   und mit Mehl bestäuben.
3. Mehl, Salz und Speisestärke in eine Schüssel sieben.
4. Butter weich werden lassen und in die Mehlmasse einarbeiten.
5. Zucker zugeben und gründlich durchkneten.
6. Den Teig in das Backblech auslegen und mit einer Gabel gleichmäßig
   andrücken.
7. Bei 120-150 °C 50-60 Minuten lang backen. Das Shortbread darf nicht
   braun werden.
8. Vor dem Abkühlen in fingerdicke Stücke schneiden.
9. Nach Belieben mit Puderzucker bestreuen.
10. Nach fast vollständiger Erkaltung aus dem Blech heben.
11. Nach dem Erkalten in einem luftdichten Behälter aufbewahren. Guten Appetit!

Pop's Hibernian Brown Loaf

This Irish-style bread takes some effort and a bit of time, but is really worth it! It's great with butter, jam and a big pot of fresh tea.

Ingredients

- 20 oz whole-wheat flour (stone ground is best)
- 8 oz all-purpose flour
- a pinch more than 1½ tbsp sugar
- a pinch more than 1½ tsp baking soda
- a pinch more than 1 tsp salt
- 2 oz butter at room temp.
- 1 egg
- a little less than 10½ fluid oz buttermilk at room temp (alternatively, use 80 % milk and 20 % sour cream).

1. Preheat oven to 200 °C / 400 °F.
2. Mix together all dry ingredients in a bowl.
3. With fingers, work in butter until absorbed and mixture looks like tiny breadcrumbs.
4. Make a well in centre of mixture.
5. In a separate bowl, lightly beat egg and stir in the buttermilk.
6. Gradually pour egg-and-milk mixture into the well, first mixing by spoon, then by hand mixer when it starts to form a stiff dough.
7. Lift dough from the bowl and place on lightly floured surface.
8. Work dough with your hands to thoroughly blend ingredients, but <u>do not knead.</u>
9. The dough shouldn't stick, but if it does, sprinkle a little more flour on the surface.
10. Shape into a ball and pat down top a little.
11. With a knife, cut a ½ inch deep cross on the top.
12. Place on greased baking sheet and bake until brown at 200 °C / 400 °F for about 45 minutes. The loaf will have opened up impressively along the cuts.
13. Tap the bottom of the loaf to check if it's done. It should sound hollow.
14. Remove from oven and place on wire rack to cool.
15. Cut into thin slices and enjoy!

Papas irisches Sodabrot

Dieses irische Brot ist den Aufwand wert! Darauf schmeckt vor allem Butter und Marmelade zu einer Kanne frisch aufgegossenem Tee.

Zutaten

- 550 g Vollkornmehl (am besten steingemahlenes)
- 225 g Mehl Typ 405
- etwas mehr als 1½ Esslöffel Zucker
- etwas mehr als 1½ Teelöffel Backpulver
- etwas mehr als 1½ Teelöffel Salz
- 60 g Butter, auf Zimmertemperatur erwärmt
- 1 Ei
- 310 ml Buttermilch, auf Zimmertemperatur erwärmt (als Alternative können 80 % Milch zu 20 % saurer Sahne verwendet werden).

1. Den Backofen auf 200 °C vorheizen.
2. Alle trockenen Zutaten in einer Schüssel vermengen.
3. Die Butter mit den Fingern vollständig einarbeiten bis der Teig eine semmelbröselartige Konsistenz angenommen hat.
4. Eine Mulde in die Teigmitte drücken.
5. Das Ei in einer separaten Schüssel leicht aufschlagen und die Buttermilch einrühren.
6. Die Ei- und Milchmasse langsam in die Teigmulde gießen; anfangs mit Hilfe eines Löffels verquirlen, dann, wenn der Teig fest wird, mit einem Stabmixer.
7. Den Teig aus der Schüssel auf eine mit etwas Mehl bestäubte Fläche heben.
8. Den Teig mit den Händen gründlich bearbeiten, aber nicht kneten.
9. Der Teig sollte nicht kleben, andernfalls noch etwas Mehl auf die Oberfläche stäuben.
10. Zu einem Ball formen und oben etwas eindrücken.
11. Mit einem Messer ein mind. 1 cm tiefes Kreuz einschneiden.
12. Auf ein eingefettetes Backblech legen und bei 200 °C ungefähr 45 Minuten backen. Der Laib wird entlang der Einschnitte erheblich aufplatzen.
13. Den Teigboden abklopfen. Wenn er durchgebacken ist, klingt er hohl.
14. Aus dem Ofen nehmen und auf einem Rost abkühlen lassen.
15. In dünne Scheiben schneiden und es sich schmecken lassen!

Gefüllter Hecht aus dem Rohr

Für 4 Personen

Zutaten

Für die Fülle:	2 EL faschierter Bauchspeck • ¼ Tasse klein gehackte Zwiebeln • ½ Tasse gehackte frische Champignons • ¾ Tasse Semmelbrösel • ¼ Tasse Milch • 4 – 5 passierte Anchovis • 1 EL gehacktes Petersil
Für den Fisch:	Ein 3 – 4 Pfund schwerer Hecht mit Kopf und Schwanz, ohne die Mittelgräte, zugeputzt und abgeschuppt • 8 dag zerlassene Butter • ½ Tasse klein gehackte Zwiebeln • 1 gehackte Knoblauchzehe • Salz
Für die Sauce:	½ Tasse Rahm • ½ TL Salz • frisch gemahlener schwarzer Pfeffer • 1 EL ausgepreßter Zitronensaft • 1 TL süßer ungarischer Paprika

*****

Die Zubereitung der Fülle:

Den Speck in einer niederen Rein so lange auslassen, bis sein Schmalz den ganzen Boden bedeckt. Dann darin die Zwiebeln 2 – 3 Minuten dünsten, anschließend die Champignons auch für 3 oder 4 Minuten dazugeben, bis der größte Teil ihrer Feuchtigkeit verdampft ist. Den Inhalt der Rein jetzt in eine Schüssel geben und mit den in Milch eingeweichten Semmelbröseln, den Anchovis und dem Petersil vermischen. Man rührt die Fülle mit einem Kochlöffel so lange, bis sie in ihrer Konsistenz wie ein glatter Teig ist.

Die Zubereitung des Hechts:

Das Backrohr auf 250° vorheizen, später auf mittlere Temperatur reduzieren. Den Fisch kurz unter kaltem Fließwasser waschen und mit Küchenkrepp innen sowie außen trocken tupfen. Ihn dann salzen, ihn mit der Fülle gut ausstopfen und zunähen. Ein wenig von der zerlassenen Butter auf den Boden einer länglichen feuerfesten Form streichen. Will man den Fisch auf einer anderen Platte servieren, wird diese mit einem langen Stück Alufolie belegt. Dann wird der Hecht mit den Zwiebeln und dem Knoblauch umlegt, mit der restlichen Butter übergossen und in der Mitte des Backrohrs gebacken. Man sollte ihn alle 5 Minuten mit dem eigenen Saft beschöpfen.
Nach 30 bis 40 Minuten müßte er fest sein, wenn man ihn zart mit dem Finger drückt. Will man ihn in der feuerfesten Form servieren, schöpft man den Saft mit einem Saucenlöffel heraus. Andernfalls hebt man den Hecht auf der Alufolie heraus und läßt ihn auf eine Servierplatte gleiten. Der Bratensaft kommt in eine andere kleinere Rein.

Die Zubereitung der Sauce:

Rahm, Salz, Pfeffer, Zitronensaft und Paprika werden zusammen verrührt und zu dem Bratensaft gegossen. Man erhitzt die Sauce unter ständigem Rühren, läßt sie aber nicht kochen. Zum Schluß wird abgeschmeckt. Dann beschöpft man den Hecht mit der Sauce und serviert ihn mit Salzkartoffeln oder einer anderen Beilage.

Stuffed oven-baked pike

Serves 4

Ingredients

For the stuffing:	• 2 tbsp finely chopped streaky bacon • ¼ cup finely chopped onions • ¼ cup chopped fresh mushrooms • ¾ cup breadcrumbs • ¼ cup milk • 4-5 anchovies forced through a sieve • 1 tbsp chopped parsley
For the fish:	• a pike weighing 3-4 lbs, with head and tail attached and without the central bone, gutted and descaled • 80 gr melted butter • ½ cup finely chopped onions • 1 chopped clove of garlic • salt
For the gravy:	• ½ cup cream • ½ tsp salt • freshly ground black pepper • 1 tbsp freshly squeezed lemon juice • 1 tsp sweet Hungarian paprika

*****

To prepare the stuffing:

In a saucepan, render the bacon until the dripping entirely covers the bottom of the pan. Add the onions and steam for 2-3 minutes, then add the mushrooms for another 3 or 4 minutes until their moisture is almost evaporated. Put the mixture into a bowl an mix in the breadcrumbs soaked in milk, as well as the anchovies and the parsley.
Stir the stuffing with a wooden spoon until its consistency is like a smooth dough.

To prepare the pike:

Preheat the oven to 480° F (250°C), then lower to a medium temperature. Rinse the fish under cold water and dab it gently with kitchen towel, on both sides and also inside. Season with salt, fill it with the stuffing and sew it up. Grease the bottom of an elongated fireproof dish with a little melted butter. If you want to serve the fish on another serving dish, cover the dish with a long piece of kitchen foil. Place the onions and the garlic around the pike, drizzle with the remaining butter, and bake in the middle of the oven. Baste every 5 minutes with its own juice.
After 30 to 40 minutes, it should be firm when pushed lightly with the finger. If you'd like to serve in the ovenproof dish, ladle out the juice with a gravy spoon. Otherwise, remove the pike on the kitchen foil and slip it onto a serving dish. Pour the juice into another smaller saucepan.

To prepare the gravy:

Mix together the cream, salt, pepper, lemon juice and paprika and add the juice. Stir continously on a low to medium heat, and do not let it come to the boil. Add the seasoning. Pour the gravy over the pike and serve with boiled potatoes or a different side dish.

Hinweise für die Rezepte auf Seite 136/137

Dieses traditionelle, ursprünglich ungarische Rezept (Töltött Csuka) stammt aus einem alten Familienkochbuch aus Wien. Es wird dazu vermerkt, dass das Gericht auch mit einem „Fogosch", einem Donauzander, zubereitet werden kann. Aus Gründen der Authentizität wurde im deutschen Text auf einige Vorgaben der deutschen Rechtschreibreform sowie auf Formen, die im Hochdeutschen oft als zu fehlerhaft empfunden werden („der" Butter), verzichtet.

Notes on the recipes on page 136/137

This traditional recipe of Hungarian origin (Töltött Csulka) has been taken from an old Viennese family cook book. Please note that this dish may also be prepared using a 'fogosch', a Danubian pike-perch. To ensure authenticity, certain spelling rules have been dispensed with (eg. „der" Butter).

Pfälzer Saumagen

Zuerst muss beim Metzger ein frischer, kleiner, geputzter Saumagen bestellt werden.
Für die Füllung:

> 1 – 1 ½ kg gekochte Kartoffeln
> 750 g grüner, magerer Schweinebauch
> 375 g gehacktes Rindfleisch
> 3 Eier
> 2 große Zwiebeln, aufgeschnitten in Fett gedämpft
> Majoran, Salz, Pfeffer, Muskatnuss
> ½ Liter Fleischbrühe

Zuerst zwei der drei Ausgänge am Saumagen zubinden. Kartoffeln und Schweinebauch in gleichmäßige Würfel schneiden. Alle übrigen Zutaten dazugeben, sehr
kräftig würzen und durcharbeiten. Diese Masse in den Saumagen füllen und zubinden. In siedendem Salzwasser gut 3 Stunden ziehen lassen – nicht kochen! Er kann
bereits so mit Genuss gegessen werden, jedoch gibt es auch eine andere Ge-
schmacksrichtung, die ihn, in Scheiben geschnitten, in Butter gebraten bevorzugt.
Dazu wird Sauerkraut gereicht. Der perfekt zubereitete Saumagen hat Tranchen,
die beim Aufschneiden nicht bröckeln oder gar zerfallen. Bauernbrot, Weinkraut
und natürlich Pfälzer Wein dazu reichen.

(Gropper, Kulinarische Streifzüge durch die Pfalz, S. 150; Sigloch Edition 1988, Künzelsau)

Pig's Stomach from the Pfalz

First of all a small, fresh cleaned pig's stomach must be ordered from the butcher.
For the stuffing:

> 1 – 1 ½ kg boiled potatoes
> 750 g fresh, lean pork belly
> 375 g chopped beef
> 3 eggs
> 2 large onions, cut up and steamed in fat
> marjoram, salt, pepper, nutmeg
> ½ litre meat stock

First tie up two of the three exits of the pig's stomach. Cut the potatoes and pork
belly in equally sized cubes. Add all remaining ingredients, with plenty of spice,
and knead thoroughly. Fill the pig's stomach with this mixture and tie it up. Let it
simmer in salted water for 3 hours – do not boil! This can be enjoyed as it is, but
there are also those who enjoy it sliced and fried in butter and served with sauerkraut. A perfectly cooked pig's stomach can be cut into thick slices which do not
crumble or, let alone, fall apart. Serve with brown bread, weinkraut and, of course,
a wine from the Pfalz.

(Gropper, Kulinarische Streifzüge durch die Pfalz, S. 150; Sigloch Edition 1988, Künzelsau)

3. Maße und Gewichte

Das britische System der Maße und Gewichte ist ein Standard, welches in Großbritannien 1824 durch ein Gesetz – den „Weights and Measures Act" – festgelegt wurde. Es hatte aber schon 1215 seinen Anfang, als damals ein Gesetz über Maße und Gewichte in die Magna Charta eingebaut wurde. Zum großen Bedauern vieler Briten wurde ab 1969 das britische System nach und nach durch das metrische System abgelöst, und durch das Gesetz der europäischen Union 1972 übernahm Brüssel die Entscheidungsgewalt über Maße und Gewichte. Auf einigen Gebieten jedoch findet das englische System immer noch Anwendung. Entfernungen werden noch heute in englischen Meilen gemessen, und in den Pubs bestellt man nach wie vor ein „Pint of beer". Hinzu kommt, dass man in älteren Rezeptbüchern die Mengenangaben nach dem britischen System findet. Daher wird an dieser Stelle eine einfache Umrechnungstabelle zur Verfügung gestellt. Es ist zu beachten, dass sich die amerikanischen Werte von den englischen unterscheiden.

Volumen

Von	nach	Multiplizieren mit
Fluid ounces (fl oz)	ml	28,41
US fluid ounces	ml	29,57
Pints (pt)	Liter	0,568
Quarts (qt)	Liter	1,137
US quarts	Liter	0,946
Gallons	Liter	4,546
US gallons	Liter	3,785

Gewicht

Von	nach	Multiplizieren mit
Ounces (oz)	Gramm	0,065
Pounds (lbs)	Gramm	453,59
Pounds (lbs)	Kilogramm	0,455

Längenmaße

Von	nach	Multiplizieren mit
Inches (in)	mm	25,4
Inches	cm	2,54
Feet (ft)	m	0,305
Yards (yd)	m	0,914

Maße und Gewichte

Britische und amerikanische Hohlmaße

	GB	US	Abk.	allgemeine Bezeichnung
barrel *(of oil)*	35 gallons	42 gallons = 159 l	bbl	Flüssigkeitsmaß
barrel *(of beer)*	36 gallons = 164 l	31 gallons = 117 l	bbl	Flüssigkeitsmaß
gallon	4.546 l	3.785 l	gal	Flüssigkeitsmaß
gill	142 ml	118 ml	gi	Flüssigkeitsmaß
pint	1 UK pint = 568 ml	1 US pint = 473 ml	pt	Flüssigkeitsmaß
quart	1.136 l	95 ml	qt	Flüssigkeitsmaß
fluid ounce	28.4 ml	29.5 ml	fl oz	Flüssigkeitsmaß
teaspoon	5 ml	4.93 ml	tsp	Küchenmaß
tablespoon	15 ml	14.8 ml	tbsp	Küchenmaß
dessert spoon	10 ml	n/a	n/a	Küchenmaß
cup	285 ml	236 ml	C	Küchenmaß

Temperatur-Umrechnung

Für die Umwandlung von Temperatur in Celsius und umgekehrt gelten folgende Formeln:

°Fahrenheit (°F) in Centigrade (°C) / (Celsius °C)
C = (°F − 32) × 0.56

°Centigrade (°C) / (Celsius °C) in °Fahrenheit (°F)
°F = (°C × 1.8) + 32

Tabelle über häufig verwendete Ofentemperaturen:

°Fahrenheit	°Centigrade / °Celsius
250	122
275	136
300	150
325	164
350	178
375	192
400	206
425	220
450	234
475	248
500	262

4. Wichtige Adressen britischer und deutscher Fachverbände des Gastronomie- und Hotelwesens

Nützliche Adressen in Großbritannien
Useful Addresses in Great Britain

Allgohere.com
Email: editor@allgohere.com
Website: www.everybody.co.uk
2nd Website: www.allgohere.com

Arena
The Hospitality Network
Website: www.arena.org.uk

Association of British Travel Agents Ltd
30 Park Street
London
SE1 9EQ
Tel: +44 (0)20 3117 0500
Fax: +44 (0)20 3117 0581
Website: www.abta.com

Association of Licenced Multiple Retailers
9B Walpole Court
Ealing Studios
London
W5 5ED
Tel: +44 (0)20 8579 2080
Fax: +44 (0)20 8579 7579
Email: info@almr.org.uk
Website: www.almr.org.uk

British Association of Hospitality Accountants
BAHA Administration Office
Suite 6
Merley House Business Centre
Merley House Lane
Wimbourne
Dorset
BH1 3AA
Tel: +44 (0)1202 889430
Fax: +44 (0)1202 887967
Email: admin@baha-uk.org
Website: www.baha-uk.org

British Beer and Pub Association
Market Towers
1 Nine Elms Lane
London SW8 5NQ
Tel: +44 (0)20 7627 9191
Fax: +44 (0)20 7627 9123
Email: web@beerandpub.com

British Hospitality Association
Queens House
55-56 Lincoln's Inn Fields
London
WC2A 3BH
Tel: +44 (0)20 7404 7744
Fax: +44 (0)20 7404 7799
Email: bha@bha.org.uk
Website: www.bha.org.uk

British Institute of Innkeeping
Wessex House
80 Park Street
Camberley
Surrey
GU15 3PT
Tel: +44 (0)1276 684449
Fax: +44 (0)1276 23045
Email: Follow "contact us" link
Website: www.bii.org

Confederation of British Industry (CBI)
Centre Point
103 New Oxford Street
London WC1A 1DU
Tel: +44 (0)20 7379 7400
Website: www.cbi.org.uk

Institute of Hospitality
Trinity Court
34 West Street
Sutton
Surrey, SM1 1SH
Tel: +44 (0)20 8661 4900
Fax: +44 (0)20 8661 4901
Email: Follow "contact us" link
Website: www.instituteofhospitali-
ty.org

Online Recruitment:
www.retailchoice.com
www.totaljobs.nl
www.www.salestarget.co.uk

Local Authority Caterers Association
Bourne House
Horsell Park
Woking
Surrey, GU21 4LY
Tel: +44 (0)1483 766777
Fax: +44 (0)1483 751991
Email: info@laca.co.uk
Website: www.laca.co.uk

People 1st For Skills
2nd Floor
Armstrong House
38 Market Square
Uxbridge
Middlesex, UB81LH
Tel: +44 (0)1895 817000
Website: www.people1st.co.uk

The Academy of Food and Wine
Service Skills
Trinity Court, 34 West Street
Sutton
Surrey SM1 1SH
Tel: +44 (0)20 8661 4646
Fax: +44 (0)20 8661 4647
Website: www.acfws.org

Eventia
5th Floor
Galbraith House
141 Great Charles Street
Birmingham
B3 3LG
Tel: +44 (0)12 1212 1400
Fax: +44 (0)12 1212 3131
Email: info@eventia.org.uk
Website: www.eventia.org.uk

Total Jobs Group Ltd
Holden House
London
W1T 1JU
Tel: +44 (0)20 7572 4200
Websites: www.totaljobs.com
www.caterer.com
www.catererglobal.com

UKInbound
3rd Floor
388 The Strand
London
WC2R OLT
Tel: +44 (0)20 7395 7500
Fax: +44 (0)20 7240 6618
Email: info@ukinbound.org
Website: www.bitoa.co.uk

Nützliche Adressen in Deutschland
Useful Addresses in Germany

Deutscher Hotel- und Gaststättenverband e.v.
Website: http://www.dehoga.de

Bundesverband:
Postanschrift: D 10873 Berlin
Hausanschrift: Am Weidendamm 1 a
                 D 10117 Berlin

Telefon: +49 (0)30 72 62 52-0
Fax: +49 (0)30 72 62 52-42
E-Mail: info@dehoga.de

Angeschlossene Landesverbände

Hotel- und Gaststättenverband
DEHOGA Baden-Württemberg e.v.
Augustenstr. 6
D 70178 Stuttgart
Tel.: +49 (0)711 619 88-0
Fax: +49 (0)711 619 88-46
Website: http://www.hogabw.de
E-mail: mail@dehogabw.de

Bayerischer Hotel- und
Gaststättenverband e.v. (BHG)
Türkenstr. 7
D 80333 München
Tel.: +49 (0)89 28 76 0-0
Fax: +49 (0)89 28 76 0-111
Website: http://www.bhg-online.de

Hotel- und Gaststättenverband Berlin
und Umgebung e.v.
Keithstraße 6
D 10787 Berlin
Tel.: +49 (0)30 31 80 48-0
Fax: +49 (0)30 31 80 48-28
Website: http://www.hoga-berlin.com
E-mail: info@dehoga-berlin.de

Hotel- und Gaststättenverband
Brandenburg e.V.
Schwarzschildstraße 94
D 14480 Potsdam
Tel.: +49 (0)331 86 23 68
Fax: +49 (0)331 86 23 81
Website:
http://www.hoga-brandenburg.de

DEHOGA Landesverband Bremen e.V.
Hinter dem Schütting 8
D 28195 Bremen
Tel.: +49 (0)421 33 59 0-0
Fax: +49 (0)421 32 44 73
Website:
http://www.dehoga-bremen.de
E-mail: info@dehoga-bremen.de

DEHOGA Hamburg Hotel- und
Gaststättenverband Hamburg e.V.
Hallerstr. 22
D 20146 Hamburg
Tel.: +49 (0)40 41 34 30-6
Fax: +49 (0)40 41 34 30-88
Website:
http://www.dehoga-hamburg.de

Hotel- und Gaststättenverband
Hessen e.V.
Auguste-Viktoria-Str. 6
D 65185 Wiesbaden
Tel.: +49 (0)611 99 20 1-0
Fax: +49 (0)611 99 20 1-22
Website:
http://www.dehoga-hessen.de
E-mail: info@dehoga-hessen.de

IHA-Service GmbH
Kronprinzenstr. 37
D 53173 Bonn
Tel.: +49 (0)228 92 39-290
Fax: +49 (0)228 92 39-299
Website: http://www.hotelverband.de

IHA-Service GmbH
Kronprinzenstr. 37
D 53173 Bonn
Tel.: +49 (0)228 92 39-290
Fax: +49 (0)228 92 39-299
Website: http://www.hotelverband.de

Deutscher Hotel- und Gaststättenver-
band DEHOGA Lippe e.V.
Leopoldstr. 38
D 32756 Detmold
Tel.: +49 (0)5231 22 4 33
Fax: +49 (0)5231 39 2 75
Website: http://www.dehoga-lippe.de/
E-mail: DEHOGA-Lippe@t-online.de

DEHOGA Mecklenburg-Vorpommern
e.V. Deutscher Hotel- und Gaststät-
tenverband
Landesverband Mecklenburg-
Vorpommern
Grüne Straße 12
D 19055 Schwerin
Tel.: +49 (0)385 59 25 5-0
Fax: +49 (0)385 59 25 5-20
Website: http://www.dehoga-mv.de/
E-mail: sekretariat@dehoga-mv.de

DEHOGA Landesverband Nieder-
sachsen e.V.
Yorckstr. 3
D 30161 Hannover
Tel.: +49 (0)511 33 70 6-31
Fax: +49 (0)511 33 70 6-30
Website:
http://www.dehoga-niedersachsen.de

DEHOGA Gastgewerbe NRW,
Hotel- und Gaststättenverband Nord-
rhein-Westfalen e.V.
Hammer Landstraße 45, 41460 Neuss
Tel.: +49 (0)49 (0) 2131-7518-0
Fax: +49 (0)49 (0) 2131-7518-101
Website:
http://www.gastgewerbe-nrw.de

DEHOGA Rheinland-Pfalz, Landes-
verband Hotel- und Gaststätten-
gewerbe e.V.
Am Brückes 18
D 55545 Bad Kreuznach
Tel.:   +49 (0)671 2987574 und
         +49 (0)671 2987627
Fax: +49 (0)671 2987644
Website: http://www.dehoga-rlp.de
E-mail: info@dehoga-rlp.de

DEHOGA Saarland, Hotel- und Gast-
stättenverband Saarland e.V.
Feldmannstr. 26
D 66119 Saarbrücken
Tel.: +49 (0)681 554 93
Fax: +49 (0)681 523 26
Website: http://www.dehogasaar.de
E-mail: info@dehogasaar.de

Hotel- und Gaststättenverband
Sachsen e.V. (DEHOGA Sachsen e.V.)
Tharandter Str. 5
D 01159 Dresden
Tel.: +49 (0)351 42 89 810
Fax: +49 (0)351 42 89 828
Website:
http://www.dehoga-sachsen.de
E-mail: info@dehoga-sachsen.de

DEHOGA – Landesverband
Sachsen-Anhalt e.V.
Kantstr. 3 (City Carré)
D 39104 Magdeburg
Tel.: +49 (0)391 56 17 193
Fax: +49 (0)391 56 17 194
Website:
http://www.dehoga-sachsen-anhalt.de

Hotel- und Gaststättenverband
DEHOGA Schleswig-Holstein e.V.
Hamburger Chaussee 349
D 24113 Kiel
Tel.: +49 (0)431 65 18 66/67
Fax: +49 (0)431 65 18 68
Website: http://www.dehoga-sh.de
E-mail: info@dehoga-sh.de

Thüringer Hotel- und Gaststätten-
verband e.V. (THÜHOGA)
Futterstr. 14
D 99084 Erfurt
Tel.: +49 (0)361 59 07 8-0
Fax: +49 (0)361 59 07 8-10
Website:
http://www.dehoga-thueringen.de/

Bundesverband Schnellgastronomie
und Imbissbetriebe e.V. (BVI)
Klettenberggürtel 51
D 50939 Köln
Tel.: +49 (0)221 46 10 20
Fax: +49 (0)221 46 58 82
Website:
http://www.schnellgastronomie.de/in
dex.php
E-mail: info@schnellgastronomie.de